D0897971

LE SAVOIR-ÉCRIRE

Édition du Club France Loisirs, Paris,
avec l'autorisation des Éditions Solar.

© Éditions Solar, 1989
ISBN 2-7242-4561-X

ANDRÉ JOUETTE

LE SAVOIR-ÉCRIRE

Guide pratique
de correspondance

FRANCE LOISIRS

123, Boulevard de Grenelle - Paris

Sommaire

Introduction

Malgré le téléphone, on écrit toujours. La correspondance écrite est une opération irremplaçable dans notre société. La lettre, qui a demandé une réflexion, un choix de mots (qu'elle soit officielle, amoureuse ou commerciale), devient un témoignage et est objet d'appréciation. Elle brave mieux le temps que la communication orale ou le bavardage hâtif.

Quelles doivent être les qualités d'une bonne lettre ? La clarté, la netteté, le naturel. On ne pardonne les erreurs qu'au langage parlé. Il est plus aisé d'être causeur qu'écrivain et celui qui n'écrit pas avoue son impuissance ou sa maladresse.

La Bruyère nous dit :

« *Tout écrivain, pour s'exprimer nettement, doit se mettre à la place de ses lecteurs, examiner son propre ouvrage comme quelque chose qui lui est nouveau, qu'il lit pour la première fois, où il n'a nulle part et que l'auteur aurait soumis à sa critique, et se persuader ensuite qu'on n'est pas entendu seulement à cause que l'on s'entend soi-même, mais parce qu'on est, en effet, intelligible.* »

Dans ce conseil nous trouvons l'essentiel d'une bonne lettre : elle doit être comprise, donc précise et claire.

Le style de la lettre, qui révèle la condition et l'éducation du scripteur, peut s'établir à plusieurs niveaux. Marque de la personnalité, il doit être naturel. C'est Pascal qui nous le dit : « *Nous sommes étonnés, ravis, enchantés, lorsque nous voyons un style naturel.* »

La lettre, qui est une visiteuse, doit aussi marquer de la politesse, avec respect, courtoisie ou cordialité selon le cas, sans en exagérer la manifestation.

En résumé, s'il fallait une image, disons que nos lettres doivent se situer entre ces deux exemples extrêmes :

« *Madame, ce m'est une gloire bien grande de me voir assez fortuné pour être si heureux que d'avoir le bonheur que vous ayez eu la bonté de m'accorder la grâce de me faire l'honneur de m'honorer de la faveur d'un mérite comme le vôtre, et que le Ciel, envieux de mon bien, m'eût accordé l'avantage de me voir digne...* »

MOLIÈRE, *Le Bourgeois gentilhomme*, III, 16.

et :

« *Ton pote,*

Jo. »

7

Souhaitons que ce livre, qui contient plus de 900 modèles de lettres, de billets, de télégrammes, de cartes et quantité de formules de politesse, vous aide dans vos relations écrites.

Il vous servira aussi à vaincre la peur d'écrire. Il vous fournira l'armature essentielle : partant d'un type de lettre, vous serez alors vous-même. Car il ne faut pas perdre de vue, en employant ce recueil, qu'un modèle peut et doit être personnalisé par des remarques, des détails entendus des correspondants et qui varient selon les personnes qui écrivent (spécialement pour les lettres familières). On comprendra qu'il n'était pas possible à l'auteur d'imaginer les innombrables situations qui peuvent se présenter et que c'est à chacun d'ajouter à sa lettre des mentions telles que :

Tante Hélène se plaint toujours de son asthme.

Gilbert n'a jamais cueilli autant de mirabelles que cette année.

As-tu su que Liline était installée dans son nouvel appartement ?

Nous ne pourrons les inviter qu'après les élections.

Le petit chat est mort.

Etc.

Pour trouver aisément le modèle de lettre dont vous avez besoin, consulter l'index en fin d'ouvrage.

1
Généralités

Le rédacteur d'une lettre conserve en tout état de cause la propriété littéraire de son écrit.

Mais l'auteur de ce livre autorise quiconque à reproduire toutes les lettres qu'il contient. Faites-le sans crainte.

Le matériel pour écrire

Le papier

Le plus beau papier est le papier blanc. Mais le commerce en offre de toutes les teintes, de tous les formats. Il sera choisi selon les goûts et selon la personne à laquelle on s'adresse.

Seul le blanc est admis pour une lettre officielle, à une administration, à des supérieurs professionnels. Le bleu pâle ou le gris perle sera pour les intimes.

On adoptera le format 21×29,7 pour les longues lettres, les lettres à l'administration, les lettres d'affaires, même si le texte est réduit.

Le format 21×14,8 sera pour les billets courts (invitations, excuses...) à des personnes que l'on connaît.

Si l'on désire un papier avec une marque personnelle, il faut être discret. En général, la mention, gravée ou imprimée, ne comporte que l'adresse et le numéro de téléphone. On peut, au maximum, y mettre les initiales de l'expéditeur. Si plusieurs feuilles doivent être employées, la première aura la mention imprimée, mais les suivantes, de même papier, ne l'auront pas.

Les papiers dits « de deuil » ne sont plus à la mode. Un papier parfumé ferait douter du bon goût de l'expéditeur.

Quand on emploie un papier plié en deux, c'est-à-dire offrant quatre pages, il faut écrire selon l'ordre normal (1-2-3-4) et non pas 1-3-2-4 ou 1-4-2-3, ce qui est ridicule et énerve le lecteur. On peut cependant, pour une lettre courte, n'écrire que sur les pages 1 et 3.

On ne laisse pas une tache sur une lettre, on la recommence.
On ne rature pas une lettre, on la recommence.
On ne gomme pas sur une lettre, on la recommence.

Si l'on emploie plusieurs feuilles pour une même lettre, on numérotera les feuillets à partir du deuxième.

On ne doit pas donner au correspondant l'impression qu'on lésine sur le papier. La lettre sera donc aérée, avec des marges, surtout à gauche, en haut et en bas. La lecture en sera ainsi plus agréable. Et surtout, on ne revient pas dans les marges pour y glisser encore quelques lignes perpendiculaires : l'aspect de la lettre en serait gâché.

Plume, bille ou machine ?

L'usage actuel nous libère des contraintes traditionnelles et bien des facilités sont désormais admises quant aux outils d'écriture. Pour ceux qui tiennent encore aux « usages », qu'ils sachent que :

Le crayon est à proscrire dans la correspondance.

Le stylo-bille ou le stylo-feutre (à pointe très fine) sera admis entre personnes qui se connaissent bien et ne se formalisent pas.

Le stylo à plume reste l'instrument le meilleur et réputé « correct » pour des lettres à des supérieurs. Regretterons-nous la plume d'acier qui faisait si bien les pleins et les déliés ? Irons-nous la voir au musée près de la plume d'oie ?

La machine à écrire sera employée pour une demande officielle, une lettre à une administration, une lettre à un étranger. Si vous écrivez à un ami, à une personne de la famille, expliquez bien que vous n'usez de ce moyen que parce que votre écriture est peu lisible, mais n'oubliez pas que la formule de politesse doit dans ce cas être ajoutée à la main.

La machine à écrire offre le grand avantage de fournir au besoin un double de la lettre, ce qui est utile pour une réclamation, une requête administrative, une affaire de quelque importance.

L'encre employée, quel que soit l'outil, sera noire, bleu-noir ou bleue.

Même si vous êtes connu(e), il est bon de porter vos prénom, nom, adresse et numéro de téléphone en haut et à gauche de la lettre. Votre correspondant a peut-être égaré ces précisions. Commencez donc la lettre en donnant ces renseignements.

Le brouillon

Si la lettre est importante, ne la griffonnez pas en vitesse. Mettez-vous à une table, bien assis, dans le calme. Faites un brouillon. Le brouillon libère les personnes qui éprouvent une certaine « angoisse de la page blanche » au moment d'écrire une lettre. Le brouillon supporte tout ; sur lui, on rajoute, on coupe, on change l'ordre des choses, on émonde, on rature autant que l'on veut. Le brouillon permet les repentirs, en revenant sur une tournure, et donne le temps de trouver le mot juste. Au besoin, on y revient le lendemain. Après ce temps de réflexion, des défauts surgiront, que vous n'aviez pas vus la veille.

Une lettre ne s'écrit pas d'un trait, même si elle en donne l'impression, même si elle est de la main d'un écrivain. Qu'on en juge par cette page manuscrite[1] de l'historien Louis Madelin qui fut de l'Académie française :

Grâce au brouillon, votre lettre sera sans ratures et vous pourrez vous appliquer à en soigner l'écriture. Allez à la ligne assez souvent ; l'aspect sera ainsi moins lourd et plus sympathique. Et n'oubliez pas que les blancs sont des politesses d'écriture.

---

1. Propriété de l'auteur.

> Un artisan, une entreprise, une société doivent obligatoirement faire figurer sur leur papier à lettre :
> - la raison sociale (ou nom de l'expéditeur) ;
> - la forme de la société (S.A.R.L. par exemple) ;
> - le capital social ;
> - le siège de l'entreprise ;
> - le numéro au registre de commerce ;
> - le numéro SIREN ou SIRET qui l'identifie auprès du fisc, de l'U.R.S.S.A.F., de la chambre des métiers, de l'A.N.P.E., etc.
>
> et il est utile de faire figurer :
> - le numéro à la banque ou aux C.C.P. ;
> - le numéro de téléphone ;
> - le numéro de télex ;
> - l'adresse télégraphique.

L'écriture

Que votre écriture soit lisible. Si elle ne l'est pas, prenez la machine à écrire et tapez, même avec deux doigts. Il ne faut pas abuser des abréviations, des sigles. N'offrez pas de fautes d'orthographe.

Une signature devrait être lisible. Si elle ne l'est pas, n'oubliez pas de donner votre nom, écrit en petites capitales sous la signature, sauf si vos nom et adresse sont portés en haut ou en bas de la lettre.

L'enveloppe

Une lettre doit toujours être relue avant d'être glissée dans son enveloppe. Si plusieurs lettres sont préparées sur votre table, ne vous trompez pas d'enveloppe (ce conseil est loin d'être inutile).

L'enveloppe sera de même teinte que le papier et son format s'accordera au format du papier plié.

En fonction de l'enveloppe employée, on pliera en quatre (le plus souvent), en trois (pliage américain) ou en deux. Le pli sera, autant que possible, glissé au fond de l'enveloppe pour que la lettre ne soit pas coupée par le coupe-papier lors de l'ouverture.

L'adresse

Il n'est plus possible de rédiger une adresse avec fantaisie. L'importance du courrier fait que les P.T.T. nous imposent des règles dans la présentation des adresses.

Une adresse s'écrit sur 3, 4 ou 5 lignes (6 au maximum pour l'étranger). La première ligne se situe environ à mi-hauteur de l'enveloppe. Les mentions sont alignées sur la gauche.

En régime intérieur, la dernière ligne ne doit comporter que le numéro de code postal et le nom du bureau distributeur écrit en capitales, sans autres signes (ni accents, ni apostrophes, ni traits d'union, ni soulignés...).

Les P.T.T. ont besoin d'une bande inférieure de deux centimètres de hauteur pour l'indexation du tri mécanisé : n'écrivez donc pas trop bas.

Disposition imposée par les P.T.T.

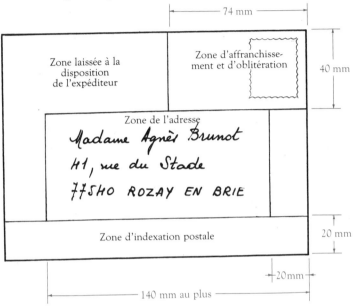

Exemples d'adresses codées

Cas	Adresses
Il y a un bureau distributeur dans la localité du destinataire.	Monsieur Robert Mallet 15, rue de la Gare 61130 BELLEME
Si la localité *(Baye)* du destinataire dépend d'un bureau distributeur *(51270 Montmort)*, ne pas indiquer ce bureau, mais seulement le code postal.	Monsieur Paul Chamblat 51270 BAYE
Le correspondant a une adresse avec Cedex.	Société Duroc 18, avenue Loubet 38100 GRENOBLE CEDEX
	Ets Jujardin 182-184, rue Gambetta 75280 PARIS CEDEX 08

Cas	Adresses
Le correspondant habite à l'étranger.	Madame Rosa Herper 43, rue Saint-Paul DUDELANGE LUXEMBOURG
Le correspondant habite un des pays qui ont conclu un accord postal ①	M. Elof Hansson Första Långgatan 19 S - 4320 GOTEBORG SUEDE SVERIGE

① Ces pays, pour lesquels il faut donner l'indicatif postal suivi d'un tiret avant le numéro de code, sont :

Pays	Indicatif
Allemagne (République fédérale d')	D
Autriche	A
Belgique	B
Danemark	DK
Espagne	E
Finlande	SF
France	F
Grande-Bretagne	GB
Grèce	GR
Italie	I
Liechtenstein	FL
Monaco	MC
Norvège	N
Portugal	P
Suède	S
Suisse	CH
Yougoslavie	YU

Sur la première ligne de l'adresse, il est toujours plus correct d'écrire *Monsieur, Madame, Mademoiselle* en entier plutôt que les abréviations *M., Mme, Mlle.*

En cas de doute (Madame ? Mademoiselle ?), on met *Madame*.

Pour une femme mariée, on peut mettre *Madame Georges Montalieu* ou *Madame Caroline Montalieu*.

Si madame Bourgoin est veuve, on indique : *Madame Bourgoin* ou *Madame Virginie Bourgoin* (et non *Madame Veuve Bourgoin*, ce qui est une maladresse).

Pour que vos lignes d'écriture soient parallèles, glissez sous la feuille blanche une feuille rayée à gros traits qui guideront l'écriture par transparence.

Il est utile de faire imprimer à son nom des papillons collants portant adresse et numéro de téléphone du modèle suivant :

Pierre VALMONT
20, rue des Lilas
69800 FLEURVILLE
Tél. 09.07.08.33

Ces papillons seront collés en haut et à gauche de la lettre et au dos de l'enveloppe.

Le nom de famille ne doit pas passer avant le prénom (cela ne se justifie que pour une fiche de classement, une liste alphabétique).

Il est toujours permis d'ajouter une précision. Par exemple :

Assistance publique
(à l'attention du Docteur Villebois)

Madame Laure Gisbert
(aux bons soins de Monsieur Causse)

ou d'indiquer en marge : *Prière de faire suivre.*

Si l'énoncé doit se soumettre aux prescriptions des P.T.T., il doit aussi obéir aux usages. Sur ce dernier point, voir le tableau de la page 24.

Sur la deuxième ligne de l'adresse, on peut user des abréviations suivantes :

av.	pour	avenue	pass.	pour	passage
bd	–	boulevard	pl.	–	place
ch.	–	chemin	rte	–	route
imp.	–	impasse	sq.	–	square

Sur la dernière ligne de l'adresse, le numéro de code à cinq chiffres doit être écrit d'un seul bloc, sans séparation entre les deux premiers chiffres et les trois qui les suivent (car la machine traduit automatiquement un espace ou un point par zéro).

Les mots *Saint* ou *Sainte* dans le nom du bureau distributeur doivent exclusivement être écrits sous la forme *ST* ou *STE*. Exemples d'écriture :

Saint-Céré (Lot)	s'écrit	46400 ST CERE
Neuilly-l'Évêque (Haute-Marne)	–	52360 NEUILLY LEVEQUE
L'Isle-d'Espagnac (Charente)	–	16340 L ISLE D ESPAGNAC

Pour d'autres prescriptions des P.T.T. et les dimensions des envois, voir à la page 382.

15

Il est quelquefois utile de porter le nom et l'adresse de l'expéditeur au dos de l'enveloppe (si elle ne figure pas en haut à gauche du recto). Elle sera ainsi plus vite rendue à son expéditeur en cas de non-distribution.

Ordonnance de la lettre

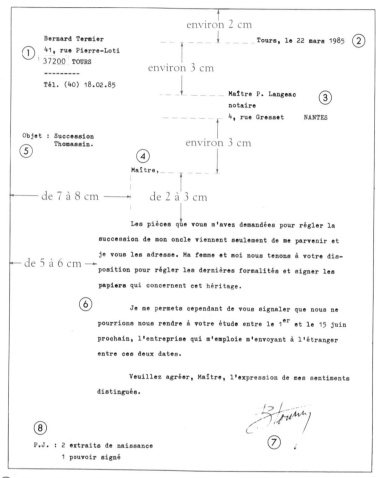

① **Expéditeur.** Prénom, nom, adresse, téléphone de celui qui écrit.

② **Lieu et date de l'expédition.** Sur une pièce officielle, un certificat, la date se place près de la signature.

③ **Suscription. Prénom, nom et adresse du destinataire.**
Elle est indispensable dans les lettres officielles et les lettres d'affaires. Inutile dans les lettres amicales.

④ **Appellation.** Mettre le titre en entier ; ne jamais se servir d'abréviation.

4, rue Méhul
60500 Chantilly

environ
le quart ou
le tiers
de la hauteur
de page

Chantilly, le 14 juin 1983

Ma chère Christine,

*Quand viendras-tu nous voir ?
Ici, la forêt est magnifique et tu
pourras y faire de longues promenades.
Nous avons aménagé la chambre du*

environ le quart
de la largeur
de page

*premier étage, ta tante et moi, en
pensant à ton séjour ici. Tu sais que
la maison est trop grande pour nous
et que tu y seras tout à fait libre.
Tu vas retrouver des connaissances
au Tennis-club (quelqu'un m'a demandé
à quel moment tu revenais ici !). Tite
un petit mot. Présente nos amitiés à
tes parents.
A toi de tout cœur*

R. Vivony

⑨ *P.-S. Les cerises seront bientôt mûres.*

⑤ **Objet.** Pour rappeler en peu de mots à quelle affaire la lettre se rattache ; cette mention fait gagner du temps à la personne qui s'occupe de plusieurs affaires. Inutile dans une lettre amicale.

⑥ **Corps de la lettre.** Chaque chose traitée fait l'objet d'un paragraphe. Se termine par un paragraphe spécial qui est la formule de politesse.

⑦ **Signature.** Au besoin, pour un inconnu, répéter au-dessous prénom et nom en petites capitales.

⑧ **Pièces jointes.** Mention de celles-ci, le cas échéant, afin qu'elles ne soient pas égarées.

⑨ **Post-scriptum.** Cette mention ajoutée ne se met jamais dans une lettre officielle. Il ne faut pas en abuser.

La signature

Ayez une signature invariable car elle peut vous être demandée par la banque, les chèques postaux, etc. et ne doit pas prêter à contestation. Il est naturellement préférable que le nom soit lisible. Certaines personnes ont une signature spéciale pour les chèques, les contrats et une signature courante pour les écrits qui engagent moins.

Le paraphe est une signature abrégée, réduite quelquefois aux initiales, qui se met en bas des pages d'un acte, à une note, un renvoi, une rature.

Avant de signer, se demander :

Cette lettre est-elle claire, bien claire ?

Ayez un répertoire alphabétique pour recueillir les adresses utiles. N'oubliez pas qu'une adresse correcte comporte le numéro de code postal. Ce répertoire peut servir également pour le téléphone.

Timbre pour la réponse

On ne met pas de timbre pour la réponse à une personne que l'on connaît ou à un service public qui bénéficie de la franchise postale (voir la liste p. 409). Le timbre pour la réponse ne sera joint qu'à une lettre pour une administration (mairie, association, syndicat...) et – on peut se le permettre – à une personne aux moyens d'existence modestes : dans ce cas, pour ne pas la blesser, placer un timbre neuf de petit tirage, pour collection ; vous aurez ainsi votre timbre oblitéré. Vous indiquerez : *Accepteriez-vous de me renvoyer ce timbre sur l'enveloppe pour ma collection ?*

Évitons de commencer une lettre par « Je ». Au lieu de « Je reçois votre lettre... », mettre : « Votre lettre me parvient... »

La lettre recommandée

La lettre recommandée est utilisée pour tout envoi important qui ne doit pas s'égarer dans son acheminement. La recommandation assure à l'expéditeur (qui reçoit un récépissé de dépôt portant un numéro indiqué sur l'enveloppe) la quasi-certitude que son envoi sera reçu par le destinataire, ce dernier signant à l'arrivée le carnet du préposé. Pour sa tranquillité, l'expéditeur peut demander en plus un accusé de réception qui lui sera retourné.

Mais la garantie s'arrête là, car seule l'enveloppe porte la marque de la recommandation postale. Ce qui laisse encore une marge à la contestation : par exemple un destinataire de mauvaise foi peut déclarer qu'il a bien reçu l'enveloppe recommandée, mais vide !

Si légalement l'expéditeur veut parer à cela, il doit opérer de la manière suivante :

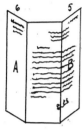

• Écrire la lettre sur une feuille de format 21×29,7 sur une seule face.

• Plier, parallèlement à la longueur, la bande A large de 6 cm et la bande B large de 5 cm, sur l'écriture. Le texte est alors caché.

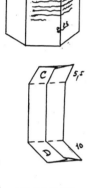

• Parallèlement à la largeur, faire un pli C large de 5,5 cm et un pli D large de 10 cm. Les rabattre l'un vers l'autre. Comme ils se superposent un peu, engager l'un dans l'autre et clore avec un peu de ruban adhésif.

• Le côté opposé servira pour l'adresse, le timbre et la vignette R (recommandé).

De cette manière, texte et marque de recommandation postale sont indissociables, sans contestation possible.

N'abusez pas des abréviations :

| m̂ | pour : | *même* | | c.a.d. | pour : | *c'est-à-dire* |
| qq | pour : | *quelques* | | 15-8 | pour : | *15 août* |

Vous donneriez l'impression d'avoir bâclé cette lettre comme une corvée, et vous risquez de n'être pas compris.

Le style

Votre style s'adaptera à la personne du correspondant. Écrire, c'est exposer avec clarté, convaincre avec sincérité.

Pourquoi écrivons-nous ? Pour obtenir quelque chose, pour faire plaisir, pour consoler, pour plaire, pour régler une affaire... Faisons-le avec simplicité, sans affectation.

Traitez vos soucis avec humour et ceux des autres avec sérieux. Ne vous étendez pas sur votre personne, vos travaux, vos problèmes. N'oubliez pas que votre correspondant a les siens, et aussi qu'il a des enfants. Évitons que trop de phrases commencent par « je ».

Si vous mentionnez une tierce personne, écrivez : *monsieur Dupont, madame Dupont*, sans abréger, si la personne est un proche du destinataire ; écrivez : M. *Dupont*, Mme *Dupont* si c'est un étranger à la famille ou au cercle de connaissances et s'il ne risque pas de lire votre lettre.

Un mot argotique, étranger, sera placé entre guillemets. Il n'en faut faire qu'un usage très modéré.

C'est la respiration (relisez votre lettre ou votre brouillon à haute voix) qui vous aidera à bien ponctuer[1].

Évitez les snobismes (*hit-parade, planning, flash, pool...*), les mots de collégiens (*vachement, super, génial, truander, débile...*) qui sont grotesques dans une lettre. Évitez aussi les phrases trop longues, les mots comme : *cependant, alors, car, si bien que, disons, en tout état de cause, personnellement, en quelque sorte, effectivement, par ailleurs...* qui alourdissent un style.

> À une lettre reçue, on répond le plus tôt possible, c'est une politesse élémentaire.

---

1. Pour une bonne ponctuation, pour les pièges de l'orthographe, le bon emploi des majuscules, les accords, etc., on pourra consulter avec profit le *Dictionnaire d'orthographe et de grammaire TOP* (Nathan, édit.).

2
Formules polies

Les usages

Avant de rédiger la lettre, songeons qu'à un inconnu ou pour une lettre qui demande une réponse, il est indispensable de préciser l'identité et l'adresse de celui qui écrit. On peut ajouter le numéro de téléphone.

Date. Elle se met en haut et à droite. Mais pour les lettres à une haute personnalité, pour les reconnaissances de dette, on la place avant la signature.

On écrira au choix :

> 9 mai 1984
> le 9 mai 1984
> Tours, le 9 mai 1984

Cette dernière manière est indispensable pour une lettre officielle ou si l'on n'écrit pas de son domicile.

Il est recommandé d'écrire le nom du mois en entier plutôt que d'indiquer son numéro d'ordre (9-5-1984) et, dans ce cas extrême, on ne remplace pas les traits d'union par des barres verticales.

Suscription. On appelle suscription l'énoncé du destinataire, suivi souvent de l'adresse succincte, placé sous la date. Cette suscription épouse en général l'inscription portée sur l'enveloppe. Elle est d'usage dans les correspondances officielles ou commerciales, parce que le courrier ouvert par un employé fait que l'enveloppe disparaît et que seule la lettre précise à quelle personne, à quel service elle est destinée.

La mention du destinataire est naturellement inutile sur une lettre à un familier.

Un titre ne sera jamais abrégé. Comme sur une carte de visite, le titre professionnel l'emporte sur le titre nobiliaire. Ainsi :

> Docteur et Baronne de la Cantilière
> (et non : Baron et Baronne de la Cantilière)

On trouvera, page suivante, ce qu'il convient de mettre en suscription selon les personnes.

La lettre adressée par un militaire à un supérieur hiérarchique ne comporte pas de formule de politesse avant la signature.

Appellation. L'appellation, ou appel, est le titre donné au correspondant avant le texte de la lettre. L'appellation ignore les abréviations et est toujours suivie d'une virgule. Naturellement, il est des degrés à respecter.

À une personnalité, on indique le titre :

Monsieur le Ministre,
Monsieur le Directeur,

À une personne inconnue, on indiquera :

Monsieur,
Madame,
Mademoiselle,

ce qui deviendra peut-être :

Cher Monsieur,
Cher Monsieur et ami,
Cher ami,
Mon cher ami,

et dans la correspondance privée tout est permis, selon le degré d'intimité :

Cher Jacques,
Mon cher Jacques,
Jacquou,
Mon loup,
Chéri, etc.

On ne met jamais, après *Monsieur* ou *Madame*, le nom de la personne à laquelle on s'adresse. Il est déplacé d'écrire : *Chère Madame Pelletier.* De même qu'on n'écrit jamais : *Mon cher Monsieur, Ma chère Madame.*

Le tableau qui suit indique les appellations protocolaires ou de bon usage.

Formule de politesse. Pour clore la lettre, avant de la signer, l'usage est de formuler une salutation polie. Cette formule fait l'objet d'un petit alinéa qu'on ne doit jamais rejeter seul à la page suivante. Donc, si vous tapez à la machine, ne vous laissez pas surprendre par le bas de la feuille.

L'arsenal français des formules de politesse dénote un attachement désuet aux traditions. On comprend que certains cherchent à s'en dégager. Nous allons voir ces formules (tableau plus bas) dont le choix dépend du destinataire et de l'expéditeur.

Quand un titre est employé dans l'appellation (par exemple : *Maître*), on doit le répéter dans la formule finale (par exemple : *Veuillez agréer, Maître, l'expression de mes sentiments distingués*).

Bien souvent, la formule de politesse n'a plus guère de signification (elle n'est quelquefois même pas lue par le destinataire). Mais l'usage, le bon ton, nous l'imposent. Il faut donc encore nous y soumettre, au moins pour les lettres officielles ou à une personnalité.

Ceux qui ont le mérite de s'en dégager choisiront parmi les libellés suivants qui sont courants dans les correspondances étrangères.

Respectueusement vôtre,
Dévoué à vos ordres,
Sincèrement vôtre,
Bien vôtre,
Bien à vous,
Cordialement à vous,
Fidèlement à vous,
Bien cordialement,
Avec l'assurance de ma sympathie,
Très fidèles pensées.
Bien amicalement à vous,
Avec mon amical (fidèle, meilleur) souvenir,
Toutes mes amitiés.
Avec ma sincère amitié,
Cordiale poignée de main. (d'un homme à un homme)
Avec mon affection,
Avec mes affectueuses pensées, (d'une femme)
A toi,
Bons baisers.
De tout cœur,
Je vous embrasse.

Grades militaires français : consulter le tableau 3 de la page 409.

Dans le cours d'un récit, on ne met pas de majuscule aux titres personnels (roi, pape, président, comte, préfet, général, docteur, inspecteur, madame...) :

Le général s'entretenait avec monsieur Carré.

Mais dans les suscriptions, les adresses de la correspondance, il est d'usage d'écrire par souci de politesse :

Monsieur le Président,
Mon Général,
Cher Monsieur.

Tableau des formules polies

Destinataire	Suscription sur l'enveloppe et en tête de la lettre	Appellation
Chef d'État	Monsieur le Président de la République de ...	Monsieur le Président de la République,
Prince non régnant	Prince ... (*ou* : Monseigneur, pour le prince d'une famille souveraine non régnante)	Prince,
Princesse non régnante	Madame la Princesse	Madame la Princesse, (*ou* : Madame,)
Duc	Monsieur le Duc de ...	Monsieur le Duc,
Duchesse	Madame la Duchesse de ...	Madame la Duchesse, (*ou* : Madame,)
Autres nobles	Monsieur le Comte (Marquis, Vicomte, Baron) de ... (*ou* : Monsieur ...)	Monsieur le Comte (Marquis, Vicomte, Baron), (*ou* : Monsieur,)
Ambassadeur	Son Excellence l'Ambassadeur ...	Excellence, (*ou* : Monsieur l'Ambassadeur,)
Femme d'ambassadeur	Madame l'Ambassadrice	Madame l'Ambassadrice,
Autres diplomates	Monsieur le Consul de France à ... (le Chargé d'affaires, l'Attaché militaire...)	Monsieur le Consul (l'Attaché culturel, le Ministre, le Chargé d'affaires...),
Premier ministre	Monsieur le Premier Ministre	Monsieur le Premier Ministre,
Ministre de la Justice	Monsieur le Garde des Sceaux	Monsieur le Garde des Sceaux,

Formule de politesse finale

écrite par un homme	écrite par une femme
Veuillez agréer, Monsieur le Président de la République, l'hommage de mon profond respect.	Veuillez agréer, Monsieur le Président de la République, l'expression de mes sentiments très respectueux.
Je vous prie d'agréer, Prince, l'assurance de ma respectueuse considération.	Je vous prie d'agréer, Prince, l'expression de ma respectueuse considération.
Je vous prie d'agréer, Madame la Princesse, l'expression de mes respectueux hommages.	Je vous prie d'agréer, Madame la Princesse, l'expression de mes sentiments respectueux.
Je vous prie d'agréer, Monsieur le Duc, l'assurance de ma respectueuse considération.	Je vous prie d'agréer, Monsieur le Duc, l'expression de ma respectueuse considération.
Je vous prie d'agréer, Madame la Duchesse, l'expression de mes respectueux hommages.	Je vous prie d'agréer, Madame la Duchesse, l'expression de mes respectueux sentiments.
Je vous prie d'agréer, Monsieur le Comte (Marquis, Vicomte, Baron), l'assurance de mes sentiments respectueux.	Je vous prie d'agréer, Monsieur le Comte (Marquis, Vicomte, Baron), l'expression de mes respectueux sentiments.
Veuillez agréer, Monsieur l'Ambassadeur, les assurances de ma très haute considération (*ou* : de mon profond respect).	Je prie Votre Excellence d'agréer l'expression de ma très haute considération.
Veuillez agréer, Madame l'Ambassadrice, mes très respectueux hommages.	Veuillez agréer, Madame l'Ambassadrice, l'expression de ma considération respectueuse.
Veuillez agréer, Monsieur le Ministre (Chargé d'affaires, Consul, Attaché...), l'assurance de ma haute considération.	Veuillez agréer, Monsieur le Ministre (Chargé d'affaires, Consul, Attaché...), l'expression de ma haute considération.
Je vous prie d'agréer, Monsieur le Premier Ministre, l'expression de ma très haute considération.	Je vous prie d'agréer, Monsieur le Premier Ministre, l'expression de ma très haute considération.
Veuillez agréer, Monsieur le Garde des Sceaux, l'expression de ma très haute considération.	Veuillez agréer, Monsieur le Garde des Sceaux, l'expression de ma très haute considération.

Destinataire	Suscription sur l'enveloppe et en tête de la lettre	Appellation
Autre ministre	Monsieur le Ministre de ...	Monsieur le Ministre,
Secrétaire d'État	Monsieur le Ministre secrétaire d'État à ...	Monsieur le Ministre,
Président du conseil général	Monsieur le Président du conseil général de ...	Monsieur le Président du conseil général,
Préfet	Monsieur le Préfet de ...	Monsieur le Préfet,
Sous-préfet	Monsieur le Sous-Préfet	Monsieur le Sous-Préfet,
Sénateur	Monsieur le Sénateur ...	Monsieur le Sénateur,
Député	Monsieur le Député ...	Monsieur le Député
Maire	Monsieur le Maire de ...	Monsieur le Maire,
Professeur de faculté, doyen d'université, recteur d'université, inspecteur d'académie	Monsieur le Professeur ... Monsieur le Doyen ... Monsieur le Recteur ... Monsieur l'Inspecteur d'Académie de ...	Monsieur le Professeur, Monsieur le Doyen, Monsieur le Recteur, Monsieur l'Inspecteur d'Académie,
Professeur de lycée ou de collège	Monsieur ... Madame	Monsieur, Madame,

Formule de politesse finale

écrite par un homme	écrite par une femme
Veuillez agréer, Monsieur le Ministre, l'expression de ma très haute considération.	Veuillez agréer, Monsieur le Ministre, l'expression de ma très haute considération.
Veuillez agréer, Monsieur le Ministre, l'assurance de ma haute considération.	Veuillez agréer, Monsieur le Ministre, l'expression de ma haute considération.
Veuillez agréer, Monsieur le Président du conseil général, l'expression de ma respectueuse considération.	Veuillez agréer, Monsieur le Président du conseil général, l'expression de mes sentiments très distingués.
Veuillez agréer, Monsieur le Préfet, l'expression de mes sentiments respectueux.	Veuillez agréer, Monsieur le Préfet, l'expression de mes sentiments très distingués.
Veuillez agréer, Monsieur le Sous-Préfet, l'expression de ma considération respectueuse.	Veuillez agréer, Monsieur le Sous-Préfet, l'expression de mes sentiments distingués.

(*ou* : Je vous prie de croire, Monsieur le Sous-Préfet, à l'assurance de toute ma considération.)

Veuillez agréer, Monsieur le Sénateur, l'expression de ma haute considération.	Veuillez agréer, Monsieur le Sénateur, l'expression de ma haute considération.
Veuillez agréer, Monsieur le Député, l'assurance de mes sentiments les plus distingués.	Veuillez agréer, Monsieur le Député, l'expression de mes sentiments les plus distingués.

(*ou* : l'expression de mes sentiments distingués)

Veuillez agréer, Monsieur le Maire, l'assurance de ma considération distinguée.	Veuillez agréer, Monsieur le Maire, l'expression de ma considération distinguée.
Veuillez agréer, Monsieur le Professeur (le Doyen, le Recteur, l'Inspecteur d'Académie), l'assurance de ma haute considération. (*ou* : l'assurance de mes sentiments respectueux.)	Veuillez agréer, Monsieur le Professeur (le Doyen, le Recteur, l'Inspecteur d'Académie), l'expression de ma haute considération. (*ou* : l'expression de mes sentiments respectueux.)
Veuillez agréer, Monsieur, l'assurance de mes sentiments distingués. Veuillez agréer, Madame, l'hommage de mes sentiments distingués.	Veuillez agréer, Monsieur, l'expression de mes sentiments distingués. Veuillez agréer, Madame, l'expression de mes sentiments distingués.

Destinataire	Suscription sur l'enveloppe et en tête de la lettre	Appellation
Directeur d'établisse-ment scolaire	Monsieur le Proviseur du ... Madame le Proviseur du ... Monsieur le Directeur de ... Madame la Directrice de ... Monsieur le Principal de ... Madame le Principal de ...	Monsieur le Proviseur, Madame le Proviseur, Monsieur le Directeur, Madame la Directrice, Monsieur le Principal, Madame le Principal,
Instituteur, institutrice ; professeur de lycée ou de collège	Monsieur ... Madame...	Monsieur, Madame,
Femme médecin	Madame ...	Madame,
Médecin que l'on ne connaît pas	Monsieur le Docteur ... Docteur ...	Monsieur,
Médecin que l'on connaît	Docteur ...	Monsieur,
Médecin professeur de faculté	Monsieur le Professeur ...	Monsieur le Professeur,
Médecin militaire	Médecin colonel ...	Mon Colonel, (*écrit un homme*) Colonel, (*écrit une femme*)
Avocat Notaire Huissier	Maître ...	Maître,

Formule de politesse finale

écrite par un homme	écrite par une femme
Veuillez agréer, Monsieur le Proviseur (Monsieur le Directeur), l'assurance de mes sentiments respectueux. Veuillez agréer, Madame le Proviseur (Madame la Directrice), l'hommage de mes sentiments respectueux.	Veuillez agréer, Monsieur le Proviseur (Monsieur le Directeur), l'expression de mes sentiments respectueux. Veuillez agréer, Madame le Proviseur (Madame la Directrice), l'expression de mes sentiments respectueux.
Veuillez agréer, Monsieur, l'expression de mes sentiments distingués. Veuillez agréer, Madame, l'hommage de mes sentiments distingués.	Veuillez agréer, Monsieur (Madame), l'expression de mes sentiments distingués.
Veuillez agréer, Madame, l'hommage de mes sentiments respectueux.	Veuillez accepter, Madame, l'expression de mes meilleurs sentiments.
Veuillez agréer, Monsieur, l'assurance de mes sentiments distingués.	Veuillez agréer, Monsieur, l'expression de mes sentiments distingués.
Veuillez agréer, cher Monsieur, l'assurance de mes meilleurs sentiments.	Veuillez agréer, cher Monsieur, l'expression de mes meilleurs sentiments.
Veuillez agréer, Monsieur le Professeur, l'assurance de mes sentiments respectueux.	Veuillez agréer, Monsieur le Professeur, l'expression de mes sentiments respectueux.
Veuillez agréer, mon Colonel, l'assurance de mes sentiments distingués. *(selon le cas,* Commandant, Capitaine, Lieutenant *au lieu de* Colonel)	Veuillez agréer, Colonel, l'expression de mes sentiments distingués.
Veuillez agréer, Maître, l'assurance de mes sentiments distingués. Je vous prie d'accepter, Maître, l'assurance de ma parfaite considération. *(Si la lettre s'adresse à une femme,* hommage *remplacera* assurance.)	Veuillez agréer, Maître, l'expression de mes sentiments distingués. Je vous prie d'accepter, Maître, l'expression de ma parfaite considération.

Destinataire	Suscription sur l'enveloppe et en tête de la lettre	Appellation
Procureur de la République	Monsieur le Procureur de la République	Monsieur le Procureur,
Président de tribunal	Monsieur le Président du tribunal ...	Monsieur le Président,
Maréchal de France	Monsieur le Maréchal de France ...	Monsieur le Maréchal,
Femme d'un maréchal de France	Madame la Maréchale ...	Madame la Maréchale,
Général	Général ... (*ou* : Monsieur le Général ...)	Mon Général, (*écrit un homme*) Général, (*écrit une femme*)
Femme d'officier supérieur (même général)	Madame ...	Madame,
Amiral, vice-amiral, contre-amiral	Monsieur l'Amiral ... (*ou* : Amiral ...)	Amiral, (*écrit un homme*) Monsieur l'Amiral, (*écrit une femme*)
Capitaine de vaisseau ou de frégate	Commandant ...	Mon Commandant, (*écrit un homme*) Commandant, (*écrit une femme*)
Grades inférieurs de la marine	Monsieur ...	Monsieur,
Colonel, lieutenant-colonel	Monsieur le Colonel ... (*ou* : Colonel ...)	Mon Colonel, (*écrit un homme*) Colonel, (*écrit une femme*)
Commandant	Commandant ... *ou* : Chef de bataillon ... Chef d'escadron(s) ...	Mon Commandant, (*écrit un homme*) Monsieur, (*écrit une femme*)

Formule de politesse finale

écrite par un homme	écrite par une femme
Veuillez agréer, Monsieur le Procureur, l'assurance de mes sentiments respectueux.	Veuillez agréer, Monsieur le Procureur, l'expression de mes sentiments respectueux.
Veuillez agréer, Monsieur le Président, l'assurance de mes sentiments respectueux.	Veuillez agréer, Monsieur le Président, l'expression de mes sentiments respectueux.
Veuillez agréer, Monsieur le Maréchal, l'assurance de mon profond respect.	Veuillez agréer, Monsieur le Maréchal, l'expression de mon profond respect.
Je vous prie d'accepter, Madame la Maréchale, l'hommage de mon très profond respect.	Veuillez agréer, Madame la Maréchale, l'expression de mes sentiments très respectueux.
Je vous prie de croire, mon Général, à l'assurance de mon respect.	Veuillez agréer, Général, l'expression de mon respect.
Veuillez agréer, Madame, mes respectueux hommages.	Veuillez agréer, Madame, l'expression de mes sentiments respectueux.
Veuillez agréer, Amiral, l'expression de mon respect.	Veuillez agréer, Amiral, l'expression de mes sentiments respectueux.
Veuillez agréer, mon Commandant, mes salutations respectueuses.	Veuillez agréer, Commandant, l'expression de mes sentiments respectueux.
Veuillez agréer, Monsieur, mes salutations respectueuses.	Veuillez agréer, Monsieur, l'expression de mes meilleurs sentiments.
Je vous prie de croire, mon Colonel, à l'assurance de mes sentiments très respectueux.	Je vous prie de croire, Colonel, à mes sentiments très respectueux.
Veuillez agréer, mon Commandant, l'assurance de mes sentiments respectueux.	Veuillez agréer, Commandant, l'expression de mes sentiments respectueux.

31

Destinataire	Suscription sur l'enveloppe et en tête de la lettre	Appellation
Capitaine, lieutenant, sous-lieutenant	Monsieur ...	Monsieur, (*mais un homme jeune écrira* : mon Capitaine, mon Lieutenant,)
Cardinal	Son Éminence le Cardinal ...	Éminence, (*ou* : Votre Éminence,)
Archevêque, Évêque	À Son Excellence Monseigneur (*ou* Monsieur) l'Archevêque (l'Évêque) de ...	Monseigneur, (*ou* : Excellence,)
Supérieur d'une communauté religieuse	Révérend Père ..., Supérieur du prieuré (du monastère, de l'abbaye...)	Mon Très Révérend Père,
Supérieure d'une communauté religieuse	Révérende Mère ..., Supérieure du couvent (du cloître...) ...	Ma Très Révérende Mère,
Religieux	Père ... Très Cher Frère ...	Mon Père, Mon Très Cher Frère,
Religieuse	Mère ... Sœur ...	Ma Mère, Ma Sœur,
Abbé, curé, vicaire, chanoine, archiprêtre, aumônier	Monsieur l'Abbé (le Curé, l'Aumônier...) ...	Monsieur l'Abbé, (*ou* : Mon Père,)
Pasteur, rabbin	Monsieur le Pasteur ... Monsieur le Rabbin...	Monsieur le Pasteur, Monsieur le Rabbin,

Formule de politesse finale

écrite par un homme	écrite par une femme
Veuillez agréer, Monsieur, l'assurance de mes sentiments distingués. *(mais un homme jeune écrira :* mon Capitaine, mon Lieutenant, *au lieu de* Monsieur)	Veuillez agréer, Monsieur, l'expression de mes sentiments distingués.

Que Votre Éminence daigne agréer l'hommage de mon profond respect.	Que Votre Éminence daigne accepter l'expression de mon profond respect.

(un catholique pourra écrire :)

J'ai l'honneur d'être, avec le plus profond respect, de Votre Éminence, le très dévoué serviteur.	J'ai l'honneur d'être, avec le plus profond respect, de Votre Éminence, la très dévouée servante.

Je vous prie d'agréer, Monseigneur, l'expression de ma respectueuse considération. Veuillez agréer, Monseigneur, l'hommage de mes sentiments respectueux et dévoués.	Je vous prie d'accepter, Monseigneur, l'expression de ma considération respectueuse. Veuillez agréer, Monseigneur, l'expression de mes sentiments respectueux et dévoués.

Je vous prie d'agréer, mon Très Révérend Père, l'expression de mes sentiments respectueux.	Je vous prie d'accepter, mon Très Révérend Père, l'expression de mes sentiments respectueux.

(un catholique pourra écrire : l'expression de mon religieux respect.)

Je vous prie d'agréer, ma Très Révérende Mère, l'expression de mes sentiments respectueux.	Je vous prie d'accepter, ma Très Révérende Mère, l'expression de mes sentiments respectueux.

(même remarque que ci-dessus)

Je vous prie d'agréer, mon Père (mon Très Cher Frère), l'expression de mes sentiments respectueux.	Je vous prie d'accepter, mon Père (mon Très Cher Frère), l'expression de mes sentiments respectueux.

Je vous prie d'agréer, ma Mère (ma Sœur), l'expression de mes sentiments respectueux.	Je vous prie d'accepter, ma Mère (ma Sœur), l'expression de mes sentiments respectueux.

Veuillez agréer, Monsieur l'Abbé (mon Père), l'assurance de mes sentiments respectueux.	Veuillez agréer, Monsieur l'Abbé (mon Père), l'expression de mes sentiments respectueux.

(remplacer le mot Abbé *par un autre le cas échéant)*

Veuillez agréer, Monsieur le Pasteur (le Rabbin), l'assurance de mes sentiments respectueux.	Veuillez agréer, Monsieur le Pasteur (le Rabbin), l'expression de mes sentiments respectueux.

Destinataire	Suscription sur l'enveloppe et en tête de la lettre	Appellation
Ménage	Monsieur et Madame ...	Madame, Monsieur,
	Le Docteur et Madame ...	Madame, Monsieur,
	Le Général et Madame ...	Madame, Général,
	Le Comte et la Comtesse de ...	Madame, Monsieur,
Veuve, femme âgée, mère célibataire	Madame ...	Madame,

Début d'une lettre

Bien des personnes hésitent avant de commencer à rédiger la lettre. Il nous semble que là aussi il faut être simple et clair.

D'abord rejeter tous ces clichés traditionnels populaires qui font sourire, comme :

Je vous écris pour vous dire que ...

J'ai en mains votre honorée du ...

Je viens par la présente vous annoncer...

Tout cela, ainsi que les « civilités empressées » a une senteur vieillotte de mercanti du XIXe siècle.

Il n'est pas indispensable d'invoquer notre honneur dans toute lettre à un inconnu. Ainsi, à une maison de commerce :

J'ai l'honneur de vous demander de bien vouloir m'envoyer une paire de chandeliers.

sera remplacé par :

Veuillez m'envoyer une paire de chandeliers.

Donc, on abordera directement et franchement l'objet de la lettre sans s'embarrasser de formules figées. Il faut souvent avoir recours au brouillon qui libère de la crainte de mal faire. De ce brouillon finira par se dégager une phrase simple, la meilleure :

Voici le renseignement que vous m'avez demandé :

Nous avons reçu hier avec plaisir le colis que ...

Notre tante Élise est au plus mal. Il va falloir ...

Pour le terrain dont vous m'avez parlé, je pense que ...

Dimanche prochain, nous recevons les Pottier. Comme vous les connaissez...

Formule de politesse finale

écrite par un homme	écrite par une femme

Recevez, chers amis, mes pensées les plus affectueuses.
Croyez à notre cordial souvenir.
Acceptez, chers amis, nos souvenirs les plus amicaux.

Veuillez croire, cher Monsieur, à mes sentiments les plus sincères et présentez à Madame Dubois mes hommages respectueux. Veuillez transmettre mes respects à votre femme. Veuillez me rappeler au bon souvenir de Martine.	Croyez, chère amie, à mes meilleures pensées et présentez à Monsieur Dubois mon bon souvenir. Présentez mes amitiés à votre mari. N'oubliez pas d'embrasser Martine pour moi.
Je vous prie d'agréer, Madame, mes respectueux hommages.	Je vous prie d'agréer, Madame, l'expression de mes respectueux sentiments.

C'est une faute de faire concourir deux sujets à une formule de politesse :
« *Espérant une réponse rapide, veuillez agréer mes salutations.* »

Il faut écrire :
« *Espérant une réponse rapide, je vous prie d'accepter mes salutations.* »

Si un avocat a été bâtonnier, il sera toute sa vie nommé *Monsieur le Bâtonnier.*

Si un parlementaire a été ministre ou président d'une assemblée, toute sa vie il a le titre de *Monsieur le Ministre* ou *Monsieur le Président.*

Si c'est une dame qui a la charge de ministre, secrétaire d'État, sénateur, député, maire, juge, notaire, ambassadeur, proviseur, censeur, greffier, docteur, et tant que les femmes s'imagineront qu'un titre masculin a plus de valeur qu'un titre féminin, nous écrirons ces formules surprenantes :

Madame le Ministre	*Madame le Juge*
Madame le Député	*Madame le Conservateur*
Madame le Maire	*Madame le Censeur*[1], etc.

---

1. Alors qu'il serait logique et défendable de dire et d'écrire : *Madame la Ministre, Madame la Sénatrice, Madame la Députée, Madame la Conservatrice, Madame la Maire, Madame la Principale, Madame la Censeure, Madame la Professeure*, etc.

Formules de politesse

Desti- nataire	Écrites par un homme	Écrites par une femme
Femme *que l'on ne* *connaît pas*	Veuillez agréer, Madame, mes respectueux hommages. Je vous prie d'agréer, Madame, l'hommage de mes sentiments respectueux. Croyez, Madame, à mes sentiments les plus respectueux. Daignez agréer, Madame, l'hommage de mon profond respect. Veuillez agréer, Madame, l'expression de mes respectueux hommages (de mes sentiments distingués). Je vous prie d'agréer, Madame, l'hommage de ma respectueuse considération.	Veuillez agréer, Madame, l'expression de mes meilleurs sentiments. Veuillez croire, Madame, à mes sentiments respectueux et dévoués. Je vous prie d'accepter, Madame, l'expression de mes sentiments les meilleurs. Recevez, Madame, l'expression de mes sentiments distingués. Veuillez accepter, Madame, l'expression de ma considération distinguée.
Femme *que l'on* *connaît*	Croyez, chère Madame, à l'expression de mes meilleurs sentiments. Croyez à mes meilleurs sentiments. Acceptez mes salutations les plus cordiales. Je vous prie d'accepter, Madame, avec mes hommages, l'expression de ma respectueuse sympathie. Veuillez agréer, Madame, l'expression de mes sentiments dévoués. Recevez, chère Madame, l'expression de mes sentiments les meilleurs. Soyez assurée, chère Madame, de mes plus fidèles pensées.	Recevez, chère amie, l'expression de mes sentiments amicaux. Croyez, chère Chantal, à mon cordial souvenir. Je vous prie d'accepter, Madame, l'expression de ma sympathie. En vous priant d'accepter, Madame, l'expression de mes meilleurs sentiments. Avec mes pensées les meilleures. Croyez, Madame, à mes très affectueux sentiments. En vous priant de croire à mes meilleurs sentiments.

Veuillez croire, Madame, à ma très sincère amitié.
Acceptez, Madame, l'expression de mes sentiments les plus amicaux.

Croyez à mon amical souvenir.
Avec mes sentiments les plus cordiaux.

Desti- nataire	Écrites par un homme	Écrites par une femme
Homme que l'on ne connaît pas	Veuillez agréer, Monsieur, l'assurance de mes sentiments distingués. Recevez, Monsieur, l'expression de mes sentiments respectueux. Je vous prie d'accepter, Monsieur, l'expression de mes meilleurs sentiments. Daignez agréer, Monsieur, l'expression de ma considération. Veuillez agréer, Monsieur, l'assurance de mon profond respect. Veuillez croire, Monsieur, à mes sentiments dévoués. Soyez assuré, Monsieur, de ma parfaite considération. Recevez, Monsieur, mes biens sincères salutations. Je vous prie d'agréer, Monsieur, mes meilleures salutations. Croyez, Monsieur, à mes meilleurs sentiments. Veuillez accepter, Monsieur, l'assurance de ma considération distinguée.	Veuillez agréer, Monsieur, l'expression de mes sentiments distingués. Recevez, Monsieur, l'expression de mes meilleurs sentiments. Recevez, Monsieur, mes meilleures salutations. Veuillez agréer, Monsieur, l'expression de mes sentiments dévoués (respectueux, distingués). Croyez, Monsieur, à mes sentiments les meilleurs. Recevez, Monsieur, mes salutations bien sincères. Veuillez accepter, Monsieur, l'expression de ma considération distinguée. Acceptez, Monsieur, mes salutations distinguées. Veuillez croire, Monsieur, à mes sentiments respectueux. Je vous prie de recevoir, Monsieur, mes salutations respectueuses.
Homme que l'on connaît	Veuillez croire à mon meilleur souvenir. Veuillez trouver ici l'assurance de ma cordiale sympathie. Veuillez agréer, Monsieur, l'expression de mes sentiments les plus cordiaux. Veuillez agréer, Monsieur, l'assurance de mes sentiments distingués. Croyez, Monsieur, en mes sentiments amicaux et dévoués. Je vous prie de me croire, cher Monsieur, cordialement vôtre.	Agréez, Monsieur, mes cordiales salutations. Veuillez agréer, cher Monsieur, l'expression de ma sympathie. Acceptez, cher Monsieur, mes pensées amicales. Avec l'assurance de ma cordiale sympathie. Recevez, Monsieur, l'expression de mes sentiments affectueux. Croyez, Monsieur, à mon meilleur souvenir.

Desti- nataire	Écrites par un homme	Écrites par une femme
Supérieur	Veuillez agréer, Monsieur, l'expression de mes senti- ments respectueux (dé- voués). Je vous prie d'agréer, Monsieur, mes remercie- ments respectueux. Veuillez agréer, Monsieur, l'expression de mon profond respect. Recevez, Monsieur, mes salutations respectueuses. Veuillez agréer, Monsieur, l'assurance de ma haute considération (de mes senti- ments respectueux, de mon entier dévouement).	Je vous prie de croire, Monsieur, à mon respec- tueux souvenir. Acceptez, Monsieur, l'ex- pression de mes sentiments distingués. Veuillez agréer, Monsieur, l'expression de mes senti- ments respectueux. Veuillez croire, Monsieur, à ma haute considération. Recevez, Monsieur (Ma- dame), mes salutations res- pectueuses. Veuillez agréer, Monsieur (Madame), l'expression de mes sentiments respectueux et dévoués. Veuillez agréer, Monsieur (Madame), l'expression de mon profond respect.

Soyez assuré, Monsieur, de ma fidèle collaboration.
Je demeure, Monsieur, très respectueusement vôtre.
Veuillez croire, Monsieur le ..., à mes sentiments dévoués
et respectueux.

Inférieur	Veuillez croire, Monsieur, à mes sentiments les meil- leurs. Recevez, Monsieur, l'as- surance de mes sentiments distingués. Croyez, Monsieur, à ma considération distinguée.	Veuillez croire, Monsieur (Madame), à mes sentiments les meilleurs. Recevez, Monsieur, l'ex- pression de mes sentiments distingués. Croyez, Monsieur, à ma considération distinguée.

Avec mes cordiales salutations.
Soyez assuré(e) de mes sentiments } (à un employé)
les meilleurs.

Jeune fille	Veuillez recevoir, Mademoiselle, l'expression (l'hommage) de mes senti- ments respectueux. Je vous prie d'accepter, Mademoiselle, l'expression de mes sentiments dévoués.	Acceptez, Mademoiselle, mes cordiales salutations. En vous priant de me croire, Mademoiselle, amica- lement vôtre.

Desti- nataire	Écrites par un homme ou par une femme
Relation commer- ciale	Agréez, Monsieur, mes salutations distinguées. En attendant le plaisir de vous lire, nous vous prions d'agréer nos sincères salutations. Toujours dévoués à vos ordres, nous vous présentons nos meilleures salutations. Veuillez accepter, Monsieur, l'expression de nos sentiments distingués. Nous vous prions d'agréer, Monsieur, l'expression de notre parfaite considération.

ON DIT	ON NE DIT PAS
Votre (ma, ta, sa) femme ou, pour un supérieur : *Votre (son) épouse*	*Votre dame*
Votre (mon, ton, son) mari *Votre (mon, ton, son) fiancé* *Votre (ma, ta, sa) fille* *Votre (mon, ton, son) fils*	*Votre époux* *Votre futur* *Votre fillette, votre demoiselle* *Votre jeune homme*

3
Lettres exceptionnelles

Voici des lettres peu courantes, que vous n'aurez pas l'occasion d'écrire, pensez-vous, mais peut-être y aura-t-il dans votre entourage quelqu'un qui se mettra en tête de faire appel à l'une de ces personnalités.

Et même si la requête ne va pas jusqu'à elle, l'étiquette impose que l'on se soumette à des formes rigoureuses. On écrira ces lettres sur une feuille double du format dit « ministre » (33 cm × 22 cm). Elles seront dactylographiées ou manuscrites, mais toujours à l'encre noire.

Exceptionnellement, on ne mettra le lieu, la date, le nom et l'adresse de l'expéditeur qu'après la signature. Les marges seront très généreuses.

Au président de la République

Une requête auprès du président de la République ne se conçoit que pour des motifs exceptionnels (demande d'audience, de grâce, de remise de dette envers l'État, de réintégration dans un emploi public, d'autorisation pour un mariage posthume...). L'exposé en sera fait sans détail superflu.

L'adresse sur l'enveloppe est :

Monsieur le Secrétaire général de la Présidence de la République
(ou : *Monsieur le Directeur du Cabinet civil de la Présidence de la République*)

Palais de l'Élysée
55-57, rue du Faubourg-Saint-Honoré
75008 PARIS

La suscription sur la lettre est :

à Son Excellence Monsieur le Président de la République française, Palais de l'Élysée.

L'appellation est :

Monsieur le Président de la République,
La lettre est rédigée à la troisième personne *(Le soussigné a l'honneur de solliciter de votre haute bienveillance la faveur...)*

La formule de politesse peut être :

pour un homme : *Veuillez agréer, Monsieur le Président de la République, l'hommage de mon profond respect.*
pour une femme : *Veuillez agréer, Monsieur le Président de la République, l'expression de mes sentiments très respectueux.*

Exemples de lettre au président de la République

Monsieur le Président de la République,

Le soussigné a l'honneur de solliciter de votre haute bienveillance une audience qu'il vous serait profondément reconnaissant de bien vouloir lui accorder.
Le sujet de cet entretien serait la situation qui... *(expliquer brièvement).*
Vous renouvelant l'expression de sa très profonde gratitude, le soussigné vous prie d'agréer, Monsieur le Président de la République, l'hommage de son plus respectueux dévouement.

(Signature)

Verty, le 4 mars 1985
Albert Vivier
24, rue du Pont
51230 VERTY

Monsieur le Président de la République,

Le 24 mai 1984, le soussigné a été condamné par le tribunal correctionnel de Versailles à six mois de prison et 20 000 francs d'amende pour effraction d'une habitation privée et voies de fait envers un vieillard.
Le soussigné reconnaît sa faute et accomplit sa peine.
Cependant, au sujet du règlement de la somme imposée, il ose faire appel à votre clémence, Monsieur le Président, pour sa femme et ses enfants qui vivent actuellement dans une grande gêne alors qu'ils ignoraient même la faute commise. Ce sont eux qui vont acquitter cette

somme par leurs privations et c'est en leur nom que le soussigné vous supplie de lui accorder la remise de cette amende.

Il vous prie de bien vouloir agréer, Monsieur le Président de la République, avec l'expression de toute sa gratitude, l'hommage de son profond respect.

(Signature)

Paris, le 4 juin 1984
Paul Rapier
3 bis, rue des Tanneurs
75020 PARIS

A la femme du président de la République

Adresse : la même que pour le président de la République.

Suscription :   à Madame la Présidente
Palais de l'Élysée

Appellation : Madame,

Formule finale :

pour un homme : *Je vous prie d'agréer, Madame, l'hommage de mes plus respectueuses salutations.*

pour une femme : *Je vous prie d'agréer, Madame, l'expression de mes sentiments très respectueux.*

TITRES

Sa Majesté (S.M.) l'empereur
Sa Majesté (S.M.) l'impératrice
Sa Majesté (S.M.) le roi
Sa Majesté (S.M.) la reine
Sa Sainteté (S.S.) le pape
Son Altesse impériale (S.A.I.) le prince
Son Altesse royale (S.A.R.) le prince
Son Altesse Sérénissime (S.A.S.) le prince
Son Altesse (S.A.) le prince de Monaco, de Luxembourg
Son Éminence (S.Em.) le cardinal
Son Excellence (S.E.) l'ambassadeur, le ministre
Son Excellence (S.Exc.) l'archevêque, l'évêque
Sa Grâce (S.G.) le duc anglais, le prince allemand

Au pape

Adresse : *A Sa Sainteté le Pape Jean-Paul II*
Segreteria di Stato di Sua Santita
Citta del Vaticano
I - ROMA   *Italie*

Suscription :   *A Sa Sainteté*
Sa Sainteté le Pape Jean-Paul II
Palais du Vatican

Appellation :   *Très Saint Père,*

Dans la lettre, on désigne le pape par les mots « Votre Sainteté » (au lieu de « vous ») avec les verbes à la 3ᵉ personne du singulier (*J'ose espérer que Votre Sainteté daignera...*)

Formule finale

a) pour un homme catholique :
Prosterné aux pieds de Votre Sainteté
et implorant la faveur de sa bénédiction apostolique,
j'ai l'honneur d'être,
Très Saint Père,
avec la plus profonde vénération,
de Votre Sainteté,
le très humble et très obéissant serviteur et fils.

b) pour une femme catholique :
Prosternée aux pieds...
... la très humble et très obéissante servante.

c) pour un homme non catholique :
Que votre Sainteté daigne agréer l'assurance de mon profond respect.

d) pour une femme non catholique :
Que Votre Sainteté daigne agréer l'expression de mon profond respect.

L'usage est d'écrire à la troisième personne aux empereurs, rois, papes, princes régnants, cardinaux, archevêques et évêques.
Au lieu de : *J'ai l'honneur de vous demander d'intervenir ...*
on écrit : *J'ai l'honneur de demander à Votre Majesté (Votre Altesse, Votre Éminence...) qu'elle intervienne...*

À un roi

Adresse :   *Sa Majesté ...*
Suscription :   *à Sa Majesté ..., roi de ...*
Appellation :   *Sire,*

Dans la lettre, « vous » sera remplacé par « Votre Majesté », avec emploi de la 3ᵉ personne.

Formule finale

a) pour un homme :

Je suis, avec le plus profond respect, Sire, de Votre Majesté, le très humble et très obéissant serviteur.

b) pour une femme :

Je suis, avec le plus profond respect, Sire, de Votre Majesté, la très humble et très obéissante servante.

À une reine

Adresse :   *Sa Majesté ...*
Suscription :   *à Sa Majesté ..., reine de ...*
Appellation :   *Madame,*

Dans la lettre, « vous » sera remplacé par « Votre Majesté », avec emploi de la 3ᵉ personne.

Formule finale

a) pour un homme : *Je suis, avec le plus profond respect, Madame, de Votre Majesté, le très humble et très obéissant serviteur.*

b) pour une femme : *Je suis, avec le plus profond respect, Madame, de Votre Majesté, la très humble et très obéissante servante.*

À un prince souverain

Adresse :   *Son Altesse ...*
                    prince de ...
Suscription :   *à Son Altesse ..., prince de ...*
Appellation :   *Monseigneur,*

Dans la lettre, « vous » est remplacé par « Votre Altesse », avec emploi de la 3ᵉ personne.

Formule finale

a) pour un homme : *J'ai l'honneur d'être, Monseigneur, de Votre Altesse, le très respectueux et dévoué serviteur.*

b) pour une femme : *J'ai l'honneur d'être, Monseigneur, de Votre Altesse, la très respectueuse et dévouée servante.*

À *une princesse souveraine*

Adresse :   *Son Altesse ...*
                      princesse de ...

Suscription :   *à Son Altesse ..., princesse de ...*

Appellation :   *Madame,*

Dans la lettre, « vous » est remplacé par « Votre Altesse », avec emploi de la 3ᵉ personne.

Formule finale : comme pour le prince souverain, en mettant « Madame » au lieu de « Monseigneur ».

Au médiateur

Le médiateur[1] est, en France, chargé de régler les différends qui peuvent naître entre particuliers et administrations (administrations d'État dépendant d'un ministère, collectivités locales, établissements publics, organismes investis d'une mission de service public) ; par exemple : litige avec les services de la justice, de la préfecture, de la Sécurité sociale, etc. On ne peut demander l'intervention du médiateur qu'après avoir fait toutes les démarches nécessaires auprès de l'administration ou de l'organisme visé par la réclamation. Si un procès est en cours, il ne peut être question d'en saisir le médiateur.

Lorsqu'on a le sentiment que l'organisme visé n'a pas fonctionné conformément à la mission qu'il doit assurer ou lorsque l'application des règlements aboutit à une décision injuste, on peut recourir aux bons offices du médiateur.

Toute requête au médiateur doit d'abord être adressée à un parlementaire (sénateur ou député) que le réclamant choisit, même hors de sa circonscription. Ce parlementaire transmettra alors la requête au médiateur.

---

1. À ne pas confondre avec les *conciliateurs* locaux qui règlent les petits conflits entre particuliers qu'il est inutile de porter devant un tribunal. Se renseigner à la mairie pour connaître le lieu et les jours de consultation du conciliateur.

Vineuil, le 3 octobre 1982

à Monsieur le Médiateur,
96, avenue de Suffren
75015 PARIS
(sous couvert de Monsieur
Aignan, député)

Monsieur le Médiateur,

J'ai l'honneur de recourir à vous au sujet des faits suivants. Possédant un terrain retiré sur lequel je comptais édifier une maison pour ma retraite, j'ai accepté de le céder, le 3 juin 1982, au service de l'Urbanisme, eu égard à sa situation : il se trouvait dans une zone déclarée d'intérêt public, prévue pour l'établissement d'un stade. En compensation, il me fut alors concédé une parcelle dans un lotissement municipal. Mais cette parcelle est située près de l'autoroute A 8 en construction.

Je me trouve donc expulsé d'un quartier calme pour aller habiter une zone très bruyante. Ce n'est pas ce que j'avais envisagé pour ma retraite.

J'ai 62 ans et la mairie ne m'accorde pas d'autre choix. Devant son refus, je vous demande d'intervenir en ma faveur. Sur le plan ci-joint, je vous indique l'emplacement des terrains en question. Je vous adresse également la photocopie de la réponse qui m'a été faite par la mairie.

Espérant que vous ferez droit à ma requête, je vous prie d'agréer, Monsieur le Médiateur, l'assurance de mes sentiments respectueux.

(Signature)

Georges Herbaud
11, chemin de Montrichard
41350 VINEUIL

EXEMPLE DE CAS

Des cambrioleurs se sont introduits par effraction dans une maison. Le propriétaire les surprend et les bloque dans son sous-sol pendant que la femme appelle les gendarmes. Ces derniers arrivent, emmènent les voleurs et les présentent au parquet. Le juge décide de les laisser en liberté provisoire. Les victimes de cette intrusion ont déposé une plainte pour les dégâts occasionnés mais ne seront pas indemnisés parce que les délinquants, des nomades, ont pris la fuite. Estimant que le juge ne les a pas protégés, les victimes recourent au médiateur.

4

Dessins explicatifs

Il est très utile de dessiner pour appuyer une explication donnée par lettre. Nous donnons ci-dessous des exemples de croquis simples tels qu'on peut avoir à en transmettre à un correspondant.

Invitation à des amis

G. Vernet   Morville, le 10 novembre
3, rue Vatel
14280 MORVILLE

Chers amis,

Notre installation est enfin terminée (enfin, à peu près, car si j'écoutais Nicole...). Le déménageur n'a rien cassé et vous viendrez nous aider à accrocher la crémaillère du nouveau logis avec d'autres amis le samedi 21 novembre à midi. Nous comptons sur vous, en tenue décontractée surtout. N'apportez que votre bonne humeur.

Pour que vous ne vous perdiez pas, suivez le topo joint.
Bonne route et à bientôt !
Avec nos amitiés.

Gérard

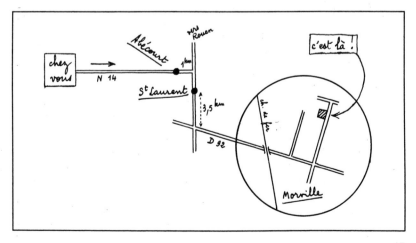

Pour situer une tombe

Cher Sylvain,

Tu me demandes où est la tombe de grand-père à Sézanne. Il est vrai que nous n'y allons pas souvent, la famille étant maintenant dispersée et je te sais gré d'y avoir pensé. Tu trouveras facilement en suivant mon petit plan : c'est la tombe marquée en noir.

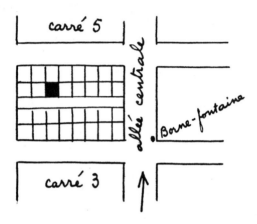

Mes bonnes pensées à Jeannine et une caresse aux enfants. Cordialement.

Maxime

(Voir aussi pages 221, 293, 298.)

À un artisan pour des travaux

Cher Monsieur,

Après l'équipement de la cuisine dans ma maison de vacances, j'aurais aimé vous voir samedi dernier pour vous remercier du soin que vous y avez apporté, mais on me dit que vous avez dû vous absenter.

D'autre part, je comptais vous donner quelques précisions pour l'installation du cabinet de toilette du premier étage. Je pense que le croquis ci-dessous vous suffira pour la fixation des deux appareils. Je vous demande aussi de poser les carreaux de céramique sur les murs où je mets un double trait, jusqu'à une hauteur de 1,80 m (à gauche de l'entrée, je compte placer un meuble).

En vous remerciant encore pour les travaux déjà exécutés, je vous prie d'accepter, cher Monsieur, mes sincères salutations.

(Signature)

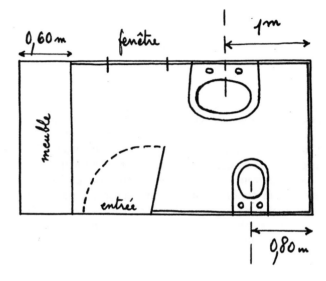

5
Cartes de visite

Choisir un modèle de carte de visite, c'est surtout choisir les caractères qui doivent être employés par l'imprimeur. L'anglaise, qui imite la calligraphie, est moins employée qu'autrefois. On lui préfère une impression en caractères romains. Il faut choisir des inscriptions très lisibles (souvent le fournisseur offre un choix de caractères possibles). On évitera le snobisme, qui n'est que passager, des noms propres imprimés sans majuscules. La carte gravée en taille-douce, au relief sensible, est plus personnelle, mais aussi plus coûteuse.

Sur une carte de visite, les mots *Monsieur* ou *Veuve* ne doivent pas figurer. Mais on peut mettre :

> *M. et Mme*
> *Madame*
> *Mademoiselle* (pour une personne âgée)
> *Docteur et Mme*
> *Le Colonel et Mme*
> *Comte et Comtesse*
> etc.

On ne fait généralement pas figurer les décorations. Un titre, une fonction peuvent être mentionnés. Le prénom sera indiqué en toutes lettres, avant le nom.

Il est de mauvais goût de mettre le prénom ou le nom sans capitale au début.

Le nom de la personne peut être « centré » au milieu de la carte ou porté plus haut (ce qui permet d'écrire plus facilement en dessous). Adresse et téléphone peuvent figurer en bas ou en haut.

Georges Vernier

14, rue de Colmar
21000 Dijon   Tél. 80.18.06.45

Madame Rosette Sorlat

12, chaussée Ballu 75009 Paris

12, rue des Arcades 37000 Tours   47.23.73.00

Marcel Cartier

Laurette et Serge Mirbeau

Robert Amsalem
30, rue du Château

80110 Moreuil   22.18.05.08

Docteur Gaston Bornier
Chef de clinique à l'hôpital Graud

9, rue Basse
Tél. 44.57.31.67   60000 Beauvais

M. et Mme A. Le Guénec

Orléans

Lise Réalmont

Lucile Frédéric Corbier

Beaucoup de personnes ont deux cartes de visite. Sur l'une figurent seulement prénom et nom. Sur l'autre, plus professionnelle, on y ajoute fonction, adresse et téléphone.

Céline Cazenave

Madame Céline Cazenave
Directrice du Centre culturel

87.48.09.78   5, square Ney 59000 Lille

Usages de la carte de visite

Les cartes de visite ne sauraient remplacer les lettres. On les utilise :
- pour envoyer des vœux de nouvel an ;
- pour indiquer un changement d'adresse ;
- pour exprimer des condoléances ;
- pour annoncer un baptême, une naissance, des fiançailles, un mariage ;
- pour donner son adresse à une personne dont on vient de faire la connaissance ;
- pour s'annoncer à la personne chez qui on se présente ;
- pour accompagner un cadeau, un envoi de fleurs ;

– pour signaler son passage auprès d'une personne absente ou d'un malade qu'on n'a pas pu visiter.

On ne signe pas la carte de visite. On ne la date qu'exceptionnellement.

Sur une carte de visite, le texte écrit à la main use de la troisième personne.

M. et Mme Maxime Crépin

vous prient de les excuser pour la rencontre du 3 juin à laquelle ils ne pourront assister.

Madame Georgette Préville

adresse à Corinne ses vives félicitations.

Claude Charpentier

avec ses compliments.

6
Relations
avec
l'Administration

Quand on a plusieurs choses à traiter avec une administration, il faut faire une lettre pour chaque question : le préposé à l'ouverture du courrier peut ainsi répartir facilement les demandes vers les services concernés et les réponses arriveront plus vite.

Imprimés administratifs

L'emploi généralisé des imprimés à remplir évite souvent la rédaction d'une demande manuscrite comme il était d'usage autrefois. Ainsi, pour une commande commerciale à un grand magasin, une procuration postale, une demande de carte d'identité, de passeport, de carte vermeil, de permis de chasse, de permis de conduire, etc., il faut remplir les rubriques d'un imprimé remis par l'autorité (mairie, gendarmerie, commissariat de police, gare...).

Bien souvent, il est indiqué que les mentions importantes (nom, prénom, localité) doivent être inscrites en lettres capitales. Il faut alors adopter un alphabet simple, sans ornements superflus et surtout ne pas mêler capitales et minuscules ou lettres d'imprimerie et lettres manuscrites.

Alphabet en capitales :

A B C D E F G H I J K L M
N O P Q R S T U V W X Y Z

Il convient de faire attention à certaines lettres : que le C ne soit pas pris pour un G, le J pour un T, le F pour un E. Le N et le Z doivent être tracés dans le bon sens et non à l'envers.

Si ces lettres doivent se placer dans des cases préparées, que chaque lettre soit plus petite que sa case.

Quand une lettre va vers une administration, une organisation importante, il faut indiquer son objet en marge : elle sera ainsi vite identifiée. Par exemple :

Objet : *copropriété*
14, av. Louvois.

Objet : *demande de*
cure thermale.

Objet : *accident du*
3-7-84 (réf. 4185).

Objet : *succession*
Lermontier.

Demande à un service administratif (modèle général)

Prénom, Nom   date
Adresse   ①

                                   à *(destinataire)*   ②

M...,   ③

Je vous demande de bien vouloir ...   ④

Je ...   ⑤

Je vous prie d'agréer, M..., mes salutations distinguées.

⑥   *(Signature)*

① Si l'on écrit à un service (Sécurité sociale, Allocations familiales, Compagnie d'assurances, etc.) où l'on est inscrit sous un numéro matricule, indiquer ce numéro sous l'adresse.

② Indiquer la personne (*Monsieur le Ministre, Madame le Maire, Monsieur le Directeur de ...*) et, si l'on peut, préciser le service ou la personne compétente (*Bureau de l'état civil, Service de l'urbanisme, Service des pensions ; à l'attention de Monsieur Rambert, etc.*).

③ *Monsieur* (ou *Madame*) suivi du titre. Par exemple : *Monsieur le Contrôleur.*

④ Exposer simplement et clairement la demande.

⑤ Donner les renseignements, les précisions qui aideront le destinataire. Indiquer les démarches déjà faites à ce sujet.

⑥ Le cas échéant, mentionner les pièces jointes. Par exemple :
P.J. = *1 enveloppe timbrée - 2 photocopies*

À quelle administration s'adresser ?

Pour obtenir	S'adresser à
Extrait de naissance	*Mairie du lieu de naissance*
Extrait de mariage	*Mairie du lieu de mariage*
Extrait de décès	*Mairie du lieu de décès*
Carte nationale d'identité	*Commissariat de police, ou Mairie*
Passeport	*Commissariat de police, ou Mairie, ou Sous-Préfecture*
Sortie du territoire d'enfants mineurs	*Commissariat de police, ou Sous-Préfecture*
Permis de conduire	*Préfecture, ou Sous-Préfecture (à Paris à la Préfecture de police, 4, rue de Lutèce, 75195 Paris-4e)*
Duplicata de permis perdu	*Préfecture, ou Sous-Préfecture*
Permis de conduire international	*Préfecture, ou Sous-Préfecture*
Demande de naturalisation	*Préfecture, ou Tribunal d'instance, ou Bureau de police*
Demande de changement de nom	*Ministère de la Justice, 13, place Vendôme, 75001 Paris*
Attestation de domicile	*Mairie*
Certificat de concubinage	*Mairie*
Certificat de non-imposition	*Centre des impôts*
Certificat de nationalité française	*Greffe du tribunal d'instance du domicile*
Extrait de casier judiciaire	*Personnes nées en France métropolitaine ou à l'étranger : Casier judiciaire national, 107, rue du Landreau, 44079 Nantes Cedex.* *Personnes nées dans les D.O.M. ou T.O.M. : greffe du tribunal de grande instance du lieu de naissance*
Carte grise	*Préfecture (à Paris : préfecture de police, 4, rue de Lutèce, 75004 Paris)*
Carte d'électeur	*Mairie*
Carte nationale de priorité des mères de famille	*Mairie*
Carte « Jeunes »	*Centre d'information jeunesse, ou Crédit mutuel, ou banque CIC*
Carte d'invalidité à titre civil	*Mairie*
Carte « Station debout pénible »	*Mairie*

Pour obtenir	S'adresser à
Carte d'invalidité à titre militaire	*Mairie, ou Office national des Anciens combattants et victimes de la guerre du chef-lieu de département*
Carte de combattant	*Service départemental de l'Office national des Anciens combattants et victimes de la guerre (adresse dans les mairies). Pour Paris : 295-303, rue St-Jacques 75005.*
Permis de chasser	*Préfecture (imprimé dans les mairies). Pour Paris : Préfecture de police*
Permis de conduire des bateaux de plaisance à moteur	*Administration des affaires maritimes dont dépend votre domicile (adresse en mairie) ou au Chef du centre d'examen (adresse en mairie). Pour Paris : Chef de bureau de la navigation de plaisance, 3, place de Fontenoy, 75007 Paris*

Demande de passeport

Louis Vasseur
Ferme des Prats
à Richet
40140 PISSOS

Richet, le 4 mai 1986

à Monsieur le Préfet des Landes
(Service des passeports)
Mont-de-Marsan

Objet : Demande
de passeport.

Monsieur le Préfet,

Éloigné de toute agglomération, j'aurais besoin d'un passeport à mon nom, pour un voyage que je dois faire au Canada l'automne prochain.

Ne possédant qu'une carte nationale d'identité, je vous demande les imprimés nécessaires et l'indication des pièces à joindre pour l'établissement de ce passeport.

Veuillez agréer, Monsieur le Préfet, l'assurance de mes sentiments respectueux.

L. Vasseur

> Depuis 1982, le conseil général siège à l'hôtel du département et le préfet à la préfecture. Le préfet porta en plus le titre de commissaire de la République (et le sous-préfet le titre de commissaire adjoint de la République) du 2 mars 1982 au 24 février 1988.

État civil

C'est en mairie que se fait l'inscription sur la liste électorale. Cette inscription doit être demandée avant le 31 décembre si l'on veut voter l'année suivante. En cas de changement de domicile, c'est la nouvelle mairie (après que l'on s'y est fait inscrire) qui se charge de la radiation à l'ancienne mairie.

La mairie enregistrant naissances, mariages et décès, c'est elle qui délivre des fiches d'état civil individuelles et familiales, gratuitement, sur présentation du livret de famille.

Si vous avez besoin :

- d'une copie d'acte de naissance ou de mariage (il s'agit de la copie intégrale) ;
- d'un extrait d'acte de naissance ou de mariage ;
- d'une copie d'acte de décès,

vous devez vous adresser :

a) à la *mairie* où a été dressé l'acte, s'il a eu lieu en France ;

b) à la *Direction des Archives de France, section outre-mer, 27, rue Oudinot 75700 Paris 7ᵉ*, si l'acte a été dressé dans un département ou un territoire d'outre-mer ;

c) au *Service central de l'état civil du ministère des Affaires étrangères, B.P. 1056, 44035 Nantes Cedex*, si l'acte a été dressé à l'étranger ou dans un territoire anciennement français (ex-colonie ou protectorat).

Toutes ces pièces sont gratuites.

> Pour ceux qui font des recherches généalogiques, rappelons que tout Français a le droit de demander la copie de son acte de naissance, de son acte de mariage, de ceux de ses ascendants et la copie de l'acte de décès de n'importe qui. Les demandes sont à faire au secrétariat de la mairie où a été dressé l'acte ou au greffe du tribunal de grande instance correspondant. Ces pièces sont gratuites ; mais il faut toujours joindre une enveloppe timbrée pour la réponse.

Demande de copie de l'acte de naissance
(Peut être demandée par l'intéressé – majeur –, les ascendants, les descendants, le conjoint ou le procureur de la République.)

Monsieur le Maire (ou : Monsieur le Directeur),

Je sollicite de vous une copie de mon acte de naissance ①.
Je suis né(e) ② le .... dans la commune de ...
Je vous joins une enveloppe timbrée à mon adresse.
Veuillez agréer, Monsieur le ..., l'expression de mes meilleurs sentiments.

(Signature)

① Ou : de l'acte de naissance de mon père, de ma fille, de ma femme. Dans ce cas, donner prénom et nom.

② S'il s'agit d'une femme mariée, ajouter là le nom de jeune fille.

Demande d'un extrait d'acte de naissance
(Peut être demandé par n'importe qui.)

Monsieur le Maire,

J'ai l'honneur de vous demander un extrait de l'acte de naissance de (prénom, nom, née...), né(e) le (date) à (lieu de naissance, département ou territoire). ①
Je vous joins une enveloppe timbrée à mon adresse.
Veuillez agréer, Monsieur le Maire, l'expression de mes sentiments distingués.

(Signature)

① Cet extrait est fourni normalement sans filiation. Si l'on désire que la filiation y soit portée, il faut ajouter là : Je vous demande que la filiation y soit inscrite.
Préciser le cas échéant : Cet extrait est demandé en vue d'un mariage.

Demande de copie de l'acte de mariage
(Peut être obtenue par les intéressés, les ascendants, les descendants ou le procureur de la République.)

Monsieur le Maire,

J'ai l'honneur de solliciter de vous une copie de l'acte de mariage de

(prénom, nom), né le ..., à ...

et de   *(prénom, nom)*, née le ..., à ...

qui se sont mariés à ...   le ...

Il s'agit là de mon propre mariage (du mariage de mes parents, du mariage de mon fils).

Je vous joins une enveloppe timbrée à mon adresse.

Veuillez agréer, Monsieur le Maire, l'expression de mes sentiments distingués.

(Signature)

Départements, chefs-lieux, régions, etc. sont à la page 403.

Demande d'extrait d'acte de mariage
(Peut être demandé par quiconque.)

Monsieur le Maire,

J'ai l'honneur de vous demander l'envoi d'un extrait de l'acte de mariage de :

(prénom, nom), né le ..., à ...

et de   *(prénom, nom)*, née le ..., à ...

Ils se sont mariés le ... à ...

Je vous joins une enveloppe timbrée pour la réponse.

Veuillez agréer, Monsieur le Maire, l'expression de mes sentiments distingués.

(Signature)

Demande de copie d'un acte de décès
(Peut être demandée par quiconque.)

Monsieur le Maire,

J'ai l'honneur de vous demander une copie de l'acte de décès de ma mère *(prénom et nom)*, née le ... à *(lieu de naissance et département)*. Son nom de jeune fille était ... Elle est décédée dans votre commune en janvier 1965.

Je vous joins une enveloppe timbrée à mon adresse pour la réponse.

Veuillez agréer, Monsieur le Maire, l'expression de mes sentiments distingués.

(Signature)

Demande d'inscription sur la liste électorale

Prénom, Nom
Adresse

date

à Monsieur le Maire ...
(Bureau des élections)

Monsieur le Maire,

Étant hospitalisé à Bordeaux à cause d'un accident de la route, et pour deux mois encore, j'ai l'honneur de vous demander de m'inscrire sur les listes électorales de votre commune ① avant le 1ᵉʳ janvier.

Je joins à ma demande :
– une fiche d'état civil ;
– une quittance de loyer de mon domicile dans votre commune (ou une attestation du percepteur qui reçoit mes impôts locaux pour la maison que je possède 20, rue des Buissons).

Veuillez agréer, Monsieur le Maire, l'expression de mes sentiments distingués.

(Signature)

① Pour Paris, Marseille ou Lyon : *sur les listes électorales du ..ᵉ arrondissement.*

Demande de certificat de nationalité française

Prénom, Nom
Adresse

date

au Secrétariat-greffe du tribunal
d'instance de ...

Monsieur le Greffier,

J'ai l'honneur de vous demander un certificat de nationalité française à mon nom. Je suis né le ... à ...

Je joins à cette demande un extrait de mon acte de naissance et une enveloppe timbrée à mon adresse.

Je vous prie d'agréer, Monsieur le Greffier, l'expression de mes sentiments distingués.

(Signature)

Demande de traduction
(S'adresser à un traducteur agréé figurant sur la liste à consulter en mairie.)

Charles Peltier   Guémar, le ...
43, rue Delavigne
68970 GUEMAR
                                          à Monsieur ..., traducteur agréé

Monsieur,

En confirmation de notre entretien téléphonique de ce jour, je vous envoie la photocopie de mon acte de mariage provenant de Bogota (Colombie), aux fins de traduction d'espagnol en français.

Ci-joint le chèque de ... F dont nous étions convenus.

Avec mes remerciements, je vous prie de recevoir, Monsieur, l'expression de mes meilleurs sentiments.

(Signature)

Beaucoup de pays voisins de la France n'exigent à l'entrée que la carte nationale d'identité. Cependant, toute personne, même mineure, peut avoir son passeport. Pour l'obtenir, remplir l'imprimé remis par le commissariat de police ou la mairie, avec deux photos, la carte d'identité et une pièce qui prouve le domicile.

Réclamation auprès du maire

Monsieur le Maire,

J'habite près de la gare, près d'un arrêt d'autobus. Chaque matin et chaque soir, de nombreuses personnes traversent la rue pour prendre ou quitter un transport en commun. Les voitures affluent aux mêmes heures dans la rue et, après plusieurs incidents de circulation, une pauvre femme a été renversée hier au soir et emportée à l'hôpital.

La sécurité de nos concitoyens exigerait qu'un passage à piétons soit tracé sur la chaussée et qu'un bon éclairage le signale aux automobilistes. Cela diminuerait les risques d'accident. J'espère que cette proposition sera adoptée, la situation le justifiant.

Veuillez agréer, Monsieur le Maire, l'assurance de mes sentiments respectueux.

(Signature)

Réclamation collective

Jules Leroux   Mézin, le ...
22, rue Foch
47170 MÉZIN
                                    à Monsieur le Maire de Mézin

Monsieur le Maire,

Je me permets d'attirer votre attention sur la situation suivante :

Depuis le 1er mai 1984, un dancing est installé au 12 de la rue Bouvier-Sassot et le vacarme de sa sonorisation est tel que nous ne pouvons trouver le sommeil avant minuit. D'autre part, cet établissement, situé en pleine ville, attire de nombreux adolescents qui se déplacent sur des vélomoteurs ou des motos qui ajoutent encore leurs bruits intempestifs jusqu'à une heure très avancée.

Je vous prie donc de prendre sans tarder des mesures propres à faire cesser ces troubles de voisinage, la population environnante jugeant la situation inacceptable. Plusieurs de mes voisins se joignent à moi pour signer cette demande, la plupart étant des travailleurs qui ont besoin de repos pendant la nuit.

Veuillez agréer, Monsieur le Maire, l'expression de mes sentiments respectueux.

J. Leroux

Signent également :

Paul Signacq   Jean Cyrille
Germain Lesbet   Edmond Desbrosses
Rodolphe Carpentier   Odile Carnoux

Appel à l'autorité du maire

Monsieur le Maire,

J'ai l'honneur de vous signaler que mon voisin, Monsieur Louis Ergaud, cultivateur, en dépit des règlements et de mes observations répétées, laisse ses chèvres pénétrer dans mon verger situé non loin de sa maison. Cette situation est cause de dégâts et de troubles de jouissance.

Je vous demande d'ordonner à M. Ergaud de faire cesser la divagation de ses animaux, en vertu des arrêtés en vigueur.

Veuillez agréer, Monsieur le Maire, l'assurance de ma parfaite considération.

(Signature)

Nom et adresse de l'expéditeur

Il faut conserver toute la vie :
- les engagements de location ;
- les baux de location ;
- les diplômes ;
- les dossiers médicaux ;
- les factures de travaux ;
- le livret de Caisse d'épargne ;
- le livret de famille ;
- le livret militaire ;
- les papiers concernant les pensions de retraite.

Ces papiers, surtout s'ils concernent de l'argent, peuvent être produits à propos de litiges futurs (plus-values, héritages, assurances, retraites, etc.). Ce sont les meilleures preuves que l'on puisse avancer.

Demande d'intervention de la mairie

Prénom, Nom
Adresse

Monsieur le Maire,

J'ai l'honneur de porter à votre connaissance que mon voisin, Monsieur Jean Camus, qui possède une entreprise et un atelier de fabrication d'aggloméré de bois, vient d'y adjoindre une fabrique de colle de poisson depuis un mois. S'il l'a fait avec une autorisation, aucune enquête n'a été faite dans le voisinage. Mes voisins et moi-même sommes incommodés par les émanations malodorantes provenant de cette fabrication. Nous en avons fait la remarque au responsable. Mais, sourd à nos représentations, il continue ; l'odeur est quelquefois insupportable.

Je demande donc que la mairie intervienne auprès de Monsieur Camus afin qu'il se soumette à la réglementation en vigueur et ne gêne pas la communauté.

Veuillez agréer, Monsieur le Maire, l'expression de mes sentiments respectueux.

(Signature)

Les adresses des ministères, des assemblées et du Journal officiel sont à la page 401.

7
Relations familiales

(de la naissance à
la profession de foi)

Les exemples que nous présentons dans cette série pourront
naturellement être « étoffés » par des renseignements personnels, des
confidences, variables selon les familles ou les situations. Les lettres
qui suivent sont à considérer comme un tissu essentiel.

Annonce d'une prochaine naissance

De la future mère à ses parents

Chers parents,

Je remets depuis quelques jours, surtout parce que je ne me
sentais pas très bien, mais il faut que je vous annonce notre grande
nouvelle : vous serez grands-parents au printemps prochain.

François et moi ne pensons plus qu'à cela et nous en
parlons sans cesse : notre premier enfant ! Le médecin m'a dit que
tout devait bien se passer et que mes petites nausées étaient fort
naturelles. Je me sens d'ailleurs très forte et heureuse. François parle
déjà de son fils ! Je dois dire qu'il se montre plein de sollicitude pour
moi et fait beaucoup de projets.

Nous avons voulu que vous soyez heureux avec nous et
c'est pourquoi je vous fais partager mon grand espoir. Chère maman,
j'aurai besoin de tes conseils à l'approche de la naissance ; je compte
sur toi. Maintenant que nous sommes un peu plus de deux, nous
envisageons notre vie avec plus d'enthousiasme.

François se joint à moi pour vous embrasser de tout notre
cœur, de toute notre joie.

Cécile

Réponse des parents

Ma chère Nicole,

Rien ne pouvait nous faire plus de plaisir que l'heureuse nouvelle que nous a apportée ta lettre. Si tu avais vu les yeux brillants de ton père, tout joyeux à la pensée que la famille se prolongeait par toi ! Il parle déjà d'aller aménager la chambre de bébé. Quant à moi, je pense surtout à ta santé. Pour ce qui est des malaises, dis-toi qu'ils ne vont en général pas au-delà du quatrième mois. Je te sais courageuse et je suis sûre que vous faites beaucoup de projets pour ce chérubin. Tu verras ce que signifie tenir son enfant dans les bras. Nous ne voulons pas vous proposer de prénom, décidez. Qu'il soit garçon ou fille, soyez sûrs tous les deux qu'il tient déjà une bonne place dans notre cœur. Est-ce que je peux commencer à tricoter, et que te faut-il ?

Embrasse Roger comme nous t'embrassons, de tout notre cœur heureux. Maman

D'une jeune fille enceinte éloignée de ses parents

Chers parents,

Cette lettre ne m'est pas facile à écrire. Et je vous demande de lire avec indulgence cette confidence de votre fille. Je sais que vous m'aimez, cela m'encourage. Je vais avoir un enfant dans sept mois. Il est à moi et je veux le garder. Vous pensez naturellement que je suis seule, mais je l'ai envisagé et j'accepte. Après un temps d'illusion, je dois avouer que mon attachement pour le père n'est pas assez fort pour que je m'unisse à lui toute la vie. Ce serait une erreur. Mon existence indépendante, mes ressources, font que je peux m'engager dans cette voie, qui ne sera quand même pas sans espoir, de vivre avec mon enfant.

Comprenez-moi d'abord et si vous acceptez cet enfant comme votre petit, ce me sera le meilleur soutien. J'irai vous voir dès que ce sera possible, dès que mon travail le permettra.

Je vous embrasse tendrement. Évelyne

Réponse des parents

Ma chère Évelyne,

Nos générations ont quelquefois des idées différentes, mais aujourd'hui tu restes près de nous, ta lettre le montre, et nous restons près de toi. Il faut avouer que la surprise a été assez forte en lisant ta lettre, mais cela s'est tempéré. Ton père a grogné, tu le connais, mais ensemble nous sommes d'accord. Si tu veux cet enfant, il sera notre petit-fils (ou notre petite-fille) comme un autre. Le plus difficile ne sera d'ailleurs pas pour nous, mais pour toi. Et nous t'aiderons.

Ta santé est-elle bonne, au moins ? L'attitude à l'égard du père ne regarde que toi et nous te laissons libre. Si tu as besoin de l'aide de ma présence, au moins quand la naissance approchera, dis-le-nous. Je peux très bien m'absenter : papa se débrouille pour la cuisine.

Du fond du cœur, nous t'embrassons, chère Évelyne courageuse.

Maman

À la grand-mère

Chère grand-maman,

Nous ne pouvons plus tarder pour te le confier : tu vas être arrière-grand-mère une nouvelle fois. C'est maintenant confirmé par le médecin. Bernard est le plus fier des hommes et il a voulu que je t'annonce la venue (dans sept mois environ) de son fils ou de sa fille.

Je me porte très bien. Que vas-tu penser de ta petite Jeannine, de ta petite-fille ? Qu'elle a bien grandi puisqu'elle devient maman à son tour. Partage donc notre joie et n'aie pas d'inquiétude. Nous avons un très bon médecin qui nous assure que tout doit bien se passer. Je me sens très forte.

Ce matin, c'est la série des lettres heureuses car j'en préviens également nos parents.

Bernard et moi t'embrassons très fort.

Jeannine

Réponse de la grand-mère

Ma chère Jeannine,

Tu viens de me rajeunir ! Merci, ma petite Jeannine, de cette nouvelle de l'arrivée d'un enfant dans votre foyer. Je retrouve grâce à toi toutes les émotions qui ont précédé ta naissance.

Surtout ne te fatigue pas. Et tu vas me promettre de supprimer les cigarettes. Évite aussi les médicaments et les hauts talons. Pense au bébé constamment ! Mais mes conseils sont sans doute superflus, car tu es très avertie de ces choses.

Merci à vous deux de me procurer cette joie nouvelle. Et à mon tour, j'ai envie de vous faire plaisir. Que préférez-vous : de la layette, un lit d'enfant, un landau ? Oh ! je vais souvent penser à vous trois.

Je vous embrasse comme je vous aime.

Mamie

Du futur père à ses parents

Chers parents,

Nous avons, Élise et moi, une grande nouvelle à vous annoncer : nous attendons une naissance pour février prochain. Si vous saviez comme nous sommes heureux ! Nous ne voulions pas que vous ayez une fausse joie et nous avons attendu que la chose soit certaine pour vous en faire part. Vous aurez donc, dans quelques mois, un petit-fils ou une petite-fille. Vous êtes les premiers à l'apprendre (à part le médecin). Avec lui, nous sommes tranquilles : malgré quelques maux de cœur le matin, Élise est en très bonne santé et doit accomplir le « parcours » sans histoire.

Venez nous voir un de ces dimanches, nous vous dirons nos projets et vous verrez un ménage heureux.

Nous vous embrassons de tout notre cœur.

Jacques

De la future mère à une amie

Chère Jacqueline,

Je suis si heureuse que je ne veux plus tarder à t'apprendre notre grande, notre merveilleuse nouvelle : un enfant nous est annoncé.

Jean se moque un peu de moi et de mon enthousiasme, mais il est aussi heureux que moi, je le vois bien. Il se montre très prévenant pour moi et a des projets d'aménagement pour la nouvelle chambre. Garçon ou fille, cela ne compte pas. Encore sept mois à espérer ! Notre médecin, qui a une grande expérience, nous assure de la bonne marche de cette attente.

Sûre que tu partageras notre joie, je t'embrasse bien fort.

Perrine

Naissance de l'enfant

Du père à ses parents

Chers parents,

Cécile vient de naître ! C'est un beau bébé, aux cheveux bruns, pesant six livres, et bien vivant ! Nous sommes, Véronique et moi, les plus heureux parents de la terre. Véronique a très bien supporté cela ; elle a oublié le moment pénible et se porte bien. Et si vous voyiez ses yeux quand elle a le bébé dans les bras ! Elle est rayonnante.

Je suis seul à la maison : encore quatre jours avant qu'elle sorte (qu'elles sortent) de la clinique. J'ai déjà oublié que je désirais un garçon. La petite chambre sera prête à temps. Quel dommage que vous soyez si loin en ce moment ! J'espère que nous saurons nous montrer aussi bons parents que vous l'avez été.

Je vous embrasse tous les deux.   Serge

Réponse des parents

Chers enfants,

Nous imaginons votre bonheur : il nous suffit de nous rappeler le nôtre à la naissance de Serge. Nous attendions votre nouvelle avec impatience. Le télégramme d'abord, avec un brin d'inquiétude, mais la lettre ensuite nous a rassurés et ravis. Nous avons hâte de voir cette petite Cécile. Vous ne nous dites pas la couleur de ses yeux.

Eh oui, c'est une merveille de posséder un petit être à soi. Et vous verrez comme c'est attachant. Ne regrettez pas que ce soit une fille. Les papas ont toujours un petit faible pour elles. Et un jour, afin qu'elle ne s'ennuie pas, elle aura peut-être un petit frère.

Nous ne voulons pas vous accabler de conseils. D'ailleurs les notions de puériculture ont bien changé depuis vos naissances. Nous sommes impatients de connaître cette petite Cécile. Dès que votre père sera remis de son malaise, nous irons vous voir.

Nous vous embrassons tous les trois bien tendrement.

Maman

Télégrammes annonçant la naissance

Il est rare qu'on annonce une naissance par lettre. Aux proches, on enverra un coup de téléphone ou un télégramme.

Sophie née vingt heures. Splendide. Maman va très bien. Guy.

Fils né aujourd'hui. Tout va bien. Baisers. Georges.

Hervé et sa maman vont très bien. Baisers. Jean-Louis.

Heureuse naissance Valérie. Trois kilos. Nos baisers. Agnès. Patrice.

Superbe fille née ce matin. Maman en parfaite santé. Olivier.

Petit-fils bien arrivé. Tout va très bien. Paul.

Réponses télégraphiques. Envois de fleurs

Bienvenue à Christelle. Félicitations aux parents. Cyrille et Monique.

Affectueuses félicitations et souhaits aux jumeaux. Tendrement. Lucienne.

Nos vœux de bonheur à Diane et à ses parents. Robert et Madeleine.

Heureux de la bonne nouvelle. Baisers à Stéphane et vœux à tous. Laurent Verdier.

Bravo. Félicitations cordiales aux parents et vœux de bienvenue à Clarisse. Vous embrassons. Xavier.

Avis dans la presse

Monsieur Roger Barrois et Madame,
née Christine Liancel,
sont heureux de vous annoncer
la naissance de Nicolas.

Bignicourt, le 14 avril.

M., Mme Aymard Meunier
et leur fils Éric
ont la joie de vous faire part de l'arrivée dans leur famille
de leur fille et sœur
Anne-Véronique
Montélimar, le 10 octobre 1986.

Mme S. Varnier
M. et Mme Aubin Varnier
et Roland
ont la joie de vous annoncer
la naissance de leur petite-fille, fille et sœur
Isabelle
Paris, le 2 février 1990.

Monsieur et Madame Charles Ajaubert sont heureux
de vous annoncer la naissance de leur 7ᵉ petit-enfant
Léopold
fils de Guy et Jacqueline Derveau.

Lyon, le 30 septembre 1988.

Cartes de faire-part

Ces cartes, plutôt qu'écrites à la main, sont imprimées.

M. et Mme Georges Courbet
sont heureux de vous faire part
de la naissance de leur fils
Renaud
le 11 avril 1984.

47, rue de la Gare   54100 Nancy

Virginie et Stéphanie Lacricq
ont la joie de vous annoncer
la naissance de leur petit frère
Jérôme

3, rue de Chanois   51250 Argencel

J'ai la joie de vous annoncer mon
arrivée en ce monde. Maman et moi sommes
en parfaite santé.

Maryse Ressin
le 22 février 1985

8, rue des Réseaux
52310 Bologne

Félicitations pour une naissance

Sur carte de visite.

M. et Mme Félix Apelle

adressent à Madame et Monsieur Silvère leurs félicitations à l'occasion de la naissance de leurs fils. Ils offrent au jeune Emmanuel tous leurs vœux de bienvenue et à la maman des souhaits de prompt rétablissement.

Éliane Despreux

très heureuse de la bonne nouvelle, offre ses vœux sincères à la petite Ariane et vous embrasse.

Olivier Fresnel

n'en attendait pas moins de vous.
Bravo pour les jumeaux !

Carte au père

Mon cher ami,

Nous avons, ma femme et moi, été très heureux d'apprendre la naissance du petit Thierry. Que ce garçon grandisse en force et ait toutes les qualités de ses parents ! Nous lui souhaitons surtout une bonne santé et des sourires. Henriette me charge d'adresser à Simone son affectueux souvenir. J'y joins mes hommages et mes félicitations.

Pierre

Moins cérémonieux

Cher Jean-Claude,

Toi, papa ! C'est magnifique. Je me doutais bien qu'un jour Claudine et toi verriez couronnée votre union. Nous vous imaginons heureux et nous le sommes en même temps que vous. Cécile regrette de n'être pas près de vous pour aller voir ce bébé, pour aller voir le bonheur de nos meilleurs amis.

Nous espérons que Claudine se remet bien vite cependant qu'un gazouillis anime votre maison. Nous passerons dès que nous aurons un moment (après vous avoir prévenus) pour admirer des parents resplendissants et effleurer d'une caresse le poupon qui dort. Toutes nos amitiés.

François

Lettre à un supérieur pour annoncer une naissance

Maurice Garbaud

Monsieur,

Je me permets de vous annoncer la naissance de mon fils Jean-Loup dans d'heureuses conditions. C'est un beau bébé de sept livres. Sa maman se porte bien. Elle et moi vous remercions de m'avoir accordé ce congé qui m'a permis d'être auprès de ma femme lors de cette naissance qui nous remplit de joie.

Veuillez agréer, Monsieur, l'assurance de mes sentiments dévoués.

Réponse

Mon cher Garbaud,

Toutes mes félicitations pour la venue de Jean-Loup dans votre foyer. Espérant Madame Garbaud en heureux rétablissement, je vous adresse mes compliments chaleureux. Recevez, mon cher Garbaud, tous mes vœux pour votre famille.

À une amie

Ma chère Lisette,

Oh ! que je suis heureuse ! Claudie est là, près de moi, petite, vivante, et souriante déjà. Grâce au docteur Rousselot, l'accouchement s'est très bien passé, auprès de mon mari. Si tu avais vu sa fierté de père ! C'est magnifique et cela me fait oublier ces douleurs que tu connais.

Je t'avais dit avant que j'aurais aimé avoir un fils, mais Claudie me désarme et me ravit et j'ai oublié ce souhait. Elle a les yeux bleus, pèse sept livres et serre ses petites mains en dormant. Quand viendras-tu la voir ?

Encore à la clinique, j'y resterai jusqu'à samedi.

Je t'embrasse.

Florence

Réponse

Ma chère Florence,

Je comprends ton bonheur : cela m'a rappelé la naissance de Boris, chez nous, il y a deux ans. Découvrir un petit être à soi, le serrer contre soi, c'est un moment magnifique dans la vie. Heureuse Florence, tu vas découvrir ce que fait l'amour dans les soins à donner à ce tout-petit. Il vous le paie en sourires et c'est la plus douce récompense. Tiens, je t'envie presque.

J'irai vous voir dès que tu seras rentrée chez toi, te voir rayonnante et embrasser (je peux ?) cette petite Claudie qui fait votre bonheur à tous deux.

Mes amitiés à Jean-Jacques. Je t'embrasse.

Lisette

À un parent éloigné

Cher oncle Louis,

Sandrine est née hier au soir : c'est une fille de trois kilos, et bien vive, avec des cheveux noirs et les yeux de sa maman. Nicole a été très courageuse malgré une mise au monde un peu pénible. Mais elle va tout à fait bien maintenant et la vue de Sandrine la console de tout.

Nous savons que tu étais impatient de savoir l'issue de cet événement et n'avons pas voulu tarder à te l'annoncer. Nous comptons sur toi pour le baptême dont nous te préciserons la date un peu plus tard. Il y a tant à faire en ce moment.

Nicole quittera la clinique dans six jours et t'embrasse affectueusement.

Bien cordialement.   Robert

Réponse d'un parent

Mes chers neveux,

La naissance du jeune Philippe nous remplit de joie. Enfin, nous avons un petit-neveu et je vous en félicite. Votre tante a le visage tout éclairé en m'en parlant. Nous espérons que Monique va vite se remettre de cette épreuve et qu'elle retrouvera toutes ses forces pour se pencher sur le petit Philippe. Comment est-il ? Ses yeux ? Ses cheveux ? Nous formons le projet d'aller vous voir dès que votre tante sera rétablie de son lumbago.

Acceptez nos vœux les plus affectueux pour l'avenir de ce bambin. À lui une caresse et à vous deux nos baisers et nos félicitations.   André

Lettre de félicitations au père

Cher Marc,

Il faut que je te félicite. Claire et moi avons été heureux d'apprendre la naissance de Valérie dans d'aussi bonnes conditions. Et comme on nous dit que le bébé ressemble à sa maman, nous la voyons déjà pleine de qualités. Alors que reste-t-il à lui souhaiter ? Nous formons des vœux très sincères pour la santé de Valérie et le rapide rétablissement de l'heureuse maman.

Transmets-lui notre plus cordial souvenir.

À bientôt. Avec une caresse au bébé, nous vous embrassons.   Louis

Lettre de félicitations à un confrère

Cher confrère et ami,

Nous avons appris avec un vif plaisir qu'un fils était né à votre foyer. En cette occasion, nous vous présentons nos biens sincères félicitations. Ma femme et moi nous réjouissons de savoir que Martine aura près d'elle un petit frère et nous savons déjà que lui sera un charmant bambin.

Avec mes vœux de rétablissement parfait et nos respectueux hommages à Madame Letellier, je vous prie d'accepter, cher confrère et ami, l'assurance de mes sentiments les meilleurs.

Naissance et décès du bébé

Chers parents,

C'est le cœur serré que je vous écris. L'enfant que portait Claudette n'a pas survécu à la naissance. Elle entrait en clinique mercredi soir et tout se déroulait normalement, mais le petit, un garçon, n'a pu prendre sa respiration et quelques minutes après sa venue, il n'y avait plus d'espoir, malgré les soins des deux médecins. Une malformation expliquerait cette issue douloureuse.

Je dois vous avouer que Claudette s'est révélée très courageuse dans cette situation. Quant à moi, j'étais accablé. Tant d'espoirs auparavant et puis cette déception ! Il nous reste le souvenir d'un petit être, d'un petit ange. Pourquoi cette épreuve ?

Heureusement, Claudette est là, en bonne santé, qui s'efforce de me réconforter et vous assure de toutes ses affectueuses pensées. Je vais écrire aussi à ses parents. Voudriez-vous annoncer cette nouvelle à grand-père ?

Je vous embrasse de tout mon cœur.   Vincent

Réponse

Mes chers enfants,

Que Claudette sache bien que nous sommes près d'elle. Ce petit que la Providence n'a pas voulu nous demande d'être courageux. Nous partageons votre peine, nous comprenons votre déception. Nous aussi étions heureux à l'annonce de la naissance, mais nous attendrons, le cœur un peu serré cependant. Et nous nous disons : Qu'aurait été la vie d'un être portant une malformation ?

Nous espérons que Claudette va vite se rétablir de cette journée et que toi, Vincent, tu vas surmonter ce déchirement. Vous êtes jeunes, vous êtes forts, et sachez que notre affection sera toujours là, auprès de vous.

Nous vous embrassons bien tendrement.

Demande de renseignements sur une nourrice éventuelle

Monsieur,

Mère d'un bébé de 10 mois, les circonstances m'imposent de le confier à une nourrice. On m'a fourni l'adresse d'une dame que vous devez connaître, Madame Germaine Parnet, qui habite dans la rue Haute.

Je prends la liberté de vous demander si vous pourriez m'éclairer sur cette personne. Ces renseignements resteraient naturellement confidentiels, je vous en donne l'assurance.

J'aimerais savoir si cette dame est en bonne santé, si elle a déjà élevé des enfants de cet âge et si les conditions d'hygiène indispensables sont à attendre de ses conditions de vie. Vous comprendrez que je ne me déciderais que si l'honorabilité, la moralité et la santé de cette personne me sont garanties.

Avec mes remerciements anticipés, je vous prie de croire, Monsieur, à mes sentiments respectueux et distingués.

De la nourrice à la mère

Madame,

Comme je vous l'avais promis, voici des nouvelles de Didier. Il s'habitue à vivre à côté de ma petite Caroline qui n'a que trois mois de plus que lui et je pense que, après les deux premiers jours où il semblait chagriné de ne plus vous avoir, il va bien s'adapter à son nouveau milieu. Il mange régulièrement et a bon appétit. Ma voisine m'a promis de me prêter son pèse-bébé et je pourrais vous tenir au courant de son poids.

En ce moment, il joue dans son parc, près de moi et, de temps en temps, me regarde en bavardant. Le linge que vous m'avez confié sera bien suffisant. S'il y a un jour quelque ennui de santé, je ne manquerai pas de vous le signaler, soyez tranquille. Nous avons l'impression que l'air de la campagne va lui réussir.

Je vous prie de croire, Madame, à mes sentiments dévoués.

Lettre de la nourrice (l'enfant est un peu souffrant)

Chère Madame,

Je dois vous dire, pour vous tenir au courant de la santé de Guillaume, que depuis deux jours j'ai un peu de souci. Il a eu une diarrhée assez forte dimanche et lundi. Ayant l'expérience de cela avec mes deux enfants, je lui ai fait une décoction de riz et de carottes qu'il a prise à la place des biberons ordinaires, et tout est rentré dans l'ordre. Comme je constatais un nouvel accès de diarrhée ce matin, j'ai pris la liberté d'appeler le docteur Ramonet en qui j'ai toute confiance. Celui-ci m'a dit d'arrêter la nourriture lactée sur deux jours et a prescrit des suppositoires. Je vais me conformer à tout ce qu'a dit le médecin.

Je vous envoie, ainsi que nous en étions convenues l'autre jour, l'ordonnance (j'en ai pris copie), la feuille de maladie avec les vignettes collées.

J'aimerais que vous puissiez venir voir Guillaume dimanche prochain. Il n'est pas abattu ; sa température est de 37°4.

Veuillez croire, chère Madame, à mes sentiments dévoués.

Lettre de la nourrice (l'enfant est malade)

Chère Madame,

Votre téléphone ne répondant pas, je vous signale que Béatrice est actuellement souffrante avec 38°5 de température depuis deux jours. Elle a accusé une petite diminution de poids depuis une semaine et j'ai appelé le médecin. Celui-ci serait désireux de vous voir ces jours-ci auprès de la petite.

Nous prenons grand soin de Béatrice qui ne semble pas souffrir. Elle a le teint rouge et dort bien, mais nous la trouvions moins souriante, moins gaie, depuis quelque temps et elle pleure quand arrive le soir.

Voilà le souci qui me fait vous écrire. Espérons que ce ne sera que passager.

Vous pouvez me téléphoner chez notre voisine, Madame Duthil (au 48.60.61.43), à partir de 18 heures.

Je vous prie de croire, chère Madame, à mes meilleurs sentiments.

Pour demander une augmentation de la pension

Chère Madame,

Votre petite Marie-Laure se porte bien. Il ne reste plus trace de son rhume de la semaine dernière.

Maintenant qu'elle approche des 10 mois, je dois vous dire que j'ai modifié son alimentation. Elle mange plus de légumes, de fruits et même un peu de jambon. Les petits pots que vous m'avez recommandé d'acheter sont de plus en plus chers. Afin qu'elle ne manque de rien, j'estime que j'aurais besoin désormais de ... francs par mois au lieu des ... francs dont nous étions convenus il y a six mois.

Espérant que vous me comprendrez, je vous prie d'accepter, chère Madame, l'expression de mes meilleurs sentiments.

Adoption d'enfant

Demande d'inscription pour une adoption

à Monsieur le Directeur départemental
de l'Action sanitaire et sociale
(Service de l'aide sociale à l'enfance)
Préfecture de ...

Monsieur le Directeur,

J'ai l'honneur de solliciter de votre part l'inscription de mon nom sur la liste des candidats à l'adoption d'un enfant.

Né le ... à ..., je suis marié depuis le ... Ma femme est née le ... à ... Nous nous tenons à votre disposition pour la fourniture de tous autres renseignements qui pourraient être utiles afin d'aboutir à une adoption définitive.

Veuillez agréer, Monsieur le Directeur, l'expression de mes sentiments les meilleurs.

(Signature)

Date
Adresse

Demande d'adoption

Nom   *Date*
Adresse

à Monsieur le Président du tribunal
de grande instance de ...

Monsieur le Président,

Nous sommes, ma femme et moi, sans enfant, âgés respectivement de 43 et 48 ans, et nous avons recueilli à notre foyer le jeune Paulin Agnet, fils de cousins éloignés décédés dans un accident de la route le ...

Nous désirerions adopter cet enfant âgé de 4 ans et qui n'a pas de parents proches.

Nous vous prions, Monsieur le Président, de nous dire à quelles formalités nous devons nous soumettre afin que le tribunal se prononce sur notre demande. Ci-joint photocopie de notre livret de famille et des pièces d'identité du jeune garçon.

Veuillez agréer, Monsieur le Président, l'expression de nos sentiments distingués et respectueux.

(Signature)

Annonce aux parents

Chers parents,

Nous avons, Philippe et moi, pris une grande décision, celle d'adopter un enfant. Vous connaissez notre situation. Il se révèle que nous n'aurons pas d'enfant. Nous avons consulté des généticiens et une spécialiste de la stérilité à l'hôpital ..., et il faut nous rendre à l'évidence. Cela nous a d'abord été dur, mais je dois reconnaître que cette situation n'a pas altéré la solide entente qui est la nôtre. Philippe est vraiment merveilleux et sa gentillesse me réconforte. Nous avons donc décidé d'adopter un petit garçon. Nos démarches sont sur le point d'aboutir. Nous n'avons pas encore vu l'enfant.

Et maintenant que la décision est arrêtée, nous vivons dans l'impatience, dans l'attente de cette venue à notre foyer. Nous l'aimons déjà, et je pense que vous aussi êtes prêts à l'aimer. Vous ne pouviez pas ignorer cet événement qui va consolider notre union.

Nous vous embrassons tous deux de tout notre cœur.

Annette

Réponse

Mes chers enfants,

Votre décision, si elle répond à vos vœux, comble aussi les nôtres. Oh ! nous avions bien envisagé cette possibilité, mais sans oser vous en parler et nous sommes, votre père et moi, tout émus à la pensée de la venue d'un enfant, d'un petit enfant.

Que Philippe et toi, Annette, soyez remerciés pour cette espérance. Vous savez que notre bonheur est toujours un peu fait du vôtre. Nous nous associons donc à votre désir. Que l'attente vous soit douce et que cet enfant comprenne comme il est attendu et déjà aimé de ses grands-parents.

Nous vous embrassons bien tendrement.   Maman

À *une amie*

Ma chère Monique,

Tu sais notre regret, à Philippe et à moi, de n'avoir pas d'enfant à nous, après ces six années. Je n'en parlais guère, sauf à ma mère et à toi. Un jour, nul espoir ne nous fut laissé et nous avons fait les démarches nécessaires pour une adoption. Et cela est réalisé. Depuis quatre jours, une petite fille a changé notre vie. Jocelyne a un an et demi ; élevée chez une brave nourrice, elle est blonde, nous semble fragile, mais elle est vive, souriante et nous allons tant la choyer !

Viens, Monique, voir notre fille et nous avec notre fille. Philippe en est tout changé et un peu maladroit. Je veux que tu partages notre joie nouvelle.

Bien amicalement.

Annette

Faire-part d'adoption

Le même texte peut servir comme avis dans la presse. La date n'est pas précisée.

Monsieur et Madame Urbain Chanac
ont la joie d'annoncer l'arrivée dans leur foyer de

Marie-Claire

41, rue des Verriers
51100 Reims

Pour une seconde adoption

Perrine Desprès
est heureuse de vous annoncer la venue
de son petit frère

Jean-François

La Caurière
60600 Clermont

Baptême

Au prêtre

Mon Père,

Il y a trois ans déjà que nous avons, Sylvie et moi, été mariés par vous. Et notre union vient d'être complétée par la naissance de notre petit Landry. Nous serions très heureux tous deux si vous acceptiez de venir baptiser cet enfant. Le curé de notre paroisse est d'accord, nous le lui avons demandé.

Avant de fixer une date avec le parrain, la marraine et nos proches, nous vous proposons celle du dimanche 14 février. Si cela n'était pas possible pour vous, dites-nous la date qui vous conviendrait. Nous serions heureux de vous voir parmi nous également pour le repas qui suivra.

Dans l'espérance que vous voudrez bien accorder à notre fils la protection de votre sacrement, nous vous prions, mon Père, d'agréer l'expression de nos sentiments respectueux.

(Signature)

Pierre Chatelet
6, rue Trodet
64150 Mourenx

À *la future marraine*

Ma chère Lucile,

Accepterais-tu d'être la marraine de notre enfant à naître dans deux mois ? Connaissant ta chaude amitié et la sympathie qui nous lie, Rodolphe et moi serions comblés si tu consentais à tenir le cher petit (chère petite ?) au jour de son baptême. Ce serait entre nous un lien de plus et une tranquillité pour notre enfant. Il sera très heureux plus tard d'avoir une si gentille marraine.

Le parrain sera Patrice Dubourg, que tu connais déjà. Nous envisageons le baptême (parmi tous les projets qui accompagnent une naissance) pour la fin octobre. Dis-nous bien vite que tu acceptes.

Rodolphe se joint à moi pour t'adresser nos plus sincères amitiés.

Au futur parrain

Mon cher Patrice,

Tu sais que nous attendons, Lucette surtout, une naissance pour mai prochain. Nous avons fait le tour des parents, des amis, pour trouver à l'enfant un parrain. Et nous n'avons guère hésité : c'est à toi que nous offrons ce rôle protecteur.

Nous serions très heureux que tu acceptes de tenir la main du bébé le jour de son baptême. La marraine sera Lucile Dornier, ma belle-sœur, que tu as déjà rencontrée chez nous. Ne nous dis pas qu'il y en a de plus qualifiés que toi pour être parrain, nous n'en voyons pas, avec une telle générosité de cœur. Ce baptême aura lieu probablement en juin, nous te tiendrons au courant. Nous attendons ton accord.

Bien à toi et cordialement.

Acceptation

Mon cher François,

Ta lettre m'a réjoui : enfin tu vas être papa ! enfin je vais être parrain ! Oh ! oui, que j'accepte. Cela me flatte beaucoup et m'impressionne un peu. Je n'ai jamais joué ce rôle ; pourvu que je ne déçoive pas mon ou ma filleul(e) ! Surtout, la confiance que vous me témoignez va renforcer notre amitié. Dites-vous bien que je me sens déjà de la tendresse pour ce bébé.

Que Josyane reçoive mon meilleur souvenir et tous mes vœux, et toi, mon cher François, je te serre cordialement la main. De tout cœur.

Refus

Ma chère Céline,

Tu sais que l'annonce de ta prochaine maternité m'a procuré une grande joie. Tu vas être maman et j'en suis encore étonnée : il n'y a pas si longtemps que nous étions ensemble avec nos cartables !

Votre proposition d'être la marraine du nouveau-né m'a prouvé votre amitié et m'a beaucoup touchée. Mais il me faut vous dire tout de suite que cela ne sera guère possible : début mai, je dois partir pour un stage de six mois aux États-Unis et je ne serai pas auprès de vous pour le baptême ! Ne m'en veuillez pas trop, mais le temps qui nous sépare de la naissance vous permet encore de solliciter une autre personne.

Comptez sur ma discrétion et restez assurés de ma fidèle amitié.

À un supérieur

Madame,

Henri et moi sommes dans la joie depuis que nous en avons la certitude : un enfant naîtra chez nous dans cinq mois. Notre bonheur serait complet si vous acceptiez de faire à notre enfant l'honneur d'être sa marraine. Nulle autre que vous ne pourrait mieux être son protecteur moral et son guide dans la vie. Ne nous en voulez pas si nous osons solliciter de vous cette faveur. Le baptême aurait lieu probablement en novembre et nous comptons réunir autour du berceau nos deux familles et nos meilleurs amis.

Votre acceptation nous honorera et sera de bon augure pour notre cher enfant.

Nous vous prions d'accepter, Madame, l'expression de nos meilleurs sentiments.

Acceptation

Mes chers amis,

Vous m'avez fait un grand plaisir, vous avez réchauffé mon cœur de célibataire. Mais oui que j'accepte d'être la marraine du petit que vous attendez. Rien ne pouvait me faire plus de bien que de me sentir la seconde maman d'un être que j'aime déjà. Je vais venir vous voir pour que nous parlions de la layette. Saurais-je bien m'acquitter de mes devoirs ?

Je vous embrasse, mes chers amis, et toi surtout, chère Madeleine.

Refus

Mes chers neveux,

Votre proposition m'a d'abord fait éprouver une grande joie et un peu de fierté : être choisie pour marraine n'est pas rien. Mais j'ai pensé à mon âge. Mes cheveux blanchissent. Ce filleul aurait une « seconde maman » au physique de grand-mère. Non, ce n'est pas raisonnable. Cherchez parmi vos parentes ou amies plus jeunes et l'enfant, plus tard, vous en sera reconnaissant.

C'est donc avec regret que je décline votre offre. Je ne veux pas décevoir ce petit qui va venir. Cela ne m'empêchera pas de l'aimer beaucoup et je me promets de lui offrir un beau cadeau dès sa venue au monde.

Ne m'en veuillez pas et restez assurés de ma fidèle attention. Tendre caresse au bébé et nos meilleures pensées pour vous deux.

Invitation à une réception de baptême (par carte de visite)

M. et Mme Pierre Duchard

recevront, à l'occasion du baptême de leur fils
Jean-Paul
le dimanche 3 juin, de 17 à 20 heures.

R.S.V.P.

4, rue des Platanes
67100 Strasbourg

Réponse (sur carte)

M. et Mme Louis Richou

remercient Monsieur et Madame Duchard de leur aimable invitation. Ils seront heureux d'apporter leurs vœux à Jean-Paul.

M. et Mme Louis Richou

retenus auprès de Madame Richou, malade, à Toulouse, regrettent de ne pouvoir se rendre à votre réception du 3 juin et offrent leurs meilleurs vœux à Jean-Paul.

Invitation par lettre

Chers amis,

Nous donnerons une réception à l'occasion du baptême de notre petite Isabelle, le samedi 10 octobre, de 17 à 19 heures, pour réunir autour de son berceau tous nos meilleurs amis.

Nous serions heureux de vous y voir, accompagnés de vos enfants.

Croyez à nos affectueuses pensées.

Réponse favorable

Chers amis,

Nous sommes très touchés de votre invitation et nous serons des vôtres samedi prochain pour apporter nos vœux de bonheur à Isabelle et nos compliments à ses parents. Avec nos pensées affectueuses.

Réponse défavorable

Chers amis,

Nous aurions aimé vous féliciter et apporter de vive voix nos vœux à Isabelle, mais malheureusement, nous avons déjà accepté une invitation du chef de service de mon mari pour ce même jour, et il nous est impossible de nous y dérober. Nous en sommes désolés. Veuillez nous excuser et croire à nos meilleures pensées pour ce beau jour. Affectueusement.

Remerciements pour cadeau à l'enfant

Ma chère Aurélie,

Je reçois à l'instant le beau petit tricot que tu as fait pour mon petit Fabrice. La forme me plaît beaucoup, j'ai voulu lui essayer sans tarder : il est parfait. Ce vêtement est très pratique et avec, Fabrice est adorable. Je lui mettrai dans ses sorties afin qu'il ne risque pas de prendre froid.

Merci, ma chère Aurélie, on sent que tu ne tricotes pas seulement avec des aiguilles, mais avec ton cœur. Je t'embrasse et t'envoie un sourire de Fabrice.

Cher oncle,

Vous gâtez votre filleul : une timbale et une médaille ! Merci de tout mon cœur. Et il vous le dira aussi plus tard, car cette jolie médaille à son nom, il la portera longtemps et je vois déjà la timbale pleine de ses crayons sur son bureau. Vous avez choisi tout cela avec beaucoup de goût. Je comprends que vous n'ayez pas osé, comme vous le dites, vous lancer dans la layette. Mais votre envoi est parfait.

Croyez, mon cher oncle, à notre affection. Je vous embrasse.

Céline

87

À une personne qui n'est pas de la famille

Cher Monsieur,

Nous avons bien reçu la jolie gourmette destinée à notre petit Fabien. Dès que ce sera possible, nous la lui mettrons. C'est un bijou d'un goût parfait et il sera heureux plus tard d'y voir son nom. Croyez, cher Monsieur, à notre vive gratitude. Mon mari se joint à moi pour vous présenter l'expression de nos sentiments respectueusement reconnaissants.

Profession de foi

(dite aussi « première communion »)

Lettre du parrain

Mon cher Michel,

Tu ne te souviens plus de ce jour important que fut celui de ton baptême, mais j'étais un peu ému de te voir, petit bonhomme, dans les bras de ta marraine, entouré de l'affection de toute la famille. Tu as été très bien ce jour-là, je te l'assure. Et voilà que déjà tu te prépares à renouveler les vœux que nous avons faits en ton nom. Je sais que tu vas, avec conscience, vers une vie d'homme droit et j'en suis heureux. Je regrette bien, empêché par la maladie, de ne pouvoir être auprès de toi en ce beau jour. Je penserai à mon cher Michel pour prier avec lui et lui offrir mes vœux. Tu trouveras dans ce paquet le cadeau que je comptais te remettre dimanche. Ce n'est pas pour que tu penses à moi, mais pour que tu n'oublies pas ce grand jour.

Bien cordialement. Ton parrain.

Lettre de la marraine

Ma chère Muriel,

Sois tranquille, je serai auprès de toi en ce beau jour de la profession de foi. Merci de ta lettre si gentille qui m'y invitait. Cette heureuse journée te verra, j'en suis sûre, pénétrée de bonnes résolutions. Comme je sais que tu n'as pas de missel, je te l'offre. J'espère qu'il sera à ton goût.

Tu dois être très occupée par les préparatifs de ce grand jour. À dater de là, vois-tu, Muriel, tu t'avances vers une vie que je désire heureuse, de tout mon cœur.

Je t'embrasse bien tendrement.

De l'enfant aux grands-parents

Ma chère Mamie,

Je vais renouveler mes vœux de baptême le dimanche 7 mai. J'espère que tu pourras y assister avec toute la famille. Cela me chagrinerait de ne pas te voir ce jour-là auprès de moi. Aussi je t'invite à venir dès le matin. Tu pourras coucher dans la chambre bleue où tu seras tranquille. Alors vite, Mamie, un petit mot pour annoncer que tu seras là.

Ta petite-fille qui t'embrasse tendrement.

Invitation à réception

Par carte

Madame Louise Alba

recevra mercredi 15 mai de 16 h à 18 heures à l'occasion de la profession de foi de son fils Romain.

5, rue Saint-Saëns
13470 Carnoux

R.S.V.P.

Par un billet

Chers amis,

À l'occasion de la première communion de Joëlle, nous aimerions réunir nos meilleurs amis. Faites-nous le plaisir de venir avec vos enfants mercredi 22 mai vers 16 heures à la maison.

En espérant une réponse favorable, nous vous envoyons nos amitiés.

Télégrammes à un communiant

Avec toi par la pensée et les prières en ce beau jour. Claude Resnier.

Nos meilleurs souhaits à la communiante. De tout cœur avec vous. Stéphane.

En ce grand jour, toutes nos pensées vont vers toi. Alex et Sabine.

Réponses à invitation

Par carte

Madame Caroline Marceau

vous remercie de l'aimable pensée que vous avez eue de l'inviter à la réception que vous donnez à l'occasion de la profession de foi de Cyrille et y assistera avec grand plaisir.

Par billet

Chers amis,

Nous serons très heureux d'apporter nos vœux à Luce samedi prochain. Nos deux enfants se réjouissent de nous accompagner pour féliciter leur compagne de jeux.
Merci de votre pensée. Avec nos fidèles amitiés.

Par lettre

Ma chère Simone,

Je suis désolée de ne pouvoir me rendre à ton aimable invitation pour la profession de foi de Nathalie, mais je suis déjà prise ce jour-là avec mon mari par un rendez-vous que nous ne pouvons différer. Je penserai cependant à la petite communiante que j'embrasse.
Affectueusement.

Chère Émilienne, cher Edmond,

Nous sommes désolés de ne pouvoir nous rendre à votre aimable invitation : ma mère est actuellement au lit et nous ne pouvons la quitter à cause de son âge. Cependant, Mireille, qui serait trop privée, ira vous rejoindre vers 18 heures.
Ce jour-là, nous penserons bien à Éric. Nos meilleures pensées à tous.

Remerciements pour un cadeau

De l'enfant

Ma chère tante,

Nous avons regretté que tu ne puisses assister à ma profession de foi hier avec toute notre famille. J'ai reçu la veille la jolie montre que tu as envoyée. Cela m'a fait un très grand plaisir et je ne veux plus la quitter. En regardant l'heure, c'est à toi que je penserai désormais. Sois sûre de mon affection (hier j'ai prié pour toi). Je t'embrasse de tout mon cœur et te remercie encore.

Nadine

De la mère

Ma chère Cécile,

Tu as vraiment gâté Nadine. Je crois bien que cette montre est le cadeau qu'elle préfère. Tu l'as choisie avec beaucoup de goût ; discrète et élégante, elle me fait presque envie. Tu es la meilleure des tantes.

Reçois nos plus affectueuses pensées.

Élisabeth

À un supérieur

Monsieur,

Vous avez fait à notre fille un grand plaisir et nous nous sentons honorés par votre geste. Ce présent, qui sera pour elle un doux souvenir, a été choisi avec goût et cela nous touche beaucoup.

Nous venons donc vous remercier au nom de notre fille, intimidée, et au nôtre.

Veuillez croire, Monsieur, à nos sentiments distingués.

De l'enfant

Monsieur,

Je vous remercie de tout mon cœur du beau livre que vous m'avez envoyé à l'occasion de ma profession de foi. J'aime beaucoup la lecture, c'est le genre de cadeau que je préfère.

Veuillez croire, Monsieur, à ma respectueuse affection.

Carte

Mme Agnès Collet

*touchée par votre geste, vous remercie
bien vivement pour les fleurs ravissantes
que vous avez envoyées à Brigitte.*

À une subordonnée

Chère Mademoiselle,

Votre amabilité nous est allée au cœur en recevant ces fleurs à l'occasion de la profession de foi de notre petite Carole. Ravissantes, elles ont orné la table devant l'héroïne du jour.

Très touchés par votre geste, je veux vous dire la reconnaissance de Carole et l'assurance de nos meilleurs sentiments.

8
Fêtes. Cadeaux.
Remerciements

À la mère

Chère Maman,

J'aurais bien voulu te souhaiter ta fête en venant te le dire, mais cette année ce n'est pas possible. Bien que loin, je pense à toi. Que ce jour de fête soit heureux, mes pensées sont auprès de toi. Mon travail va très bien. Surtout, conserve-toi en bonne santé. À bientôt le plaisir de te revoir. Je t'embrasse très fort.

Ayez un bristol du modèle suivant à glisser au début de votre agenda. Pour ne pas oublier les anniversaires de la famille.

Janvier	21	Naissance de Caroline (1971)
Février	18	Mort de maman (1974)
Avril	6	Naissance d'Ariane (1979)
	7	Naissance de Francis (1946)
	18	Naissance d'Annie (1942)
Juin ˙	26	Naissance de Claude (1936)
Juillet	22	Mariage d'Hélène (1939)
etc.		

À un ami

Mon cher Thomas,

Nous ne t'oublions pas et t'assurons, en ce jour de fête, de nos souhaits les meilleurs et de nos pensées les plus affectueuses. Nous espérons que tout va bien de ton côté tant en affaires qu'en santé. Quand nous voyons-nous ? À toi, très cordialement.

> La politesse, c'est d'abord de ne pas gêner et, en plus, de faire plaisir.

Sur carte

Nos vœux les plus affectueux à l'occasion de la Saint-Bruno.

Bonne et heureuse fête, mon cher. Nos meilleurs souhaits pour toi et les tiens.

Par la pensée avec vous en ce jour de fête. Que vos vœux se réalisent. De tout cœur.

Pour votre fête, chère Marraine, je vous embrasse tendrement et forme des vœux affectueux à votre intention.

Votre élève vous souhaite une heureuse fête. Croyez en ma reconnaissance et ma fidèle affection.

À l'occasion de noces d'argent

Mes chers amis,

Vous avez traversé ce quart de siècle de vie conjugale avec une sérénité qui est un exemple. Vos promesses échangées ont été tenues. Il nous semble que la jeunesse qui présidait à votre mariage s'est maintenue, que votre affection n'a pas faibli. Nous savons bien que vous avez eu votre part d'épreuves, de difficultés, mais on vous retrouve stables, toujours attentifs à vous rendre heureux mutuellement.

On voudrait que chaque couple soit comme le vôtre, tendre et solide, confiant et souriant.

Nous vous embrassons en vous souhaitant encore beaucoup d'années heureuses ensemble.

NOCES

de bois	5 ans	de rubis	40 ans
d'étain	10 ans	de platine	45 ans
de cristal	15 ans	d'or	50 ans
de porcelaine	20 ans	de diamant	60 ans
d'argent	25 ans	de vermeil	70 ans
de perle	30 ans	de chêne	80 ans

Anniversaire d'un parent

Mon cher oncle,

Je vous souhaite un heureux anniversaire. Et que l'année qui s'annonce soit pleine de réussite, de santé et de satisfaction. Vous méritez tout cela. Toute la famille désire que soient encore nombreux les anniversaires à venir. Nous comptons sur vous, mon oncle ! Avec mes meilleures pensées.

Fête des Mères

Maman chérie,

Cette année, je ne pourrai pas être près de toi pour t'embrasser au jour de la fête des Mères. Je le regrette beaucoup. Je n'oublie pas que c'est auprès de toi que j'ai trouvé mes consolations quand j'étais enfant, les conseils quand j'ai grandi, et que je peux compter sur ton affection. Je sais que tous n'ont pas la même chance que moi. Merci maman.

Espérant vous voir bientôt, papa et toi, je t'envoie mes meilleurs vœux et je t'embrasse de tout mon cœur.

Pour un événement heureux à un supérieur

Monsieur le ...,

Votre (*décoration, anniversaire, jubilé...*) me fournit l'occasion de vous exprimer, en même temps que mes vœux les plus sincères, ma respectueuse gratitude.

Ayant toujours trouvé auprès de vous beaucoup de compréhension et de sollicitude, je vous présente, Monsieur le ..., les salutations de votre dévoué

Rappelons que les félicitations, les compliments, les encouragements, les vœux, les sentiments peuvent être :

respectueux	meilleurs	aimables
déférents	vifs	amicaux
empressés	fidèles	affectueux
dévoués	cordiaux	tendres
sincères	chaleureux	reconnaissants

Remerciements à des félicitations

Sur carte

M. et Mme Jacques Vallat

vous remercient pour vos félicitations
auxquelles ils ont été très sensibles.

Madame Madeleine Mounet

très touchée par vos bonnes pensées
vous adresse ses sincères remerciements.

Nicole de Villevenard

remercie Monsieur et Madame Vigneron pour
ces félicitations qui l'ont sincèrement touchée.

Cartes pour envois de fleurs

Pour ta fête, tendrement.

Ces fleurs et tous mes baisers pour ton anniversaire.

Elles faneront, hélas ! Et mes pensées demeureront.

Elles n'ont fleuri que pour vous, avec mon amitié.

Avec le gros bouquet de mes pensées.

À un ami perdu de vue

Mon cher Hugues,

Il y a bien longtemps que nous ne nous sommes rencontrés et je parlais hier de toi à ma femme et à des amis. Je serais heureux de te retrouver après ces années de séparation. La vie disperse la famille, les amis, mais l'amitié ne s'oublie pas. J'ai maintenant deux

enfants, de cinq et trois ans, et je travaille à la Société..., comme comptable. Tu peux m'y téléphoner aux heures de bureau (34.87.44.31) ou chez moi le soir (55.80.50.22). Que de choses nous aurons à nous dire !
Bien sincèrement.

Réconciliation

Ma chère Catherine,

Nous nous sommes séparées, l'autre soir, d'une manière stupide. J'y pense sans cesse. Je suis trop vive, je me suis emportée sottement pour une chose qui me paraît maintenant bien mesquine. Je regrette ce mouvement trop brusque, ces paroles outrées. Un moment d'énervement m'a fait dire des choses que je déplore.

Il ne faut pas que cesse notre ancienne amitié. J'attends avec impatience un mot de toi, me disant que tu ne m'en veux plus.
Bien sincèrement.

Virginie

Réponse favorable

Ma chère Virginie,

De cette soirée, j'étais revenue toute chagrine et voilà que je reçois ta lettre. Elle m'a enlevé un poids du cœur. Tiens, j'aurais dû l'écrire avant toi, parce que je dois reconnaître que ma vivacité nous joue des tours regrettables. Je n'étais pas à l'aise et tu m'offres d'oublier ce mauvais souvenir. Je dis oui tout de suite. Je suis soulagée, je suis heureuse. Merci Virginie.

Je t'embrasse.

Catherine

Réponse négative

Chère Virginie,

Ta lettre était attendue, parce que je sais que tu regrettes souvent tes mouvements d'humeur. Chez toi, tout est vif, colères et repentirs. Mais je m'aperçois que ces répétitions, ces emportements laissent des traces. Je ne suis pas une femme à foucades et je m'accommode mal des caprices.

Cessons un temps de nous voir. Le temps apportera le calme et je pense que cela est sage. Nous nous connaissons depuis longtemps, mais la vie nous a peut-être rendues différentes. Acceptons-le.
Bien sincèrement.

Catherine

97

Pour accompagner un cadeau

Monsieur,

Je vous prie d'accepter ce ... en reconnaissance du grand service que vous m'avez rendu.

Bien que modeste, il marquera que je vous suis redevable d'une intervention très appréciable pour moi.

Je vous prie d'agréer, Monsieur, l'expression de mes sentiments respectueux.

Pour remercier d'un cadeau

Merci, ma chère Isabelle, pour ce joli foulard que j'ai bien reçu. Tu as toujours autant de goût et il me plaît beaucoup. Je t'embrasse.

Cécile

Cher Olivier,

Que tu m'as fait plaisir ! Ces roses inattendues, ce mot gentil ensoleillent ma journée. L'air est léger, tout est plus beau. Merci, merci. Je t'embrasse.

Claire

Cher Monsieur,

Vous avez deviné mon faible et mon péché. Vos chocolats sont délicieux et l'intention est charmante. Soyez-en remercié de tout cœur.

Bien cordialement. Jeannine

Cher Simon,

Je vous remercie de grand cœur pour les jolies fleurs que je viens de recevoir. Mon appartement en est tout embelli. Quelle heureuse intention !

Croyez à ma vive amitié. Chantal

Chère Gisèle,

Tu as su me toucher. Je reconnais bien là ton habituelle délicatesse à mon égard. Ton envoi m'a ravi, c'est un présent magnifique.

Crois à ma sincère amitié et merci encore.

Mon cher Guillaume,

Quelle bonne idée as-tu eue de nous envoyer ces deux places de théâtre ! Ma femme et moi avons passé une soirée délicieuse. Bien placés, le spectacle nous a ravis. Nous n'avons pas souvent l'occasion d'assister à un opéra et ce fut pour nous une heureuse découverte. Je dois avouer que nous perdions l'occasion de sortir et que tu as bien fait de nous y forcer.

Ma femme, enchantée, t'envoie toutes ses amitiés. Mon cher Guillaume, merci encore. Je te serre cordialement la main.

Maxime

Chère Madame,

Je vous remercie de tout cœur pour ce livre magnifique reçu de vous. Le peu que j'ai fait ne valait pas ce présent. C'est avec plaisir que je vous avais rendu ce petit service, et ce plaisir me payait suffisamment.

Mon mari se joint à moi pour vous présenter, avec ses hommages, l'expression de nos sentiments les meilleurs.

Chère grand-mère,
Cher grand-père,

Si vous saviez le plaisir que vous nous avez fait, à Maryse et à moi ! Quel beau nouvel an ! Alors que nous nous installions dans notre logement où il y a beaucoup à faire, grâce à vous nous allons pouvoir refaire les tapisseries et moderniser l'installation sanitaire. Votre chèque nous libère d'un grand souci, car le jeune ménage avait fait ses comptes et c'était juste !

Maintenant, grâce à vous, par les meilleurs des grands-parents, nous avons le sourire. Tout devient facile car votre générosité va hâter notre installation. Vous serez les premiers de nos invités ; nous avons envie de vous montrer notre bonheur.

Maryse et moi nous vous embrassons de toute notre reconnaissance et de toute notre affection.

Jean-Claude

Pour remercier d'un service rendu
Sur carte

Julien Triquenot
en témoignage de gratitude pour le service que vous avez eu la bonté de lui rendre.

99

Christiane Neigel
avec ses sincères remerciements et sa reconnaissance.

À un homme

Monsieur,

Vous vous êtes dérangé pour moi et je ne sais comment vous en exprimer ma gratitude. Votre intervention a aplani une situation qui s'annonçait pleine de difficultés. J'ai vu Monsieur ... qui m'a assuré que tout était arrangé grâce à vous, de la manière la plus satisfaisante.

Qu'il me soit permis de vous exprimer encore la reconnaissance que j'éprouve pour votre geste. Je souhaite pouvoir vous le montrer un jour mieux que par cette simple lettre.

Veuillez agréer, Monsieur, l'expression de mes sentiments très respectueux.

À une femme

Madame,

Me sera-t-il possible un jour de vous montrer à quel point je vous suis reconnaissant pour le service que vous avez eu la bonté de me rendre ?

Croyez bien que j'apprécie pleinement votre sollicitude à mon égard. Je m'efforcerai de me montrer toujours digne de cette bienveillance et d'en conserver le souvenir.

Veuillez agréer, Madame, l'hommage de mes sentiments respectueusement dévoués.

À un ami

Mon cher Denis,

Tu es le meilleur des amis. Ta lettre d'hier est venue me libérer de ce souci que tu connais. Et tout de suite je veux te dire ma reconnaissance pour cette intervention si cordiale et réconfortante.

Grâce à ta complaisance, je suis sorti d'affaire. L'avenir s'ouvre plus clair et je vois bien que le dévouement d'un ami est un appui solide. Ce que tu as fait ne s'oublie pas et tu peux compter sur ma fidèle amitié toi aussi.

Avec mon affectueuse reconnaissance.   Daniel

Pour un objet rendu

Madame,

Je viens, grâce à vous, de récupérer mon portefeuille égaré sur le marché de la semaine dernière. C'est le commissariat qui me communique votre nom et votre adresse. Je ne sais comment vous remercier de ce geste.

Je m'étais fait un grand souci car, outre une certaine somme d'argent, ce portefeuille contenait des papiers d'identité, mon permis de conduire, ma carte grise et une carte de crédit. J'étais dans le désarroi et je ne peux vous dire ma joie quand on m'a remis le tout, intact. Je vous en suis fort reconnaissant : de tels gestes se font rares et je l'apprécie d'autant plus.

Je me permets de vous faire parvenir un cadeau pour vos enfants. J'espère que cela leur plaira (dites-leur à quoi ils le doivent).

Croyez, Madame, à ma gratitude et à mes sentiments les meilleurs.

À un notaire

Cher Maître,

Vous avez apporté à régler la succession de mon oncle beaucoup de soin et de célérité. J'ai apprécié comment vous avez défendu mes intérêts en cette occasion. Je vous en remercie beaucoup, car je m'étais demandé à un certain moment quelle serait l'issue de cette délicate affaire. Alors que je croyais la situation défavorable, vous avez fait de telle sorte que tout est devenu clair et équitable.

Veuillez croire, cher Maître, à l'expression de ma reconnaissance et de ma parfaite considération.

À un chirurgien

Docteur,

Me voici revenu à la maison, heureux. J'ai retrouvé mon milieu familier, je peux partager les repas en famille, je peux sortir. C'est à vous que je dois ce bonheur retrouvé, de savourer les choses les plus simples.

De mon opération, je ne garde nul mauvais souvenir ; la sollicitude de tous, les bons soins dont je vous suis redevable, voilà ce qui m'a touché. J'avais eu un moment de panique avant l'intervention, mais vous avez su me tranquilliser et je l'ai beaucoup apprécié.

Il ne me reste plus qu'une sorte d'engourdissement dans le mollet mais le kinésithérapeute m'assure que c'est normal et que les exercices et la marche le feront disparaître.

Je vous prie d'agréer, Docteur, l'expression de ma gratitude et de mon profond respect.

Remerciements à des compliments

Sur carte

M. et Mme Raymond Collard

vous remercient pour vos compliments auxquels ils sont particulièrement sensibles.

Mathieu Gerbault

remercie Monsieur et Madame Lestry pour leurs félicitations qui l'ont sincèrement touché.

9
Réceptions

Invitations
Sur carte

M. et Mme Lucien Portet

prient Monsieur et Madame Latour de leur faire l'honneur de venir dîner le 14 mai à 19 heures.

R.S.V.P.

12, rue Prince
69003 Lyon

Madame Julie Dorst

à l'occasion de ...
recevra le 20 mai à partir de 16 heures.
On dansera.

R.S.V.P.

M. et Mme Guy Isart

Thé dansant
le samedi 16 avril à 16 heures.

R.S.V.P

Cartons imprimés

La Maison Ducrest prie

M......

de lui faire l'honneur d'assister au cocktail d'inauguration de ses nouveaux magasins, donné dans ses salons le mercredi 11 avril à 18 heures.

2, avenue Saint-Laurent   R.S.V.P.
87000 Limoges

Les élèves et anciens élèves de l'École ...... prient

M......

de bien vouloir honorer de ... présence le bal qui sera donné le samedi 20 mai à partir de 21 heures dans les salons ... *(adresse)* au profit de ...

De la part de M......

(Carte rigoureusement personnelle)

Réponse à invitation

Si une carte de visite peut suffire pour accepter, il vaut mieux une lettre pour décliner une invitation.

Sur carte

Madame René Bourget

remercie Madame Lesourd de son aimable invitation à laquelle elle se rendra avec plaisir.

Roger Helmont

présente ses hommages à Madame Lesourd et la remercie de son aimable invitation à laquelle il se rendra avec le plus grand plaisir.

M. et Mme Nicolas Baron

empêchés par un engagement antérieur et désolés de ne pouvoir se rendre à son aimable invitation, prient Madame Lesourd d'accepter, avec leurs regrets, leurs meilleures salutations.

Maurice Lorbier

présente ses hommages respectueux à Madame Leroy qu'il remercie beaucoup de son aimable invitation. Il ne pourra malheureusement s'y rendre, devant le même jour partir pour Rome.

R.S.V.P. = Répondez s'il vous plaît

Invitations par lettre

Chers amis,

Voulez-vous nous faire le plaisir de venir avec vos enfants déjeuner dimanche 18 à la maison ? Ce repas sera intime ; nous aurons aussi notre neveu, Gérard Lebouret qui est admis à l'École centrale.

Avec nos amitiés à tous.   Sabine

Réponse

Chère Sabine,

Votre lettre est venue éclairer notre dimanche qui s'annonçait un peu terne. Merci de cette aimable invitation. Nous serons, Serge et moi, avec les deux fillettes, chez vous pour midi et demi. Mais quand donc pourrai-je commencer ma cure pour maigrir ?

Toutes nos amitiés.   Marie-Lise

Autre réponse

Chère Sabine,

Nous sommes désolés. Ton invitation était très aimable et nous réjouissait, mais voilà qu'on nous annonce que mon beau-père a eu une crise cardiaque sérieuse ; mon mari tient naturellement à aller le voir.

Nous n'aurons pas le plaisir de rencontrer ton neveu dont tu nous as souvent parlé.

Crois en notre amitié. Meilleures pensées.   Muriel

Invitation

Chère Martine,

Puisque vous êtes de passage à Chantilly mardi prochain, faites-nous le plaisir de venir déjeuner à la maison. Ce sera sans façon, et les enfants seront heureux de vous revoir. N'oubliez pas de tourner à gauche en face du Syndicat d'initiative. Vous serez libre quand vous voudrez.

Avec nos affectueuses pensées.   Nathalie

Réponse

Ma chère Nathalie,

C'est vrai que je passe en voiture à Chantilly mardi et je suis très heureuse d'accepter votre invitation. Surtout qu'on ne dérange rien pour moi. Vous savez que j'aime les menus simples. Mon plaisir sera de vous revoir. Je ne vous encombrerai pas trop longtemps, devant être à Beauvais pour 17 heures.
Vous êtes très chic. Amitiés.

Martine

Autre réponse

Ma chère Nathalie,

Comment avez-vous su que je passais mardi à Chantilly ? Si j'ai été discrète, c'est qu'il ne me sera pas possible de m'y arrêter, et je le regrette bien. Nous sommes assez nombreux, voyageant en car et un repas collectif est prévu vers midi à Compiègne. Impossible de m'évader ! Mais nous nous reverrons, je vous écrirai.
Acceptez, avec mes regrets, toutes mes amitiés.

Martine

Cher Monsieur,

Voulez-vous nous faire le plaisir de venir dîner à la maison vendredi 18 vers 19 h 30 ? Nous avons ce soir-là à notre table le conservateur du musée et nous pensons que vous serez heureux de le rencontrer. Comme vous, il a vécu au Maroc vers les années 50.
Nous vous prions d'agréer, cher Monsieur, l'expression de nos meilleurs sentiments.

Réponse

Cher Monsieur,

C'est avec plaisir que je me rendrai à votre aimable invitation. La perspective de vous revoir et de rencontrer le conservateur m'enchante. Je serai à l'heure dite chez vous, mais traitez-moi avec simplicité, je vous en prie.
Acceptez mes remerciements et l'assurance de mes sentiments les meilleurs.

Autre réponse

Cher Monsieur,

J'aurais été très heureux de me rendre à votre aimable invitation et de rencontrer le conservateur, mais un contretemps est intervenu. Mon beau-frère, qui revient d'Australie où il était depuis cinq ans, nous annonce son passage vendredi et il ne peut rester que ce jour-là auprès de nous. Vous comprendrez qu'il ne m'est pas possible de quitter la maison. Présentez mes respects à Monsieur le conservateur.

Avec tous mes regrets, je vous assure de mon meilleur souvenir.

Déjeuner d'affaires

Mon cher ami,

Accepteriez-vous de rencontrer monsieur Lhommon (dont je vous ai parlé au sujet du lotissement des Vergers) au restaurant « Le Jockey », mardi 12 à 13 heures ? Nous ne serons que trois ; vous serez libre au plus tard à 15 heures.

Je pense que c'est là l'occasion de résoudre l'affaire des terrains qui vous préoccupe.

Bien à vous.

Réponse

Mon cher,

C'est bien volontiers que je serai au « Jockey » le mardi 12 à 13 heures. Vous avez là une excellente idée et je vous en remercie. Je pense que ce contact va être utile, grâce à vous.

Acceptez mes cordiales salutations.

Pour prendre un verre

Mon cher Alexandre,

Toi qui es seul ces jours-ci, viens donc prendre un verre à la maison samedi vers 20 heures. Nous ne serons qu'entre copains.

Cordialement.

Jacques

Pour un bridge

Chère Rosette,

J'ai l'intention d'organiser un bridge chez moi samedi à partir de 14 heures. Nous serons entre bons joueurs et j'aimerais naturellement que tu y viennes.

D'accord ? Amicalement.   Monique

Pour une surprise-partie

Florence Pardoux invite Serge et Aurélie (et d'autres) à la boum qu'elle organise chez elle samedi 5 février à 21 heures. Chacun apporte ce qu'il peut.

Ma chère amie,

Nous réunissons quelques amis samedi prochain à un déjeuner prévu pour midi et demi. Vous nous feriez plaisir en étant des nôtres et vous pourriez alors faire connaissance de nos voisins Delorme qui reviennent du Brésil.

Croyez à mon meilleur souvenir.   Laurette

Mon cher Pascal,

Fais-nous donc l'amitié de venir partager une choucroute jeudi soir vers 19 heures. Nous aurons ainsi le plaisir de bavarder un peu.

Meilleures amitiés.   Maurice

Pour inviter au dernier moment

Mon cher Nicolas,

J'ai un service à vous demander et je vais être franc : nous attendions les Mazure pour dîner demain soir à sept heures. Ils en sont empêchés par je ne sais quel contretemps. Pouvez-vous venir ? Car c'est à vous que j'ai pensé aussitôt. Au moins que notre soirée soit agréable.

Je sais que votre amitié nous pardonnera de vous prendre au dépourvu.

Entendu ?

Bien amicalement.

Invitation d'amis

Chers amis,

Nos travaux sont enfin terminés : Étienne a collé le dernier rouleau de papier, j'ai accroché le dernier rideau. Et samedi soir, à 16 heures, nous ouvrons toutes grandes les portes à nos amis dont vous êtes. Il n'y aura pas de crémaillère à accrocher, mais l'ambiance sera chaleureuse quand même. Tenue libre. Ne comptez pas manger en rentrant (tard) chez vous. Vous venez ?
Amicalement.

Pour un pique-nique

Chers Nicolas et Isabelle,

Nous organisons un pique-nique dimanche 28. Vous en êtes, n'est-ce pas ? Départ à 10 heures de chez nous. Nous serons dix. Gardez deux places libres dans votre voiture.

Destination et compagnons : surprise.

Chacun participe au menu :
Entrées
Pâté (je m'en charge : j'ai une recette ! !)
Divers
Fruits
Boissons (les garçons s'en chargent)
Gâteaux

Dites-nous ce que vous faites. Et tenue détendue. Il fera beau, c'est promis.

Cordialement.

Luce

Pour un court séjour

Mes chers amis,

Il y a à la Pentecôte un « pont » de quatre jours de repos. Nous avons fait le projet de vous avoir ces jours-là dans notre maison du Loiret. Mon mari a terminé les aménagements (il est, je crois, assez fier de lui) et vous a préparé une chambre au 1er étage où vous serez tout à fait tranquille. Le terrain est très grand, vous pouvez sans inconvénient amener votre chien.

109

La campagne en ce moment est magnifique et je crois que cela vous fera du bien, après les fatigues de la grippe hivernale. Faites-nous plaisir en disant oui. Pour trouver la maison, Robert vous dessine un schéma. On vous attend le vendredi matin.

Amical souvenir et meilleures pensées.

Pour refuser

Chers amis,

Votre invitation faite avec tant de gentillesse nous a touchés et comme nous aurions aimé vous rejoindre à Puiseaux ! Mais nous avons promis à une voisine veuve de garder ses deux enfants pendant qu'elle fait un petit séjour dans une clinique. J'ai peur que l'aîné, un garçon de 9 ans, ne nous prépare une rougeole car il est fort fiévreux ce matin et le médecin doit passer bientôt. Vous comprendrez que nous ne pouvons ni laisser ni déplacer ces pauvres enfants.

Georges conserve votre petit schéma et nous espérons bien qu'il nous servira un jour. Votre lettre nous avait causé un réel plaisir. Car les plus déçus, c'est nous.

Croyez, chers amis, à nos sentiments les meilleurs.

Invitation à un supérieur

M. et Mme Maurice Plantin seraient très honorés si Monsieur et Madame Léo Pernand acceptaient de dîner chez eux, sans cérémonie, le mercredi 14 mai à 20 heures.

Réponse positive

M. et Mme Léo Pernand, très sensibles à votre aimable invitation, l'acceptent avec plaisir.

Réponse négative

M. et Mme Léo Pernand

regrettent infiniment de ne pouvoir se rendre à votre aimable invitation, étant ce jour-là retenus en province.

Invitation à un subalterne

Mon cher Plantin,

Nous serions heureux, ma femme et moi, de vous avoir à dîner, ainsi que votre femme, samedi prochain à 20 heures, à la maison. Nous serons entre nous, en toute simplicité. Comptant sur votre acceptation, je vous serre la main.

Réponse positive

M. et Mme Paul Plantin

seront très honorés de se rendre à votre aimable invitation.

Réponse négative

M. et Mme Paul Plantin

auraient été très honorés de répondre favorablement à votre aimable invitation, mais ils doivent ce même jour se rendre à Roissy accueillir un neveu qui arrive du Portugal. Ils vous prient de bien vouloir les excuser.

Réponses rapides

D'accord, mon cher Maxime, j'y serai. Et je serai même à l'heure.

Amitiés.   Nicolas

Cher Bob,

Voilà une heureuse idée et une rencontre qui me plaît. Dis à Maryse de ne pas déranger sa belle vaisselle.
J'ai des projets à vous montrer.
Amitiés.   Jacques

Chère Marie-Laure,

Ce barbecue est une fameuse idée. Alors je peux venir avec Alex ? Je vais te préparer une grande tarte dont je tiens la recette de tante Hélène, tu verras.
N'oublie pas d'inviter aussi le soleil.
À bientôt. Je t'embrasse.   Line

Remerciements après une réception

Chère Madame,

Nous sommes rentrés, mon mari et moi, ravis de la soirée que nous avons passée en votre compagnie et nous tenons à vous le dire.

Grâce aux convives que vous réunissez, il se crée chez vous une chaude cordialité et un réel plaisir. Vous avez le talent de bien recevoir et d'être agréable.

Merci encore.

Pour un repas

Ma chère Aurélie,

Il faut sans tarder que je te félicite. Ta soirée fut très réussie. Mon mari et moi en sommes revenus enchantés à tous points de vue. Les convives étaient très intéressants et l'ambiance ainsi créée nous prépara à apprécier l'excellence du repas que tu nous avais préparé.

Pourrais-je te demander la recette de ce faisan à la sauva-gine, dont mon mari se délecte encore (avec le meursault).

Ton talent de maîtresse de maison a fait de notre sortie une réussite parfaite. Nous t'en remercions bien sincèrement.

Mon mari te présente ses hommages. Je t'embrasse.

Après un dîner

Chère Madame,

Votre soirée d'hier fut délicieuse ; mon mari et moi en sommes revenus enchantés. Nous en parlons encore, nous rappelant votre table où tout était parfait, et vos invités qui sont des personnes très intéressantes. Vous avez le don de la réussite.

Avec les hommages de mon mari, je vous offre mes amicales pensées.

Quand on a profité d'un séjour chez des amis, des parents, il est d'usage de leur adresser une lettre, une carte, un mot de remercie-ment. On appelle cette missive une « lettre de château ». Ce peut être très court.

« Lettre de château » pour des familiers

Ah ! mes chers, quel accueil, quelle table et quelle belle maison vous avez ! Ces deux jours ont été une parenthèse, un séjour souriant dans notre vie. Merci encore.
Nous vous embrassons.

Remerciements pour un séjour

Chère Madame,

Nous rentrons encore émerveillés du séjour que nous avons fait chez vous. Comme votre maison est accueillante ! Et comme cela a dû vous causer du surcroît de travail ! Mon mari en tout cas est enchanté. Ces jours passés auprès de vous sont comme une belle escapade. Vous avez le talent de faire oublier le quotidien, les soucis. Nous avons encore en souvenir votre beau jardin et surtout, comme mon mari, les bons repas dont vous nous avez fait la surprise.

Cela a passé comme un rêve. Il faudra que vous veniez nous voir ; nous en reparlerons.

Soyez assurée, chère Madame, ainsi que votre mari, de nos remerciements et de notre amitié.

Offre de séjour

Chers amis,

Nous apprenons que cette année vous ne partez pas en vacances à cause de ces travaux que vous avez entrepris. Et pourtant un peu de repos vous ferait du bien.

Alors mon mari et moi avons pensé que vous pourriez nous confier Bruno pendant les trois semaines que nous passerons en Normandie, à partir du 6 juillet. Vous viendrez tous les trois ce jour-là. Richard est enchanté de retrouver Bruno dont nous avons déjà pu apprécier la gentillesse, pour des randonnées, des jeux, la plage de temps à autre, et des pique-niques. Et vous nous resterez deux jours avant de reprendre les travaux d'aménagement.

Cela vous changera de vos soucis. Pas de problème de logement, nous sommes au large.

Dans l'attente de votre réponse, croyez, chers amis, à nos meilleurs sentiments.

Réponse

Chers amis,

Si vous saviez comme Bruno est heureux ! Il parle déjà, quinze jours avant, de préparer sa valise ! Votre gentillesse nous touche beaucoup.

C'est vrai que cette année nous avions un peu de regret de le priver de vraies vacances. Nous espérons que ces deux garçons ne seront pas trop exubérants.

Nous arriverons chez vous le 6 juillet au soir (nous nous rappelons la route), mais mon mari et moi nous ne pourrons rester que la journée du 7 car il ne nous est pas possible de laisser la maison ouverte avec tous les ouvriers.

Merci encore de votre aimable proposition. Recevez notre amical souvenir.

Après un séjour chez des amis

Chers amis,

Vous êtes des amis parfaits et nous revenons de notre séjour encore enchantés. Vous avez la chance d'habiter un pays agréable et le talent de le faire visiter. Cela a été, pour nous, une véritable surprise, une séduction. Nous étions arrivés un peu fatigués, mais votre accueil, vos bons soins nous ont transformés. Mon mari me rappelle aussi votre table dont le mérite n'est pas négligeable.

Il nous semble avoir fait une échappée parmi des gens heureux et cela nous a fait du bien. Soyez-en remerciés.

Et croyez à notre fidèle amitié.

À des amis qui vous ont retenus

Bien chers amis,

Je suis un peu confuse de n'avoir pas su résister à votre invitation. Je pensais ne rester qu'une heure chez vous et voilà que je reviens après deux jours. Mais comment vous résister ?

Votre accueil si amical m'a fait céder et je dois avouer que je reviens enchantée de cette halte, encore toute heureuse de nos conversations, de nos soirées. J'ai eu aussi le plaisir de mieux connaître vos enfants qui sont charmants. La douceur de votre foyer est quelque chose qu'on n'oublie pas.

Merci pour le plaisir que je vous dois.

Acceptez, bien chers amis, toutes mes amitiés.

D'un jeune homme

Chère Madame,

Les trois jours passés chez vous ont été merveilleux. J'étais arrivé pour voir Frédéric en passant et vous m'avez accueilli avec tant de gentillesse, vous m'avez retenu avec tant d'insistance que j'ai fléchi devant vous. Malgré cette timidité qui me tient toujours dans les premiers contacts, je me suis cru de la famille, conquis par l'accueil de tous. Je dois ajouter que vous avez atteint votre but : j'ai échappé, en partant plus tard, aux embouteillages de l'autoroute. Mon retour fut sans histoire. Je rentre détendu, à cause de cette parenthèse heureuse que furent les journées avec Frédéric dans votre maison.

Croyez, Madame, avec ma gratitude, à l'assurance de mes respectueux sentiments.

10
Réceptions enfantines

Par carte

Madame Victor Daucourt

recevra les amies de Catherine le 21 avril vers 15 heures. Nathalie est conviée à cet anniversaire.

Pour un goûter d'enfants

Chère Madame,

Ma fille Céline aura huit ans la semaine prochaine. À cette occasion, je serais heureuse de réunir ses amies et des camarades de classe mercredi 3 pour un goûter vers 15 heures. Je me réjouirais d'y accueillir vos enfants Nathalie et Dominique.

Je vous remercie par avance si vous acceptez. Bien cordialement.

Chère amie,

Joëlle serait très heureuse de réunir ses amies le mercredi 14 à partir de 15 heures pour partager ses jeux et un goûter. Elle aimerait surtout que Rosette soit là.

Naturellement, nous la raccompagnerons à moins que vous nous fassiez le plaisir de venir vers 17 heures prendre une tasse de thé.

Joëlle vous salue et je vous prie de croire à mon meilleur souvenir.

Madame,

Mon fils Christian, qui se prépare à fêter samedi 23 son neuvième anniversaire, m'a demandé d'y inviter quelques amis de classe sans oublier Pascal. Il sera très heureux de l'accueillir vers 15 heures pour cette réunion suivie d'un goûter dans notre jardin.

Puis-je vous demander à cette occasion de l'accompagner

ou, au moins, si vos occupations vous en empêchent, de venir vers 17 h 30, ce qui nous permettrait de faire enfin connaissance ?

Croyez, Madame, à l'assurance de mes meilleurs sentiments.

Acceptations

Madame,

C'est avec plaisir que je conduirai Nicolas auprès de ses amis mercredi après-midi. J'espère qu'il se montrera digne de l'invitation.

Recevez, Madame, mes remerciements et mes vives salutations.

Chère Madame,

C'est avec joie que Véronique a accueilli votre aimable invitation et, quant à moi, je suis heureuse de cette rencontre qui va nous rapprocher : je ne vous connaissais que par ma fille. Nous serons donc toutes deux à votre rendez-vous de samedi.

Je vous prie de croire, chère Madame, à mes sentiments très cordiaux.

Réponses négatives

Chers amis,

Mathieu s'est réveillé avec de la température et ne pourra pas se rendre mercredi à votre aimable invitation. Il est désolé ; et moi aussi de le savoir privé de ce plaisir.

Excusez-nous et croyez, chers amis, à nos sentiments les meilleurs.

Chère Madame,

Nous sommes désolés, et Véronique surtout, de ne pouvoir répondre à votre aimable invitation. Nous devons être ce jour-là tous auprès de mon beau-père qui nous attend pour son anniversaire, réunion à laquelle nous nous rendons chaque année. Il vieillit et ne comprendrait pas notre absence.

Nous regrettons donc, Véronique de manquer ce goûter et moi de reporter cette rencontre. Je pense d'ailleurs vous inviter très bientôt. Que Christelle me pardonne.

Veuillez croire, chère Madame, à mes sentiments les meilleurs.

11
Vœux de nouvel an

Meilleurs vœux de bonheur.

Souvenirs et vœux affectueux.

Avec nos remerciements, nos souhaits les meilleurs.

Que l'année vous soit douce, légère, heureuse.

Bonne année. Soyez heureux.

M. et Mme Xavier Matheron

adressent à Madame et Monsieur Laubet en même temps que leurs vœux pour 1987, l'expression de leur affectueuse sympathie.

Denis Thibaud

prie Monsieur Ducour d'agréer l'expression de ses vœux les meilleurs pour l'année nouvelle.

Permettez-moi de vous présenter mes vœux sincères pour une année sans souci. Avec mes respects.

Sensible à vos bons vœux, je vous offre les miens, très sincères. Et j'y ajoute le souhait de vous revoir souvent.

Beaucoup de bonheur, une heureuse santé, voilà mes souhaits pour la nouvelle année. Que les joies l'emportent sur tout le reste, pour vous et vos enfants. Très amicalement.

À une jeune fille sympathique

Que l'année nouvelle vous apporte bonheur
et succès ; voilà ce que souhaite de tout cœur
PATRICE PAULET
en vous assurant de son meilleur souvenir

Aux parents

Chère Maman, cher Papa,

Il ne me sera donc pas possible cette année d'être auprès de vous à Noël ou au nouvel an. Ma société a un programme très en retard et je dois rester en Côte-d'Ivoire probablement jusqu'à la fin de mars.

Bonne année pour vous deux, mes chers parents. Je le souhaite de tout mon cœur. Que cette année vous garde en bonne santé, heureux, au milieu de vos enfants et petits-enfants. J'espère que Maman a oublié ses rhumatismes grâce à ses tisanes et que Papa va vaincre ses vertèbres en faisant du vélo !

Ici, Noël, c'est le soleil, mais nous sommes entre bons amis qui nous efforçons de ne pas trop regretter la France.

Que vienne vite le moment heureux où je pourrai vous embrasser.

Affectueusement.

Réponse

Mon cher Vincent,

Merci de ta lettre qui vient de là-bas, avec tes bons vœux et ton affection. Vois-tu, si Papa ne l'avait pas, cette lettre, il aurait été moins heureux au milieu des autres. La chaleur du cœur c'est encore bien plus chaud que celle de ton pays.

À Noël, nous avions Muriel, son mari, Lucile et Serge, ainsi que Marc qui a toujours des choses pittoresques à nous raconter de son hôpital. Et nous avons beaucoup parlé de toi, nous avons regardé les dernières photos que tu as envoyées. Au réveillon du 31, nous ne serons que nous deux mais je crois que les Mercier viendront faire une partie de cartes.

Sois tranquille, nos santés sont bonnes. Et nous nous engageons dans cette nouvelle année en attendant ta venue. Cette nouvelle année pour laquelle nous t'offrons tous nos vœux de santé, de réussite dans les affaires. Que l'année neuve te soit douce, dans tous les domaines.

Ton père et moi t'embrassons tendrement.

Aux grands-parents

Chère grand-mère, cher grand-père,

Il ne me sera pas possible de quitter Paris en cette fin d'année car je n'ai pas de congé. Pourtant j'aurais aimé faire la petite escapade habituelle pour venir vous embrasser. C'est de tout cœur que je vous souhaite une année heureuse sans souci sérieux de santé. Mais vous étonnez toujours la famille par votre entrain : que cela dure, je ne souhaite pas autre chose. Vos petits-enfants apprécient tant votre tendresse !

Dès que cela sera possible, je vous ferai la surprise d'une visite.

En attendant, je vous embrasse bien affectueusement.

Réponse

Mon cher Maxime,

Merci de ta lettre, merci de tes bons vœux. Vois-tu, quand on est jeune, la fin de l'année, ce sont les cadeaux, les rires des amis ; pour nous, ce sont les visites et surtout les lettres. Ces bonnes lettres qui font chaud au cœur, même si elles sont malhabiles, comme celles de Florence et Edwige, les chères gamines.

À toi, Maxime, nous souhaitons une année faite de bonheur, de satisfactions professionnelles. Tu mérites le succès et s'il ne dépend que de nos vœux, tu l'auras, car nous savons comment tu travailles.

Si les grands-parents parlent souvent du passé, ils se soucient aussi de l'avenir des leurs. Notre cœur bat peut-être moins vite, mais pour toi il reste vaillant.

Nous t'embrassons bien fort.

Pour reprendre des relations

Ma chère Nathalie,

La fin de l'année m'offre l'occasion que j'attendais, de te parler, de te retrouver. Pourquoi sommes-nous restées si longtemps sans contact ? Et pourtant je pense souvent à toi, peut-être plus souvent parce que nous ne nous écrivons guère. Bonne année, ma chère Nathalie. Accepte mes bons vœux pour toi et les tiens, porte-toi bien et que la réussite patronne tes travaux.

De mon côté, j'ai été fort occupée par la famille (une seconde naissance, celle de Brigitte), par le métier (je viens de passer chef de service à la Société Delpan) et il me semble que j'ai eu le tort de relâcher les liaisons avec ceux auxquels je tiens. Pourrions-nous nous voir un de ces jours ?

Bien amicalement.   Monique

À une personne seule

Ma chère tante,

Les jours de fête te semblent peut-être plus lourds de solitude, plus chargés de souvenirs. Mais sois sûre que nos pensées sont là. Je t'apporte mes vœux sincères pour une meilleure année faite d'apaisement. Que ta santé soit bonne et que tu sois forte. L'affection de tes neveux ne te manquera pas, tu peux t'y appuyer. J'aurais aimé te le dire de plus près, mais ma,fin d'année est très chargée avec cette préparation de concours.

Ne sois pas triste, ma tante, je t'embrasse de tout mon cœur.

À un étranger

Chère Madame,

Durant nos vacances à Étretat, vous avez été d'une telle gentillesse que je ne veux pas laisser passer cette occasion de vous assurer de nos bonnes pensées en vous souhaitant une année heureuse, en n'oubliant pas votre famille. Nous avons conservé le meilleur souvenir de notre passage chez vous.

En espérant que vos douleurs vous laisseront du répit, croyez, chère Madame, à nos sentiments de sympathie.

Réponse

Madame,

Votre bonne lettre m'a causé une surprise. Je vous remercie de vos bons vœux et vous assure des miens pour vous et ceux qui vous sont chers.

Mon mari vous présente ses hommages respectueux et je vous prie d'accepter, Madame, l'expression de mes meilleurs sentiments.

À un ancien professeur

Cher Monsieur,

Si je m'y prends si tôt, c'est afin que ma lettre ne disparaisse pas parmi toutes celles que vous devez recevoir. Je n'oublie pas tout ce que je vous dois, les conseils précieux qui me furent si utiles. À la veille de la nouvelle année, je vous présente mes vœux sincères pour des jours heureux et je vous assure de mon attachement. Que cette

121

année neuve vous procure des satisfactions méritées dans les travaux que vous poursuivez, que vos élèves soient attentifs pour bien profiter de votre enseignement.

Je vous prie de croire, cher Monsieur, à mes sentiments de respectueuse sympathie.

À un supérieur

Monsieur,

Permettez-moi de vous exprimer mon attachement et, à la veille de l'an nouveau, de vous présenter mes vœux sincères de réussite dans vos entreprises et de bonheur pour votre famille.

Agréez, Monsieur, l'assurance de mes sentiments respectueusement fidèles.

Monsieur le Directeur,

Éloigné par la mission que vous connaissez, je ne serai pas cette année parmi mes collègues pour vous présenter mes vœux à l'occasion de l'année qui s'annonce. Qu'il me soit permis de le faire par écrit en vous exprimant mes souhaits respectueux et sincères pour 1988.

Je vous prie d'agréer, Monsieur le Directeur, l'expression de mes sentiments respectueux et dévoués.

À un subalterne

Mon cher Faubert,

Merci pour vos bons vœux auxquels je suis très sensible. Recevez, je vous prie, tous les miens pour cette année nouvelle. Sympathiquement.

Mon cher Méral,

Je vois que vous n'oubliez pas la maison. Je vous remercie de vos bons vœux. Cette attention m'a fait un réel plaisir et, de mon côté, croyez bien que je souhaite pour vous et les vôtres, une année heureuse et la réalisation de vos désirs.

À bientôt. Je vous serre cordialement la main.

12
Décorations. Félicitations

Demande de décoration

Le Maire de la commune
de ...

    Monsieur le Président du conseil général,

    J'ai l'honneur de solliciter de votre haute bienveillance l'attribution de la croix de chevalier dans l'ordre national du Mérite en faveur de mademoiselle Michèle Collet, habitant notre commune et dont le dévouement est connu de tous.

    Cette personne a su se rendre indispensable dans notre canton. Fondatrice du Cercle rural de ..., elle a, bénévolement, assuré l'animation du groupement des jeunes de notre commune, organisé des fêtes, tenu la bibliothèque intercommunale, maintenant ainsi une vie associative et culturelle dans notre région, ce qui est apprécié de tous. Il est notable que les activités diverses, sportives et théâtrales, animées par mademoiselle Collet, ne sont pas sans lien avec le fait que notre jeunesse se fixe dans la commune et a oublié les tentations de la ville.

    J'estime que la promotion de cette personne serait judicieuse et méritée. C'est appuyé par tous les conseillers municipaux que je sollicite de vous une telle distinction qui viendrait récompenser tous les services rendus.

    Veuillez agréer, Monsieur le Président du conseil général, l'assurance de mes sentiments très respectueux.

DÉCORATIONS

S'il s'agit d'une première décoration dans un ordre, la personne décorée (ou récipiendaire) est l'objet d'une *nomination*. Pour les grades suivants c'est une *promotion*.

Ainsi, on dira qu'on est *nommé* chevalier de la Légion d'honneur, et *promu* officier ou commandeur. Pour les échelons supérieurs, plus rares, il est d'usage de dire que l'intéressé a été *élevé* à la dignité de (grand officier ou grand-croix) dans cet ordre.

Félicitations à propos d'une décoration

Sur carte

M. et Mme Léon Bouret

sont heureux de féliciter Monsieur Bonnard pour sa promotion au grade d'officier de la Légion d'honneur.

Louis Lorrin

est heureux de s'associer à l'hommage public qui vous est rendu et qui couronne l'effort de longues années consacrées à ...

Par lettre

Monsieur,

Je découvre, en lisant « L'Écho du Nord-Ouest » une information qui me remplit de joie : celle de votre nomination au grade de chevalier de la Légion d'honneur au titre du ministère de la Coopération.

Nombreux vont être ceux qui se réjouiront de cette distinction méritée. Permettez-moi, à cette occasion, de vous exprimer mes plus sincères félicitations.

Avec l'assurance de mon estime et de mes meilleurs sentiments.

Mon cher ami,

C'est avec un vif plaisir que j'apprends votre promotion au titre d'officier de l'ordre du Mérite. Je suis heureux en cette occasion de vous exprimer mes sincères félicitations : voilà qui récompense vos efforts et vos travaux.

Veuillez, je vous prie, présenter mes respectueux hommages à Madame ... et agréer, mon cher ami, l'expression de ma cordiale sympathie.

Cher ami,

C'est par nos amis Desbrosse que j'apprends la distinction dont vous venez d'être l'objet. Comme eux, je m'en réjouis. Je sais la rareté de l'attribution de la médaille militaire à un officier et le prix qu'on y attache. Vos états de service, votre dévouement sont ainsi officiellement attestés et c'est justice. Voilà une croix bien accrochée.

Ma femme se joint à moi pour vous offrir ses félicitations.
Cordialement vôtre.

D'une amie

Chère Monique,

En lisant « Le Monde », j'apprends la nomination de ton mari au grade de chevalier des Palmes académiques. Voilà une attribution des plus méritées. je me réjouis avec toi car je sais les efforts déployés par ton mari pour l'organisation des cours du soir en faveur des adultes et ce qu'il a fait pour nos écoles.

Je pense aussi que tu as ta part de cette distinction car c'est un peu au détriment de la vie familiale que s'est déployée cette activité.

Crois en ma fidèle amitié.   Corinne

À un supérieur

Monsieur le Directeur,

Je me permets de vous adresser mes respectueuses félicitations pour votre promotion au grade d'officier de la Légion d'honneur.

Vos collaborateurs, notre maison, sommes très heureux et très fiers de cette haute distinction.

Veuillez agréer, Monsieur le Directeur, l'expression de mon respectueux dévouement.

13
Relations amoureuses

Pour amorcer une relation suivie avec une jeune fille, bien que le téléphone soit très utilisé, il est des cas où l'on préférera la lettre. La lettre rassure le timide : il sait qu'ainsi il n'aura pas à répondre à des objections inattendues, que l'on réfléchira mieux sur les termes qu'il aura choisis.

Ce genre de message est une occasion de personnaliser les modèles que nous proposons en rappelant certains détails particuliers, une circonstance, un incident.

À *une jeune fille*

Mademoiselle,

Ne m'en veuillez pas d'oser vous adresser ces lignes. J'ai eu tant de plaisir à vous rencontrer chez Madame Pargaud. Nous n'avons échangé que peu de choses et notre conversation se mêlant aux autres m'a paru bien courte. J'aurais aimé m'entretenir plus longuement avec vous, puisque vous m'avez donné l'impression que nous avions des goûts communs. J'aimerais pouvoir vous rencontrer à nouveau. Me le permettez-vous ?

J'espère votre réponse, je l'attends.

Acceptez, Mademoiselle, l'expression de mes meilleurs sentiments.

Réponse favorable

Monsieur,

Votre lettre est là, qui m'a étonnée, sans me surprendre tout à fait. Je ne pensais pas que notre brève rencontre ait chez vous laissé du regret ou de l'espoir. Mais je serai heureuse de vous revoir, moi aussi. Je serai au bal donné par la Croix-Rouge samedi prochain. Il vous sera facile d'obtenir une invitation.

Croyez, Monsieur, à ma cordialité.

Réponse défavorable

Monsieur,

Surprise par votre lettre, je regrette de ne pouvoir y répondre comme vous le souhaitez. Je suis très prise par mes études et par la vie familiale. Il ne m'est guère possible d'en retrancher le temps de cette rencontre.

Soyez assuré de ma discrétion et de ma sympathie et acceptez, Monsieur, mes sincères salutations.

Autre lettre

Chère Sandrine,

Nous avons bavardé, nous avons dansé ensemble. Pas assez à mon gré. Oh ! que j'aimerais vous revoir ! Ne vous moquez pas de moi, je suis sincère. Dites-moi, Sandrine que j'ai découverte l'autre soir, si je peux vous revoir.

J'attends et suis impatient.

Sandrine, vite un mot : où, quand ?

Avec mes sentiments amicaux.

Réponse favorable

Cher Gérard,

Votre mot m'a fait plaisir. Il y avait chez moi le vague regret d'une soirée trop courte. Et vous voulez la prolonger. J'espère que ce n'est pas simple curiosité de votre part et je dis oui. Je passe chaque soir (quand il fait beau) dans la grande allée du bois Bourillon vers cinq heures et demi.

À bientôt, Gérard !

Réponse défavorable

Gérard,

Surprise par votre lettre, je ne peux pas y répondre selon votre désir. Je consacre tout mon temps à l'examen qui approche. Cette soirée fut pour moi une exception où j'ai vu beaucoup de camarades. J'espère que vous resterez le mien.

Cordialement.

Autre lettre

Valérie,

Nous avons été interrompus hier au soir chez nos amis et vous avez dû partir trop vite. Je n'ai pas osé vous téléphoner. Pourrions-nous nous revoir ? Je vous propose la terrasse du café Prot samedi vers 15 heures. Ne m'en veuillez pas de vous appeler par votre prénom, le « Mademoiselle » est trop cérémonieux. J'attends un mot de vous, Valérie, avec impatience.

Réponse favorable

Patrice,

Vous pouvez me téléphoner (au 35.61.20.21) le soir après 18 heures. Merci de votre lettre ; moi aussi j'attends notre rencontre. Patrice, vous êtes dans mon souvenir depuis l'autre soir. Et maintenant j'attends la sonnerie. En tout cas, je passerai devant le café Prot dès demain. Très amicalement.

Réponse défavorable

Patrice,

J'ai été étonnée par votre lettre. J'ai tant de connaissances, et qui ne s'embarrassent guère de m'écrire. J'aime les sorties, les bandes de copains et je ne me vois pas dans un duo prolongé. Soyez gentil, Patrice, ne m'en veuillez pas.

Réponse à une annonce matrimoniale

Mademoiselle,

Cherchant une compagne pour sortir de ma solitude, j'ai lu votre annonce dans « ... ». Si j'ose y répondre, c'est que mes goûts semblent correspondre aux termes de cette annonce. J'ai trente-deux ans ; je mesure un mètre soixante-dix et je me permets de vous envoyer ma photographie. Je suis actuellement magasinier au garage Delport de ... aux appointements de ... F par mois. J'ai une voiture, une maison avec jardin en banlieue. Je vis là seul, occupé de bricolage et de menus services dans le voisinage. J'ai des goûts simples et mes distractions ne sont pas très mondaines. Je ne bois ni ne fume. Je jouis d'une bonne santé.

Il me reste ma mère, qui vit dans le Jura auprès de mon frère. J'aimerais avoir une famille proche, une femme et deux enfants. Le temps passe et votre annonce m'apporte l'espoir. Je vous confie tout cela en espérant que vous me répondrez. Pourrions-nous nous rencontrer ?

Je vous prie de croire, Mademoiselle, à l'assurance de mes sentiments respectueux.

Réponse favorable

Monsieur,

Votre lettre est là devant moi, parmi d'autres. Mais c'est la seule à laquelle je ferai une réponse détaillée. Votre naturel répond à mes vœux.

J'ai vingt-six ans et suis de taille moyenne, en bonne santé et sans infirmité. Voici ma photographie. Je suis aide-comptable aux Établissements ... à ... avec un salaire de ... F par mois. C'est une bonne maison et j'y suis bien notée. Je vis à Paris chez ma tante, mais, venant de la province, j'aimerais me dégager de cette vie et aspire à vivre auprès d'un compagnon compréhensif et, pourquoi pas, d'enfants. Mes plaisirs sont la cuisine, la lecture et de temps à autre le cinéma. J'ai perdu mes parents qui m'ont laissé une petite maison à Alliancelles, dans la Marne. C'est là que je vais en vacances. Comme mon travail n'est pas très éloigné de votre domicile, je vous propose une rencontre à la terrasse du Grand Café, place Foch, à Suresnes. J'y serai samedi prochain 28 à 16 heures, habillée de bleu marine, avec le journal « ... » à la main.

Acceptez, Monsieur, l'expression de mes meilleurs sentiments.

Réponse défavorable

Monsieur,

Je vous remercie de votre lettre du ... Je dois vous dire que mes goûts sont un peu éloignés des vôtres. J'aime beaucoup les sorties, les voyages et j'ai peur que cela ne concorde pas avec votre désir de vie au calme. Quant aux enfants, je n'y ai pas encore songé.

Je vous retourne donc la photo que vous m'aviez confiée.

Avec mes regrets, acceptez, Monsieur, mes meilleures salutations.

Réponse plus moderne

Bonjour !

Je suis libre, j'ai de la tendresse à revendre. Et tu appelles (annonce n° ... de ...). Rencontrons-nous, veux-tu ? J'ai 35 ans ; j'ai eu une expérience loupée, qui n'a pas laissé de traces.

Mes goûts sont fort simples (nature, voyages, sport). Fatiguée de vivre seule, comme toi, il me semble que je t'attendais.

Encore : je suis brune, 1,68 m. On me dit agréable et sympa, je ne fume pas, profession intéressante. Je joue de la scie musicale. Ça va ?

Je te laisse mon adresse, mon téléphone (après 19 h) et j'attends.

Luce

Déclaration amoureuse

Ma chère Élise,

Devant toi, je suis timide comme un collégien, malgré mon air et mes plaisanteries. Et après chacune de nos rencontres, je me dis : Tu n'as pas encore osé ! Alors je le confie à ce papier. Élise, je t'aime. Ne soyons plus de simples camarades. Si tu savais l'espoir qui me possède : être avec toi, partager tes goûts, te connaître mieux. Ton sourire, ton charme m'ont attiré, c'est sûr, mais ce n'est pas tout. En te découvrant un peu plus chaque fois, j'ai espéré que toi aussi tu souhaitais que nous nous rapprochions.

Élise, réponds-moi vite.

À toi.

Réponse favorable

Mon cher Igor,

Ta lettre est venue et je sais que je l'attendais. Igor, je suis bien auprès de toi et je n'ai plus besoin des camarades. Tu sais, je crois bien que je suis amoureuse de toi depuis un bon moment.

Nous avons devant nous un grand bonheur possible et j'ai hâte de te revoir.

Igor, je suis là, tu peux venir.

Réponse défavorable

Cher Igor,

Tu es mon meilleur ami, mais je n'imaginais pas qu'un jour tu me parlerais d'amour. Pour moi, je ne peux te faire un semblable aveu, il faut attendre. Je ne sais plus, reste mon ami parce que je t'aime bien.
Nous allons nous efforcer d'oublier ces deux lettres.
Avec ma sincère amitié.

Autre déclaration

Chère Muriel,

Tu es étonnée que je t'écrive ? Pourtant tu as bien dû te douter que j'étais sur le point de te le dire, de te dire que je t'aime. Ce papier emporte ma pensée. Avec lui j'ai osé. Oui, Muriel, je t'aime (c'est bien plus facile quand tu n'es pas en face de moi).
C'est tout ce que je voulais te confier, mais pour moi cette lettre est très longue, très sincère, et, comme disait la Sévigné, c'est la chose la plus formid, la plus fumante, la plus bath, la plus sensass de toutes.
Toi, Muriel, toi.
Je t'embrasse.

Reproches

Chère Laure,

Je me faisais une fête de cette sortie chez les Laugier. Mais pourquoi as-tu été si distante ? Tu semblais rechercher d'autres danseurs que moi, et ma soirée en a été tout assombrie.
Je sais que tu aimes beaucoup t'amuser en société, mais tu avais l'air de ne te souvenir de moi que trop rarement.
Ai-je raison de redouter, ai-je tort ? Laure, il faut, parce que je ne pense qu'à cela depuis hier, que tu me rassures, que tu m'expliques.
Tout à toi.

Réponse

Mon cher Herbert,

Je te crois un tantinet jaloux et il ne faut pas que cela dure. Herbert, ne vois dans mon attitude un détachement quelconque. J'ai dix-neuf ans, j'aime le bal, la lumière et les paroles que j'ai pu échanger avec un cavalier furent d'un flirt bien léger. D'ailleurs, c'est vers toi que je revenais et c'est toi qui m'as raccompagnée. Herbert, ne boude pas, tu es celui que j'aime et tu le sais bien. À bientôt.
Je t'embrasse.

Autre réponse

Cher Herbert,

Après les autres reproches que tu m'as déjà faits, ta lettre est venue et j'ai explosé. Non, non, cela ne peut plus durer. Je te découvre jaloux et me suspectant sans cesse. Je crains que cela ne réponde pas à l'avenir que je souhaite. Nos goûts sont souvent différents, tu t'en es aperçu. Et je pense qu'il vaut mieux interrompre notre chemin. Après ce serait trop dur.
Je t'embrasse.

Réconciliation

Chère Claudie,

Je regrette tout ce que je t'ai dit hier soir ! Claudie, je me suis emporté, pour des riens, je le vois maintenant. Brusquement, j'ai eu peur de cet excès, peur que tu me quittes.
Dis-moi, Claudie, que tu ne m'en veux pas. J'ai eu tort. Je te promets d'être plus calme car je me souviendrai de mes regrets.
Bien à toi.

Réponse

Fred,

Ta lettre arrive et j'en avais besoin. Je crois qu'on s'est tous les deux enflammés un peu vite. Après j'étais désolée. Cher Fred, nous nous entendons si bien d'habitude.
J'ai ta promesse, alors tout ira bien et sans rancune, je t'embrasse.

Rupture

Carine,

Je pense qu'il faut avoir le courage de voir clair. Ce courage m'a manqué jusque-là et je m'y décide : cessons de nous voir. Nos relations ont dégénéré. Allons-nous vivre en étrangers l'un à côté de l'autre ? Il ne faut pas que notre vie devienne une habitude, après ce que fut le début. J'avais tant d'amour pour toi ! Il faut l'avouer, cet amour est mort. Nous nous serions embarqués avec des pensées discordantes, l'un ne voulant pas d'enfant, l'autre ne désirant que la vie tranquille à la maison.

J'estime que te quitter sera te rendre service. Tu vas retrouver la liberté qui t'est chère. Efforçons-nous à l'oubli.

Adieu Carine.

14
Fiançailles

Dans certains milieux, des parents, soucieux du bonheur de leurs enfants, s'efforcent d'avoir un peu de renseignements sur le jeune homme ou la jeune fille que leur enfant se propose d'épouser. Bien que la vie moderne laisse aux jeunes une grande latitude de ce côté, cela peut rassurer leurs parents. On ne saurait trop leur demander d'en user avec discrétion : il ne s'agit pas d'une enquête policière.

Demande de renseignements sur une jeune fille

Cher Monsieur,

Me référant à l'amitié qui nous a rapprochés, je me permets de recourir à vous pour une démarche qui revêt une importance particulière.

J'ai parmi mes connaissances le ménage Thénier dont le fils, David, jeune homme sérieux, d'un bel avenir, formerait le projet d'épouser la jeune Christine Daute qui habite dans votre commune. Monsieur et Madame Thénier seraient désireux, et c'est bien naturel, d'obtenir quelques renseignements sur cette jeune fille, avant d'être dans la situation de donner leur consentement à l'union projetée. Pourriez-vous leur rendre service en me fournissant des précisions sur les fréquentations, la tenue de cette jeune fille, et sur la situation de ses parents. Peut-on accorder confiance à cette jeune fille, à sa moralité, à son sérieux ?

Quelle que soit votre réponse, je puis vous assurer de la discrétion totale quant à la source de renseignements que vous me fourniriez.

D'avance, je vous remercie de votre communication et vous prie de croire, cher Monsieur, à mes sentiments les meilleurs.

Réponse favorable

Mon cher ami,

Il m'est agréable de répondre à votre lettre, après le plaisir de l'avoir reçue. Je comprends fort bien le souci de vos amis Thénier. Qu'ils se rassurent, la jeune Christine Daute est un parti en tous points parfait. Elle est ici très bien considérée, instruite, d'une conduite irréprochable. Je peux vous révéler qu'on ne lui connaît pas de relations déplacées, qu'elle est réservée et gaie à la fois, et qu'elle joue fort bien du piano. Je n'en souhaiterais pas d'autre comme bru si j'avais un fils.

Ses parents sont dans l'aisance : le père possède une fabrique d'accessoires électriques qui emploie quinze ouvriers, et une ferme assez importante. Christine est fille unique. Je crois bien que beaucoup la regretteront si elle quitte notre localité.

Bien cordialement et toujours vôtre,

Demande de renseignements sur un jeune homme

Ma chère Lucienne,

Si je m'adresse à toi aujourd'hui, c'est pour nous libérer d'un souci. Il s'agit de Sophie. Tu sais comme elle est vive et spontanée. Elle a rencontré chez toi aux dernières vacances un jeune homme, Vincent Dufresnoy. Elle l'a revu à la faculté et en semble éprise. Tu comprends que nous ne voulons pas voir Sophie s'engager dans un avenir incertain après ses études. Estimes-tu que Vincent sera à même, par son sérieux, sa situation, de rendre heureuse notre fille ? Nous aimerions aussi savoir ce qu'est sa famille. Je sais que cette démarche est délicate et je t'assure d'avance de notre discrétion.

Avec mes sincères remerciements, accepte, ma chère Lucienne, les hommages de mon mari et mes amicales pensées.

Réponse défavorable

Ma chère Colette,

Je te remercie beaucoup de tes bonnes pensées et de la confiance que tu m'accordes. Comme toi, je désire voir Sophie heureuse. Et là, je suis au regret de t'avertir de la situation du jeune Vincent D. Il a déjà fait parler de lui ici, par des fréquentations douteuses. L'an dernier, il n'était pas rare de le voir en galante compagnie faisant grand bruit parmi la jeunesse des cafés. Son père, un brave homme de condition modeste, après avoir essayé de le placer sans succès dans des entreprises locales, s'est décidé à l'envoyer à Bordeaux pour reprendre des études interrompues.

À mon sens, l'union projetée est à déconseiller.

Je t'ai parlé franc, ma chère Colette. Ne m'en veux pas. Je te demande de détruire cette lettre après lecture.

Crois à mes meilleures pensées pour toi et les tiens.

Avec mes sentiments dévoués.

135

D'un jeune homme à ses parents

Chère Maman, cher Papa,

Depuis deux ans que je suis à Grenoble, je regrette quelquefois d'être éloigné de vous, bien que le travail que me confie l'entreprise soit très intéressant. J'ai fait ici la connaissance d'une jeune fille, Frédérique, en qui je vois ma fiancée. J'aurais voulu venir vous la présenter. Ne pouvant me déplacer avant Pâques, je veux cependant vous la faire connaître un peu. Frédérique a vingt et un ans, elle habite à Grenoble, dans sa famille, et achève des études de droit. Nous nous sommes rencontrés à une réception chez mon patron. Frédérique est assez grande, brune, et son visage vous plaira certainement. Du mariage nous en avons parlé. Elle comme moi avons l'exemple de parents unis et prenons cela très au sérieux.

Puis-je l'amener avec moi à mon prochain voyage à Paris ? Je voudrais que vous partagiez mon bonheur.

Croyez en nos affectueux sentiments.

Je vous embrasse.

Autre modèle

Mes chers parents,

Je me décide à vous révéler un secret (qui n'en est probablement plus un). J'aime une jeune fille, Caroline, que je connais depuis six mois. Nous fréquentons tous deux le même club de tennis. Les lettres, bleu clair, que je recevais à Noël chez nous, étaient de Caroline, mais maman a dû s'en apercevoir.

J'aimerais que vous la connaissiez. Nos amis, les Hermand, pourraient vous renseigner sur elle et sa famille. Caroline a vingt-deux ans ; elle est jolie et très souriante. Nous avons à peu près les mêmes goûts. Elle a travaillé chez un architecte pendant un an comme assistante, mais à cause de la crise à dû chercher un autre travail, elle est actuellement secrétaire dans une entreprise du bâtiment, métier qu'elle accomplit courageusement.

Pour que vous ne soyez pas trop surpris, je vous envoie sa photo (photo d'identité, qui ne donne pas une idée exacte de Caroline).

Que diriez-vous si nous venions tous les deux à la Pentecôte pour deux jours ? Je pense que la chambre bleue de Laurence est toujours libre. Maman nous mijotera quelque chose pendant que je montrerai les environs à Caroline. Dites-moi oui.

Je vous embrasse très fort.

Lettre d'une jeune fille à ses parents

Mes chers parents,

J'aurais bien voulu être près de vous, mais je n'aurai pas ce mois-ci les deux jours sur lesquels je comptais, à cause du travail important dans notre bureau. C'est que j'ai une nouvelle à vous annoncer : je pense à des fiançailles avec un jeune homme sérieux qui travaille dans la même firme.

Il a vingt-quatre ans, est dessinateur industriel et nous nous voyons depuis presque huit mois. J'ai pu apprécier ses qualités ; il est assez grand (un mètre quatre-vingts), blond, avec des yeux gris-bleu. Philippe aime le sport, la nature et aussi les bons petits plats. Comme j'ai eu l'occasion de rencontrer ses parents, j'ai pensé qu'à votre tour vous aimeriez faire sa connaissance. Dites-moi quand nous pouvons venir vous voir : je vous propose Pâques, ou avant (nous demanderions deux jours de congé).

Chère Maman, cher Papa, votre fille heureuse vous embrasse.

Réponse favorable

Ma chère Line,

Ta lettre nous a un peu surpris, mais aussitôt nous a procuré une grande joie. Toi, Line, fiancée, bientôt mariée ? Nous commençons à nous habituer à cette idée et nous associons déjà les deux noms Line et Philippe. Nous te savons très raisonnable et te faisons confiance. Un bonheur finit toujours par arriver.

Venez nous voir, mais n'attendez pas la Trinité, venez tout de suite. Celui que tu as choisi est le bienvenu chez nous. Envoie-nous un petit mot pour nous prévenir, que nous soyons prêts.

Nous t'embrassons bien affectueusement.

Réponse prudente

Mon cher Luc,

Ta lettre est la surprise de la journée. Ton père a grogné et j'ai réussi à le calmer. Cependant, il faut que tu te rendes compte de la situation nouvelle. Tu sais que nos moyens sont limités et que tes études ne finiront que dans deux ans, prolongées par le service militaire. Quelles seront vos ressources si tu te maries cette année ? Nous ne pourrons guère y participer. Ne pourriez-vous attendre un peu ? Oh ! nous n'avons aucune prévention contre la jeune fille que tu as choisie et ne demandons qu'à faire sa connaissance.

Ce ne sont que les conditions matérielles qui nous font du souci. C'est que nous voudrions que vous soyez heureux, elle et toi, et nous aimerions que votre ménage ne commence pas dans les difficultés.

Je t'embrasse.

D'une famille à l'autre

Madame, Monsieur,

Notre fils Yann nous a dit les projets qu'il forme et l'attachement qu'il éprouve pour votre fille. Comme il est convenu que nous ferons connaissance de Virginie le 3 avril prochain, nous serions très heureux de vous accueillir en même temps chez nous, afin qu'elle soit moins désorientée pour ce premier contact.

Nous vous attendons tous les trois ce jour-là vers onze heures. Vous trouverez ici nos deux autres enfants, Cyrille et Léonie, qui se réjouissent, comme nous, du bonheur de leur grand frère.

Soyez assurés de nos meilleures pensées. Bien cordialement.

Du fiancé à un parent

Cher oncle,

Je vais t'apprendre une bonne, une grande nouvelle : mes fiançailles. Maman te l'avait peut-être déjà révélé. C'est dimanche 25 que j'aurai le grand bonheur de mettre une bague de fiançailles au doigt de Christelle, chez ses parents. Ceux-ci organise une réception à partir de 16 heures dans leur maison, à Villiers.

Nous comptons tous sur ta présence au milieu des parents et des amis. Je te joins un petit topo pour que tu trouves la maison en venant de Paris en voiture.

À bientôt, cher oncle Henri. Affectueusement.

Du fiancé à un ami

Mon cher Gérard,

Tu sais que je sors souvent avec une jeune fille. Eh bien, nous sommes fiancés. Ne te récrie pas, tu pourras toujours venir chez moi. Nous comptons nous marier en octobre ; mais nous en reparlerons.

Quand viendras-tu à Lyon que je te dise mes projets, que je te raconte tout, et que je te présente Mireille ?

Cordialement à toi.

De la fiancée à une amie

Ma chère Clarisse,

C'est un secret que je viens te confier : je suis fiancée ! Si tu savais comme je suis heureuse ! Tu veux des détails ? Philippe Hénaud a vingt-trois ans, il est grand, il est attaché commercial chez ... Tu te doutes bien qu'il est intelligent, beau et aimable. J'ai le cœur léger et la vie a changé de couleur. Mais un peu inquiète tout de même (serai-je à la hauteur ?). Dis-moi quand tu comptes venir me voir, je te raconterai tout de lui, de nous. Je t'embrasse.

Avis dans la presse

On nous prie d'annoncer les fiançailles de M. Paulin Schmit, fils de M. Louis Schmit et de Madame, née Lambert, avec Mlle Marie-Laure Drouet, fille de M. Valère Drouet et de Madame, née Kevin.

31, rue Rousseau, 16000 Angoulême
43, rue des Ardelles, 31000 Toulouse

M. Jean Viaud et Madame, nous prient de faire part des fiançailles de leur fille Édith avec Monsieur Claude Roux, fils du docteur Roux et de Madame, née Biaudet.

On annonce les fiançailles de Mlle Madeleine Mounet, fille de M. et Mme Hector Mounet, directeur de la Coopérative agricole, avec M. René Jouvet, professeur, fils de M. Antoine Jouvet et de Madame, née Bard, décédée.

6, rue Teulère à Royan   10, rue Thiers à Tours

Nous sommes heureux d'apprendre les fiançailles de Mlle Catherine Cuzet avec M. Fernand Gellot.

Épernay - Paris.

M. Jérôme Crissot et Madame
Me Jacques Despont et Madame
sont heureux d'annoncer les fiançailles
de leurs enfants
Brigitte et Jean-Paul

Rouen   St-Claude

Carte de fiançailles

M. André Soulier et Madame ont le plaisir de vous annoncer les fiançailles de leur fille Corinne avec Monsieur Jean Labat, ingénieur.

M. Étienne Labat et Madame sont heureux de vous faire part des fiançailles de leur fils Jean avec Mademoiselle Corine Soulier, secrétaire de direction.

Le 14 avril 1986

Bar-le-Duc

Amiens

Faire-part sur cartes de visite

M. et Mme Paul Turville

sont heureux de vous annoncer les fiançailles de leur fille Bénédicte avec Monsieur Jean-Loup Verdier.

Du 14 mai 1988

M. et Mme Gilbert Caillot

ont le plaisir de vous faire part des fiançailles de leur fils Christophe avec Mademoiselle Suzanne Gellin.

3 avril 1990

Anglet

Félicitations

Par carte

M. et Mme Molinier

heureux d'apprendre les fiançailles de Marlène, vous présentent leurs félicitations et leurs vœux d'heureuse union.

Maître Pierre Leterrier et Madame

s'associent de tout cœur à la joie de Lisette et adressent leurs félicitations à Monsieur et Madame Vousquin.

Invitation à réception

Par carte de visite

Perrine Langlade
sera heureuse de vous présenter
Jean-Jacques Couvrier à l'occasion
de leurs fiançailles le samedi 12 avril
à partir de 18 heures, chez ses parents,
41, rue Lefranc, Toulouse.

R.S.V.P.

Carton imprimé

Madame Boret
Madame Laverdier
recevront à l'occasion des fiançailles de leurs enfants
Colette et Jean-Charles
le samedi 11 juin 1985 à partir de 17 heures.

12, bd Bressaud   R.S.V.P.
44000 Nantes

Colette Boret et Jean-Charles Laverdier
recevront à l'occasion de leurs fiançailles
le samedi 11 juin, à partir de 17 heures.

12, bd Bressaud 44000 Nantes   R.S.V.P.

Réponse sur carte à une invitation

Acceptation

Madame Léonie Duchart
remercie Madame Simone Barraud de son aimable invitation à laquelle
elle sera très heureuse de se rendre.

Impossibilité

Madame Pauline Hough

remercie Madame Léonetti de l'aimable invitation à laquelle elle ne pourra malheureusement pas se rendre, étant tenue de rester auprès de sa mère actuellement au lit. Elle la prie de bien vouloir l'excuser.

Réponse aux fiancés

Ma chère Marianne,

C'est avec beaucoup de joie que je me rendrai à cette réception. Merci de me fournir l'occasion d'aller t'embrasser ce jour-là pour m'associer à ton bonheur.

À bientôt.

Ma chère Lucile,

J'aurais aimé être parmi vous au jour heureux des fiançailles, mais j'ai promis depuis huit jours d'aller garder le bébé de ma voisine qui va subir un examen à l'hôpital où elle sera retenue toute la journée. Je penserai beaucoup à toi, à vous tous, ce jour-là.

Excuse mon absence. Je t'embrasse.

Réponse aux parents

Mes chers amis,

C'est avec plaisir que nous nous rendrons tous deux à votre réception du samedi 14 avril pour féliciter Claudette et ses parents.

Nous serons heureux de connaître le fiancé de Claudette et de retrouver de bons amis dans ce jour de bonheur.

Cordialement.

Réponse négative

Mes chers amis,

Nous sommes sincèrement désolés de ne pas être parmi les amis qui vont entourer Martine et Léopold samedi 17 mai.

Nous devons ce jour-là être à Tours pour régler la succession des parents de Michel, entrevue convenue avec le notaire depuis quinze jours et qu'il ne peut reporter.

Nous espérons que vous voudrez bien nous excuser en présentant tous nos vœux aux jeunes fiancés. Croyez à notre vive amitié.

Rupture de fiançailles

Du père de la fiancée aux parents du fiancé

Madame, Monsieur,

C'est un pénible devoir que je dois remplir auprès de vous, à la demande de ma fille, mais les dissensions qui se sont révélées ces derniers temps entre nos deux enfants m'imposent de vous en informer.

Votre fils et ma fille ont montré, l'un et l'autre, des caractères trop différents pour qu'il soit raisonnable d'envisager un mariage auquel manquerait l'harmonie indispensable. Le mieux est donc de renoncer à cette union qui ne nous satisferait pas. Claudette et François en sont conscients et ont souhaité demeurer amis. De notre côté, nous aimerions que les relations de nos deux familles ne soient pas altérées par ce revirement qui représente une solution de bon sens et d'honnêteté.

Avec tous mes regrets, je vous prie d'agréer, Madame, Monsieur, l'expression de nos sentiments respectueux.

De lui à elle

Marie-Paule,

Tu sais comme nos relations ont changé. Il ne faut plus le cacher. En présence l'un de l'autre, notre élan du début a fait place à la gêne et quelquefois au silence. Ne soyons pas dupes de la comédie qui se prolonge. J'estime que c'est indigne de nous.

Nous allons vers quel mariage, vers quel couple ? J'ai décidé de cesser nos relations de fiancés. Il faut en prendre la responsabilité : plus tard serait peut-être trop tard. Laissons le temps, l'oubli, avant de nous revoir. Je ne t'en veux pas, comprends-moi.

Dis-moi ce que tu en penses.

Je t'embrasse.

Remi

D'elle à lui

Olivier,

Tu m'avais demandé d'être ta femme et j'avais dit oui. Depuis, j'ai beaucoup réfléchi et j'estime honnête et digne de revenir sur cette promesse. Nos querelles nées de dissentiments sur toutes sortes de choses, quelquefois des vétilles, vont devenir des disputes. Je ne veux pas le supporter. Je ne veux pas te faire de mal et je vois que notre association est mal engagée.

Cessons de nous rencontrer. Mon sursaut va peut-être t'étonner, mais il est réfléchi. Nos goûts ne sont pas concordants, spécialement en ce qui concerne la vie que nous mènerions, les sorties, les enfants ; tout cela tu le sais. Je n'ai pas envie d'aboutir au divorce, je prends trop le mariage pour l'affaire la plus importante de l'existence.

Je relis cette lettre. Il m'a fallu du courage pour l'écrire, tu sais. Ne me crois pas mauvaise, je suis très malheureuse. Laisse-moi en paix.

Je t'embrasse.

Avis dans la presse

Contrairement à ce qui avait été annoncé, le mariage de Mlle Liane Decourt et de M. François Le Guélec n'aura pas lieu le 14 avril.

Pour des raisons de convenances personnelles, le mariage projeté de Mlle Caroline Durand et de M. Jean-Philippe Estaut n'aura pas lieu.

Par carte

M. et Mme Paul Nistard

ont le regret de vous faire savoir que les fiançailles de leur fille Laurence avec M. Pierre Desroches ont été rompues d'un commun accord.

Annonce de rupture à la famille ou aux amis

Ma chère tante, mon cher oncle,

Cette lettre va peut-être vous surprendre, mais la nouvelle est pour nous raisonnable : Léonard et Christiane ont décidé de rompre leurs fiançailles.

D'accord sur cette décision, lucides, ils ont compris qu'ils s'engageaient sur un mauvais chemin. L'amour du début, réel sans doute, n'a pas résisté aux différences de goûts qui se sont manifestées. Nous pensons qu'il n'y a pas lieu d'avoir des regrets ou de l'amertume. Léonard nous a dit tout cela avec sérieux, sans d'ailleurs accabler Christiane. Il semble mûri par cette expérience, mais non désespéré.

Nous vous embrassons affectueusement.

15
Mariage

Demande en mariage

Françoise,

Tu sais comme je te suis attaché et peut-être n'as-tu pas perçu jusqu'où va le sentiment que j'ai pour toi. Je le confie à cette lettre qui me rend moins timide que ta présence. Je te le dis du fond du cœur, Françoise, c'est avec toi que je voudrais vivre. M'accepterais-tu comme compagnon de vie, comme mari ? Tu sais ce que je suis, la vie qui s'offre à nous. Dis-moi que tu me supporterais. Voilà ce qu'il fallait que je te dise depuis quelque temps et que je n'osais pas formuler. Françoise, j'attends ta réponse avec toute mon impatience. Parce que je t'ai imaginée ici, j'ai rêvé de ta présence, c'est-à-dire du bonheur, pour toujours.

À toi.

Réponse favorable

Mon cher Fred, mon chéri,

Oui, je te dis oui : ta lettre a fait de moi une femme heureuse. Tu as reconnu ma tendresse, tu sais que je t'aime. J'ai eu quelquefois peur que tu t'éloignes et ta lettre me rassure, nous allons vivre tous les jours ensemble. Tu n'avais pas à douter de mon accord, de mon amour. Je tiens ta lettre, la lettre que j'attendais.

Fred, je t'aime, devant ce bel avenir.

Tendrement à toi.

À une amie d'enfance

Chère Delphine,

Tu sais que je vis seul, bien trop seul et que je suis heureux chaque fois que nous pouvons nous rencontrer et bavarder. Bien que nous n'ayons plus grand-chose à découvrir l'un de l'autre, je dois avouer que notre camaraderie a cessé et que je me sens ému devant toi, de plus en plus. J'éprouve, en pensant à toi, une tendresse que je ne peux réprimer. Delphine, je voudrais être pour toi plus qu'un ami, je voudrais t'offrir, pour vivre ensemble, de nous marier. Tu éclairerais ma maison et c'est pour moi l'espérance du bonheur. J'ai cru percevoir que toi aussi tu n'avais plus les mêmes yeux à mon égard. Tu vas me répondre bien vite, Delphine ; comprends mon impatience.

Ton

Guy

Réponse hésitante

Mon cher Guy,

Étonnée par ta lettre, je ne sais qu'y répondre. Je connais ton amitié, tu connais la mienne. De cela nous ne pouvons douter. Guy, tu es mon meilleur ami. Ne me pousse pas à un choix auquel je ne suis pas préparée. Cette lettre de toi me prête un sentiment que je n'ai pas senti assez fort en moi. L'avenir nous dira si l'estime, l'amitié peuvent préparer aux jours heureux. je n'en suis pas encore assez sûre.

Guy, ne crois pas que je m'éloigne. Je ne voudrais surtout pas que ces deux lettres changent nos rapports.

Je te verrai bientôt.

Affectueusement.

Réponse négative

Cher Guy,

Ta lettre est là et j'hésite avant de t'écrire. Tu es un véritable ami, que je ne veux pas perdre. Tu es franc, je vais m'efforcer de l'être aussi. En te confiant un secret que mes proches ne font que soupçonner. J'aime un homme que je considère comme un fiancé ; ne m'en demande pas plus. J'ai trop d'estime pour toi, je préfère donc que tu saches que mon cœur est pris, comme disent les romans. Je ne savais pas que tu irais jusqu'à cette lettre. Peut-être y a-t-il eu de ma faute.

Il serait préférable que nous espacions nos rencontres ; et je le regrette.

Ne m'en veux pas.

À *une veuve*

Chère Marie-Thérèse,

Vous êtes, vous le savez, mon amie très chère et je sais avec quelle dignité, quel courage vous avez vécu les années que la disparition de Pierre ont rendues difficiles. Vos deux fils sont maintenant installés, comme mon ami l'aurait souhaité.

Vous avez eu la gentillesse de me demander conseil pour les difficultés de la vie quotidienne et j'ai appris, auprès de vous, la valeur de votre cœur généreux. Ces relations ont vu apparaître chez moi un sentiment que je ne peux plus vous dissimuler. Marie-Thérèse, mon souhait est que vous partagiez ma vie. Je le désire un peu plus chaque jour parce que j'ai apprécié vos qualités et la noblesse de vos sentiments.

Je ne sais comment vous accueillerez ma demande, mais croyez bien qu'elle est faite d'un cœur sincère qui voudrait vous rendre heureuse.

Je ne remplacerai pas Pierre, je le sais. Mon vœu est d'être le compagnon attentif de vos jours, de vos joies et de vos peines. Je sais que vos fils m'estiment, mais je comprends que vous leur demandiez aussi leur sentiment sur cette grave décision.

Quoi que vous décidiez, Marie-Thérèse, laissez-moi être votre ami fidèle.

Olivier

Réponse favorable

Cher Olivier,

Votre lettre m'a ému, très fort, et m'a convaincu. Je crois bien que je l'étais déjà aux trois quarts. J'ai senti comme vous naître un sentiment plus tendre que la simple amitié. Depuis la disparition de Pierre, je vous ai eu pour me consoler d'abord, pour m'assister souvent. La pensée que mes fils vous sauront là, toujours là, m'est bienfaisante ; je le sais, ils me l'avaient dit un jour, en manière de plaisanterie.

Olivier, je suis heureuse de votre lettre. la solitude est souvent un désarroi et moi je vous ai. Je n'oublie pas que Pierre fut notre lien, il vous aimait beaucoup et vous estimait.

Il me semble que la route est plus sûre. Je vous attends.

Marie-Thérèse

Réponse négative

Cher Olivier,

La délicatesse de votre lettre m'a bien touchée. Vous évoquez Pierre et vous avez bien raison. Celui qui fut mon compagnon, mon mari, je ne peux l'effacer. Il était votre ami et aurait je crois compris votre lettre. Mais pour moi je suis incapable de répondre à vos sentiments dans l'état de mes pensées.

Olivier, comprenez-moi, le souvenir de Pierre je ne veux pas le détruire. Aux enfants je ne dirai rien, afin que l'image de leurs parents demeure intacte.

Et je tiens à votre amitié qui sait se montrer si douce, si attentive. Ne m'en privez pas.

Affectueusement, votre amie   Marie-Thérèse

À une amie, pour lui demander d'être témoin

Chère Sylvette,

Tu vas me faire un grand plaisir ; c'est en acceptant d'être témoin de mon mariage, le 3 octobre à Reims. Notre amitié est si solide que tu me manquerais si tu n'étais pas près de moi ce jour-là.

Alors, c'est dit, tu acceptes ?

Vite, un mot. Je t'embrasse.   Édith

Réponse

Ma chère Édith,

C'est entendu, je serai là, témoin du « oui » que tu vas prononcer. Tu me fais bien de l'honneur, tu m'intimides, et je t'en remercie.

Dis à Georges que je fais tous mes vœux pour que ce témoignage devant monsieur le maire soit celui d'un ménage heureux.

Tu me donneras des détails sur ce rôle nouveau et sur la cérémonie.

Crois à mon amitié. Je t'embrasse.   Sylvie

Demande à un témoin possible

Cher Monsieur,

Vous êtes au courant de mes fiançailles et je sais que vous avez manifesté votre sympathie à mes parents en cette occasion. C'est qu'aujourd'hui j'ai une faveur à vous demander. Accepteriez-vous d'être le témoin de mon mariage ? J'en serais très honoré. Considérant le mariage comme un des actes les plus importants de ma vie, ma joie serait de savoir qu'en plus vous êtes à mon côté ce jour-là.

Mes parents se joignent à moi pour vous présenter l'assurance de sentiments respectueux.

Réponse favorable

Chère Patricia,

Vous ne pouviez me faire un plus grand plaisir. C'est entendu, je serai le témoin de votre union. Comment résister à votre sourire, à la gentillesse que j'ai toujours appréciée chez vous chaque fois que je rendais visite à vos parents ?

C'est accompagné de tous mes vœux de bonheur que vous allez partir sur le même chemin, Hervé et vous. À mon âge, il est bien doux de témoigner de cela.

Croyez à mes sentiments les plus affectueux.

Réponse négative

Chère Patricia,

Votre demande m'a fait chaud au cœur. Vous avez pensé à moi et j'en suis très honoré. Cependant je dois vous dire tout de suite que malgré mon désir de vous faire plaisir, il ne me sera pas possible d'être auprès de vous, de votre famille heureuse, le jour de votre mariage. Je dois être ce jour-là, et les suivants, à Toulouse, au congrès des industries aéronautiques auquel j'ai promis ma participation depuis deux mois. Croyez bien que j'eusse préféré le spectacle d'une union charmante aux discussions sur les turbocompresseurs.

Chère Patricia, j'en suis désolé, mais mes pensées amicales vous accompagneront au jour de votre mariage.

Votre

Demande à un prêtre

Monsieur l'Abbé,

Bien que vous ayez quitté notre paroisse, je ne vous ai pas oublié. je n'ai surtout pas oublié vos généreux conseils, la sérénité chrétienne dont je vous suis redevable. C'est vous qui m'avez préparée à la profession de foi. Et aujourd'hui, j'ai le bonheur de vous annoncer mon mariage prochain avec Julien Lebel. Mon fiancé, chrétien pratiquant, est employé de banque. Nous avons l'un et l'autre, une certaine idée de la vie commune, avec des enfants élevés dans notre foi, et nous serions heureux si vous acceptiez de nous unir religieusement.

Nous nous en sommes ouverts à Monsieur le Curé de ... qui serait d'accord pour concélébrer la messe à vos côtés. La date de ce mariage pourrait être un des premiers samedis d'avril, mais nous ne la fixerons qu'après votre réponse.

Dans l'attente de celle-ci, je vous prie de croire, Monsieur l'Abbé, à l'expression de mes sentiments respectueux.

Annonce du mariage à un supérieur

Monsieur le Directeur,

Je viens vous annoncer un événement pour moi important. Je suis fiancée et compte me marier en juin prochain. Je sais que c'est une période durant laquelle le travail se ralentit dans mon service. Je demande donc mon congé annuel au chef du personnel pour la même époque.

Ma situation vis-à-vis de la maison n'en sera pas changée pour cela, je reprendrai mon travail habituel au retour de mon congé, mais cette fois sous le nom de madame Jean-Louis Thierry. J'ai tenu à ce que vous soyez un des premiers à apprendre cette nouvelle.

Veuillez accepter, Monsieur le Directeur, l'assurance de mon respectueux dévouement.

Annonce du mariage avec départ

Monsieur le Directeur,

Je tiens à vous tenir au courant sans tarder de mon mariage prochain. J'épouserai Charles Tavernier, lieutenant d'artillerie, en juin, pendant mon congé annuel. Cet événement m'obligera à quitter votre société à ce moment, mon futur mari étant sur le point d'être muté en Allemagne.

Je fais dès maintenant les démarches nécessaires auprès du

directeur du personnel. Bien que je sois heureuse de ce tournant de mon existence, je ne quitterai pas sans regret une maison telle que la vôtre où j'ai toujours travaillé dans une heureuse atmosphère, où j'ai trouvé une grande bienveillance. C'est pourquoi j'ai tenu à vous informer sans tarder de mon mariage, afin que mon remplacement se fasse sans heurt.

Je vous prie de croire, Monsieur le Directeur, à ma reconnaissance et à mes sentiments respectueux.

Réponse du supérieur

Chère Mademoiselle,

Je vous adresse tous mes compliments pour l'heureuse nouvelle. Sensible au fait que vous m'en ayez informé sans tarder, ce qui va me permettre de prendre toutes dispositions pour envisager votre remplacement, je tiens cependant à vous dire que je regretterai sincèrement la collaboratrice que vous êtes. J'ai pu apprécier vos qualités d'ordre, de diligence qui ont été si efficaces dans notre maison. N'ayant eu qu'à me louer de vos services, je vous souhaite tout le bonheur que vous méritez.

Recevez, chère Mademoiselle, mes vœux les meilleurs.

Demande de dispense de publication pour le mariage civil
(à adresser au procureur de la République de la sous-préfecture dont dépend la mairie où doit être célébré le mariage)

Monsieur le Procureur,

J'ai l'honneur de vous informer que je me propose de contracter mariage avec *(prénom, nom)*, née (...) à ...

Je suis né le ... à ...

Vivant maritalement avec ma future femme depuis ... années, nous sommes considérés par tous comme légitimement mariés. C'est pourquoi nous serions heureux si vous nous accordiez une dispense de publication officielle à la mairie.

Veuillez agréer, Monsieur le Procureur, l'expression de mes sentiments respectueux.

(Prénom, nom, domicile
et profession de l'expéditeur)

Faire-part de mariage

Les faire-part imprimés sont envoyés deux à trois semaines avant la cérémonie. Il est sage de prévoir largement le nombre de ces cartons pour ne pas être à court. Ce sont les parents (et quelquefois les grands-parents) qui informent du mariage de leurs enfants. Les remariages sont annoncés par les époux eux-mêmes. Les mariages intimes sont annoncés après la cérémonie. On n'emploie jamais les mots « veuf » ou « veuve » sur ces faire-part. On peut mentionner les titres, grades militaires ou décorations, mais non la profession.

a) pour un mariage religieux

Madame Mercier,	Maître Roger Dupont
Monsieur Jean Lobeau,	et Madame Dupont
chevalier de la Légion	
d'honneur	
et Madame Lobeau	
ont l'honneur	ont l'honneur
de vous faire part	de vous faire part
du mariage	du mariage
de Jean-Loup Lobeau	de Lucette Dupont
leur petit-fils et fils,	leur fille,
avec	avec
Mademoiselle Lucette Dupont	Monsieur Jean-Loup Lobeau
(adresse de la grand-mère,	*(adresse des parents)*
adresse des parents)	

et vous prient d'assister à la messe de mariage
qui sera célébrée le jeudi 18 septembre à midi
en l'église Saint Jean-Baptiste de Rethel.

(à la place des trois dernières lignes, on peut mettre :)

Lucette et Jean-Loup
échangeront leur consentement au cours de la messe
de communion qui aura lieu le jeudi 18 septembre
à midi en l'église Saint Jean-Baptiste de Rethel.

Les cartons peuvent être séparés (ils seront néanmoins envoyés ensemble, celui de la famille expéditrice étant placé dessus).

Dans une invitation à un mariage, la question des cadeaux n'a pas à être évoquée par ceux qui invitent (fiancés ou parents). Cela doit être laissé à l'initiative des invités qui, par téléphone, demanderont s'il existe une « liste de mariage » ou ce qui plairait au jeune ménage.

Monsieur Philippe Dessaux,
Monsieur Jean-Louis Colin
et Madame Anne Colin

ont l'honneur de vous faire part du mariage
de leur petit-fils et fils Régis Colin
avec Mademoiselle Virginie Thiriat
et vous prient d'assister à la bénédiction
nuptiale qui leur sera donnée par le
Père Jean Grouselle, oncle de la mariée,
le jeudi 8 octobre 1986
en l'église de Verdier-le-Château (Aube)

(adresse du grand-père,
adresse des parents)

b) pour un mariage civil, la mention finale sera :

Cette union sera célébrée le mercredi 14 mars 1985 à
11 heures à la mairie du IXe arrondissement de Paris.

c) pour un mariage mixte, la mention finale sera :

La bénédiction nuptiale leur sera donnée par le Pasteur
Despoix et le Père Garnier en l'église de Sévignacq-Thèze (Pyrénées-
Atlantiques), le samedi 28 octobre 1987 à 11 heures.

d) mariage célébré dans l'intimité

Monsieur Jacques Dujardin, chef d'escadron Madame Lucie Dujardin	Monsieur et Madame Émile Valat
	Monsieur Edmond Valat Madame Laure Valat
ont l'honneur de vous faire part du mariage de Monsieur Robert Dujardin, leur fils, avec Mademoiselle Florence Valat	ont l'honneur de vous faire part du mariage de Mademoiselle Florence Valat, leur fille, avec Monsieur Robert Dujardin

La bénédiction nuptiale leur a été donnée
dans l'intimité le 4 mars 1984 à Grasse.

(adresse des parents)   *(adresse des grands-parents)*
                                            (adresse des parents)

e) pour un remariage

Benjamin Escoubes et Claire Bret
sont heureux de vous faire part de leur mariage qui sera
célébré le samedi 17 mai 1984 en l'église Saint-Martin de
Romillé (Ille-et-Vilaine).

(adresse de monsieur)   *(adresse de madame)*

Monsieur Étienne Vaillant et Madame, née Céline Réthan
ont l'honneur de vous annoncer leur mariage célébré le
12 février 1986 dans la plus stricte intimité.

(adresse du jeune ménage)

Dans les journaux

On nous prie d'annoncer le mariage
de Mlle José Verdier
fille de M. Ernest Verdier et de Mme, née Lesaur
avec M. Rodolphe Durelle
fils de M. Pierre Durelle et de Mme, née Bosquet,
qui sera célébré le samedi 30 mars 1987
à 11 heures en l'église de Vertus (Marne)

(adresse de la première famille,
adresse de la seconde famille)

M. et Mme Jean Heurtier
M. et Mme Georges Larrouy
ont la joie de vous annoncer le
mariage de leurs enfants
Gisèle et Boris
qui aura lieu le mardi 22 juin 1989
à 16 heures à la mairie de Bracieux (Loir-et-Cher)

(adresse de la première famille,
adresse de la seconde famille)

Denis Frichet   Colette Grouselle

vous invitent à vous associer
à leur union qui sera célébrée
le samedi 4 avril 1981 à 16 heures
en l'église de Sézanne (Marne).

(adresse de Denis)   *(adresse de Colette)*

M. Patrice Jousquin
Mme Clarisse Douveau ①
ont la joie de vous faire part
de leur mariage célébré dans l'intimité
le samedi 1er juillet 1990 à Paris

(adresse)

Carton d'invitation au lunch
Ce carton pourra être joint aux faire-part. Seules les mères invitent.

Madame Louis Duverrier
Madame Paul Rondy ②
recevront après la cérémonie
de 17 à 20 heures.

Hôtel Mondia
7, route de Bouzy
51200 Épernay   R.S.V.P.

Invitation au mariage

Ma chère Valérie,

Voici l'annonce officielle de mon mariage, mais j'y ajoute
un mot. Nous comptons, Olivier et moi, sur ta présence toute cette
journée du 20 mai. Tu es l'invitée de la famille. Nous avons l'intention, pour le cortège (cela existe encore dans notre province) de
t'offrir le bras de Serge Bazelaire, étudiant à Centrale, qui a le même
âge que toi. Tu seras logée le soir chez ma tante Claire, ne t'en
préoccupe donc pas. Si tu veux d'autres précisions, écris-moi ou
téléphone le soir au 44.57.31.67.

Nous sommes dans tous les préparatifs et je suis heureuse.
Un petit mot pour me dire que tu acceptes.

Je t'embrasse.

---

① On peut ne pas mettre M. et Mme.
② Il n'est pas incorrect de mettre :
  Madame Cécile Duverrier
  Madame Paulette Rondy

Du fiancé à un ami

Mon cher René,

Les événements se dessinent : avant de t'envoyer le faire-part qu'on va nous livrer, je tiens à te dire tout de suite que nous comptons sur toi pour nous consacrer ta journée du 12 mai afin d'assister à mon mariage. Te prévenant assez tôt, je pense que tu as assez de temps pour solliciter ce congé.

Tu pourras arriver quand tu veux, ton logement est prévu. Tu ne voudrais pas que je m'embarque dans une vie nouvelle sans l'appui de ton amitié, le réconfort de ta présence.

Dans ce jour important, je compte donc sur toi. Il y aura beaucoup de jeunes de ton âge.

Avec mon amitié.

Réponse favorable

Mon vieux,

Merci de ta lettre et de ton invitation. Je serai là en ce beau jour du 14 mai, heureux de t'assister et de t'admirer au bras de Lise qui sera ravissante, j'en suis sûr. Heureux homme !

Déjà je te souhaite du soleil, des flots de tulle et d'affection.

Avec ma fidèle amitié.

Réponse négative

Cher vieux,

Ta lettre m'a fait grand plaisir et amené un grand regret. Toi, le vieil ami de toujours, tu vas partir avec Lise et je ne serai par là pour vous apporter mes vœux. C'est deux jours avant que je suis envoyé en Allemagne par le directeur de ma maison pour un marché important. Je lui en ai parlé : impossible de différer.

J'étais heureux d'aller à ton mariage, car je savais bien que tu m'y convierais. Excuse donc mon absence en ce beau jour. Présente mes amitiés à la jeune épousée.

Avec tous ses regrets, ton fidèle

De la mère de la mariée

Chers amis,

C'est le 4 avril que Florence se marie. Je serais très heureuse que vous acceptiez d'être de nos invités ce jour-là. La cérémonie religieuse se fera à la chapelle Sainte-Lucie, non loin de la maison, à 11 h 30.

Surtout, ne cherchez pas d'excuses : nous comptons sur vous, et Florence surtout qui a bien insisté.

Bertrand est parfait et cela augure bien de l'avenir de notre fille. Je suis heureuse ; mais c'est le même jour qu'elle va nous quitter. Pourvu que je réprime la larme que je sens monter. Vous serez là, nous ne serons pas tout à fait seuls après. Naturellement, vous serez logés à la maison tous les deux.

Croyez à ma fidèle amitié.

Réponse favorable

Bien chers amis,

Votre lettre si gentille nous a un peu rajeunis. Eh oui, nous aussi nous avons vu nos deux enfants partir, rayonnants, vers leur destin, et ils sont heureux. Il en sera ainsi de Florence (Bertrand a fait une très bonne impression à mon mari quand ils se sont vus).

Nous acceptons de grand cœur d'être avec vous pour ce mariage. C'est au cours de belles journées de ce genre que l'amitié se resserre.

À bientôt donc. Acceptez nos amitiés tous les trois, tous les deux.

Réponse négative

Mes chers amis,

Nous aurions aimé être près de vous pour ce grand jour, pour féliciter les époux et confier nos vœux à Florence. Mais il est probable que nous ne le pourrons : Edmond a de l'hypertension depuis quelques jours. Le médecin lui ordonne un repos complet d'un mois et un régime alimentaire assez sévère. Vous savez que je ne conduis pas la voiture (d'ailleurs, je ne serais pas venue sans Edmond), alors il ne faut pas envisager notre venue le 14 mai. L'un et l'autre aurions aimé vous retrouver, parce que cela arrive trop rarement, et embrasser Florence.

Croyez à nos regrets. Nos meilleures pensées seront avec vous, avec tous les vôtres, au grand jour qui s'annonce.
Avec nos amitiés.

Réponse à une carte d'invitation
(Sur carte de visite, à la suite de la mention R.S.V.P.)

M. et Mme Jean Hoffmann

remercient Madame Leclerc de son aimable invitation et seront heureux de féliciter Laurine et Romain.

M. et Mme Pierre Doury

remercient Mesdames Beaurand et Lordet de leur aimable invitation à laquelle ils seront particulièrement heureux de se rendre.

Mme Georgette Bordet

désolée d'être retenue, prie Madame Régnard de bien vouloir l'excuser, et présente ses vœux sincères aux nouveaux époux.

M. et Mme René Vincent

remerciement Monsieur et Madame René Picquet de leur aimable invitation à laquelle il ne leur sera pas possible de se rendre en raisons d'obligations familiales auxquelles ils ne peuvent se soustraire. Ils les prient de bien vouloir les excuser et transmettent leurs vœux sincères de bonheur aux jeunes époux.

RÉGIMES MATRIMONIAUX

Le régime de la communauté d'acquêts est le régime prévu par la loi pour les époux qui n'ont pas de contrat de mariage.

Chacun a ses biens personnels : ce qu'il avait avant le mariage et ce qu'on lui donne pendant le mariage (héritage, par exemple).

La communauté possède tout ce qui a été acquis pendant le mariage.

Le régime de la séparation de biens (sans communauté) et **le régime de la communauté universelle** (aucun bien personnel) sont garantis par un contrat passé devant notaire. Ils présentent des variantes.

Il est possible de changer de régime durant le mariage.

D'un supérieur

Cher Monsieur,

C'est avec plaisir qu'avec ma femme je me rendrai à votre aimable invitation, pour assister à la cérémonie qui va vous parer d'un nouveau titre et vous charger de nouvelles responsabilités.

Je vous prie de présenter mes compliments à votre fiancée.

Avec mes sincères félicitations à vos parents et à vous-même.

Réponse négative

Cher Monsieur,

J'aurais été heureux de partager un peu votre bonheur en ce jour du 27 avril. Malheureusement, des obligations professionnelles m'en empêchent et je le regrette beaucoup.

Vous remerciant de la pensée que vous avez eue pour ma femme et pour moi, je vous adresse tous mes vœux de bonheur ainsi qu'à Mademoiselle Legris.

Le personnel et moi-même serons heureux de vous accueillir, avec votre femme, à un cocktail que nous préparons pour votre retour, le 11 mai à 16 heures.

Veuillez croire, cher Monsieur, à mes sentiments les meilleurs.

Félicitations aux époux. Envois de fleurs

Par télégramme

Pour vous deux tous nos vœux de bonheur. Louis Cellier.

Vœux affectueux pour une longue vie heureuse. Catherine.

Avec vous de tout cœur. Tous nos vœux aux heureux mariés. Fabien et Simone.

Soyez heureux, heureux longtemps, heureux toujours. André Sézanne.

Vœux sincères et vives félicitations. Paquet.

Vive la mariée. Vive le marié. Mathieu.

Félicitations par lettre

Mon cher Marcel,

C'est avec tristesse que je me vois obligé de renoncer au plaisir d'assister à ton mariage samedi prochain. Mon père vient d'avoir une attaque d'hémiplégie et il ne comprendrait pas que je ne sois pas auprès de lui.

Je tiens à te dire ici tous les vœux bien sincères que je forme pour ton bonheur et celui de la charmante Roseline à laquelle je te prie de transmettre mes hommages et mes félicitations. Vogue vers le bonheur, heureux homme !

Mon excellent souvenir à tes parents. Dis-leur mes regrets. De tout cœur avec vous.

Remariage

Une mère seule, ou un père seul, qui a des enfants âgés et qui a l'intention de se remarier peut éprouver en cette occasion l'envie de se justifier, d'obtenir un assentiment.

D'une mère à son fils

Mon cher Daniel,

Je ne sais comment tu vas accueillir ma lettre, cette lettre que je t'écris en hésitant, mais la conscience tranquille.

Tu sais que, seule à la maison depuis des années, j'ai apprécié la sollicitude de Claude Vignaud, l'ami de toujours de la famille, discret et utile. Il m'a souvent tiré de beaucoup de difficultés ; il est attentif et, pour moi, rassurant. Tu es loin, ta vie se dessine et je n'ai que lui pour soutien immédiat. Il y a quelques jours, Claude m'a demandé d'être sa femme et, percevant bien que notre amitié avait évolué, j'ai accepté.

J'espère que cette décision ne changera pas nos relations. Tu connais Claude et il t'apprécie beaucoup. Il n'a nullement l'ambition de remplacer ton père. Je vois en lui le bon compagnon qui brise ma solitude, qui rajeunit mes pensées et allège une existence de femme seule.

Je t'embrasse, mon cher Daniel, de tout cœur.

Réponse favorable

Maman chérie,

Je te réponds tout de suite et je le fais sans retenue. Tu as raison. Que tu sois seule me gênait. Tu as fait une heureuse rencontre, pourquoi en éprouverais-je de l'amertume ? Je saurais que désormais tu n'es plus dans la pesante solitude des jours, quand les années passent ; et je m'en réjouis.

Ce qu'il faut, pour me faire plaisir, c'est que tu m'invites pour que je fasse mieux connaissance avec ton compagnon, avec la nouvelle atmosphère de ton foyer.

Tendrement, je t'embrasse.

D'un père à sa fille

Ma chère Bernadette,

Tu connais Alice Descout que tu as rencontrée deux fois chez les Mortier. Elle est une amie charmante qui m'a fait oublier la période qui a vu se briser mon ménage et le départ de ta mère.

Je ne suis pas très doué pour la solitude, tu le sais. Après avoir bien réfléchi (et tu étais un de mes principaux soucis dans cette réflexion), j'ai demandé à Alice si elle accepterait d'être ma femme. Elle a accepté tout de suite car nous nous aimons, tu l'as deviné.

Qu'en penses-tu, Bernadette ? Me comprends-tu ? J'ai le sentiment que tu trouveras en elle une amie ; elle ne veut pas être autre chose. Tu devines que je suis impatient d'avoir ta pensée.

Je t'embrasse, chère Bernadette, de tout cœur.

Réponse défavorable

Mon cher papa,

Je me doutais bien un peu de ce que tu m'annonces. C'était assez visible, bien que je ne t'en aie jamais parlé. Et je ne voulais pas t'en parler parce que je n'ai pas oublié dans quelles conditions Alice Descout s'est séparée de son mari. Elle n'a pas été très chic, tu le sais, acceptant allègrement que son enfant aille au père. Elle est libre, n'est-ce pas ce qu'elle cherchait ? Elle est charmante, c'est vrai, attentive, cultivée et je comprends que tu aies été séduit. Je redoute chez elle un peu de légèreté et d'inconstance. J'aurais souhaité pour toi une compagne disons plus « solide ».

Cela dit, et dit avec sincérité, tu restes libre de ton choix et de ta vie. C'est, si tu te maries avec Alice, la dernière fois que je manifesterai ces retenues, je t'en donne l'assurance. Tu mérites d'être heureux.

Je t'embrasse.

Cadeaux de mariage

Ma chère Line,

Ton grand jour doit bien t'occuper. Pour vivre à deux, il faut penser à beaucoup de choses. Je voudrais te faire plaisir en offrant quelque chose d'utile au ménage qui s'annonce. Peut-être as-tu préparé une liste ; dans ce cas, tu me la communiques et je te donne aussitôt ma réponse.

Sinon, choisis : appareil ménager, linge de table ou meuble. Si tu as même envie de quelque chose d'extraordinaire, dis-le à ta marraine, d'accord avec François.

J'ai tant envie de vous aider à être heureux.

Mon mari se joint à moi pour t'embrasser bien affectueusement.

Remerciements à une parente

Ma chère marraine,

Tu es la meilleure des marraines. Nous recevons la bibliothèque anglaise que tu as choisie et elle trône dans notre salon. Olivier va pouvoir ranger ses livres qu'il lui coûtait de savoir dans des cartons. C'est notre meuble le plus chic ! Tu viendras le voir un de ces jours.

Je suis heureuse chaque jour, tu sais, et tu embellis encore notre nid.

Olivier et moi nous te remercions de tout cœur et nous t'embrassons très affectueusement.

Remerciements à une personne étrangère à la famille

Chère Madame,

Vous avez eu une idée charmante et qui nous touche beaucoup. Cette nappe et ses serviettes vont égayer notre salle à manger naissante. Nous vous évoquerons à chaque jour de fête, chaque fois que nous aurons des amis autour de notre table. Et nous espérons aussi qu'un jour vous vous déciderez à venir nous voir pour essayer une de ces jolies serviettes.

Avec tous nos remerciements, veuillez croire, chère Madame, à l'expression de mes sentiments les meilleurs.

À un cousin ou un ami

Cher Michel,

Il aurait fallu que tu nous voies, Claudette surtout, recevant et ouvrant ce colis : la cafetière électrique « espresso » que nous désirions (on en était réduit à boire du « soluble » !) et par là-dessus ta carte, mon vieux Michel !

Si tu avais été là, Claudette t'aurait sauté au cou ! Tu nous as comblé de joie et je t'en remercie très vivement.

Claudette se joint à moi pour y ajouter ses pensées les plus affectueuses.

Quand viens-tu y goûter à ce café ?

À un supérieur

Monsieur,

Votre cadeau sera l'ornement de notre logis. Ma femme et moi vous en remercions sincèrement, car c'est une des plus agréables surprises qui nous attendaient en ce jour magnifique.

Croyez que nous sommes sensibles à ce témoignage qui ne fera que renforcer les liens qui nous attachent à vous.

Nous vous prions de croire, Monsieur, à nos sentiments respectueux.

À une amie pour lui annoncer une vie en commun

Chère Marie-Anne,

J'ai pris une grande décision : dans quelques jours, je déménage de mon petit studio au 4ᵉ étage pour aller chez Fabrice. J'ai le cœur qui bat, tu sais, mais je suis cependant assez calme. Tu sais ce qu'était ma vie, je courais, avec des rendez-vous à la sauvette, des prétextes à fournir aux parents, des soirées vides. Nous serons maintenant l'un à l'autre, sans calculs, heureux.

J'avais bien un peu d'hésitation : la vie d'un ménage, je ne la connais pas. Tu connais mes talents limités de cuisinière. Et puis il y avait les parents : comment allaient-ils réagir ? Je leur ai annoncé hier. Papa a rouspété : Cela ne se fait pas ! Que vont dire les amis ? Mais maman a assez bien compris. Je crois même qu'il y a un peu de complicité de son côté.

Je vais leur montrer que je suis heureuse et c'est tout ce qu'ils souhaitent.

Quand viens-tu nous voir ? Je t'embrasse.

(adresse, téléphone)

On n'a pas légalement le droit d'ouvrir le courrier de son conjoint.

16
Profession

La recherche d'un emploi commence souvent par la lecture des
« Offres d'emploi » ou par la rédaction d'une petite annonce destinée
aux « Demandes d'emploi » dont voici quelques exemples.

Demandes d'emploi par annonces dans un journal

J. homme lib. serv. militaire, cherche place mécanicien
auto, région Châteauroux. Durouet 4 rue des Lilas, La
Plasie 53600.

Dame 35 ans références, cherche place vendeuse toutes
branches. Écrire journal n° 472.

Secrétaire bilingue allemand, libre, cherche place assurances, publicité, édition. J. Servod 42, place Nungesser
75009 Paris.

Comptable confirmé 40 ans, gde expér. cherche place ds
société. Arnaut 118 Résidence Mermoz 13260 Cassis.

Dame agréée, 50 ans, garderait enfants chez elle de 9 h à
19 h. Tél. 45.44.22.07.

Demandes d'emploi par lettre

Monsieur,

J'ai appris par un voisin que le poste de gardien de nuit allait
être vacant le mois prochain dans vos entrepôts de Darcourt, et j'ai
l'honneur de solliciter cette place.

Je suis un ancien sous-officier de la marine, sportif, et suis
actuellement magasinier au garage Tourret qui va se réinstaller loin

de mon domicile. Âgé de 43 ans, je serai libre à la fin du mois prochain. Si vous consentez à me convoquer à vos bureaux, je vous apporterai les certificats et pièces concernant ma carrière :

- brevet élémentaire en juin 1961,
- admission dans la marine nationale en 1962,
- second maître en 1964,
- premier maître (équivalent d'adjudant) en 1968, à la retraite en 1974,
- magasinier depuis cette date,
- moniteur de judo au Club Tarbais.

Veuillez agréer, Monsieur, l'expression de mes sentiments respectueux et dévoués.

Autre demande

Monsieur,

Apprenant que vous recherchez actuellement deux conducteurs d'engins pour vos chantiers, j'ai l'honneur de vous présenter ma candidature.

J'ai 25 ans, je suis célibataire et libéré de mes obligations militaires. Je possède le permis poids lourds et le C.A.P. de conducteur pour grues et bulldozers. Je suis en bonne santé. Actuellement employé par une agence de travail intérimaire, je ne serai libre que dans une semaine. Pour le rendez-vous que vous me fixeriez afin de voir ensemble les conditions de travail qui me seraient faites, je peux obtenir une demi-journée de congé. Vous pouvez me téléphoner au 45.54.76.29, poste 208, pendant les heures de travail.

Veuillez agréer, Monsieur, l'assurance de mes meilleurs sentiments.

Réponse à une offre d'emploi

Monsieur,

Me référant à l'offre d'emploi parue dans le « Courrier du soir » du 4 avril 1984, je vous propose ma candidature.

Je suis soudeur depuis 12 ans dans l'entreprise Jacotot de Poissy qui va fermer ses portes. Je possède un C.A.P. de forge et tournage et un brevet de technicien en soudure. J'ai 35 ans et suis marié avec un enfant. Je dispose de mes matinées pour la recherche d'un emploi et pourrais donc me rendre à une convocation de votre part ; j'apporterai mes certificats.

Dans l'attente d'une réponse favorable, je vous prie d'agréer, Monsieur, mes salutations distinguées.

Réponse favorable

Mademoiselle,

Après étude des références reçues de diverses postulantes à l'emploi proposé, j'ai retenu votre candidature et je serais heureux d'aborder avec vous les détails d'une collaboration possible. Je vous recevrai à mon bureau lundi prochain à 14 heures.

Je vous prie d'accepter, Mademoiselle, mes salutations distinguées.

Réponse à une demande d'emploi

Madame,

Je cherche actuellement une secrétaire pour me seconder dans mon travail et votre annonce m'intéresse particulièrement. J'aurais besoin d'une secrétaire dactylo travaillant à mi-temps (l'après-midi de préférence) pour des travaux de classement et de correspondance. Mon entreprise d'ébénisterie est de dimension modeste et ma clientèle est régionale. Un comptable s'occupe de la partie financière.

Je pense qu'un entretien nous permettrait de mettre au point les modalités de collaboration (horaires, salaire, etc.). Prévenez-moi par téléphone de votre visite.

Acceptez, Madame, l'hommage de mes salutations.

Réponses défavorables

Monsieur,

Nous avons le regret de vous annoncer que nous ne pouvons donner une suite favorable à votre demande d'emploi dans nos services, le poste offert ayant été pourvu avant l'arrivée de votre courrier.

Veuillez agréer, Monsieur, nos salutations distinguées.

Mademoiselle,

Notre personnel étant au complet actuellement, nous n'envisageons pas de nouveau recrutement. Il ne pourra donc être donné suite à votre demande et nous le regrettons.

Acceptez, Mademoiselle, nos meilleures salutations.

Demande d'attestation

Monsieur,

J'ai l'honneur de solliciter de vous une attestation qui me serait d'un grand secours. J'ai travaillé dans votre entreprise de 1978 à 1983, comme manutentionnaire. M'étant mariée, j'ai dû déménager et m'occuper de mes enfants. Aujourd'hui s'offre à moi la possibilité d'être employée par une firme proche de mon domicile. C'est pourquoi je serais heureuse d'avoir de vous une attestation de mon travail et de mon honorabilité, pièce qui me rendrait service au moment de me présenter à mon nouvel employeur.

En vous exprimant mes remerciements, je vous prie d'agréer, Monsieur, l'assurance de mes sentiments respectueux.

À une personne qui a perdu son emploi

Ma chère Monique,

J'apprends que ton entreprise licencie du personnel pour des raisons économiques et que tu es sans emploi actuellement. Je comprends le souci qui doit être le tien et j'espère que tes références vont te permettre de trouver assez rapidement un nouveau travail.

Je ne manquerai pas, si l'occasion s'en présente auprès de mes connaissances, de te signaler tout de suite les possibilités qui se découvriraient dans ce domaine. Je le souhaite de tout cœur et t'embrasse affectueusement.

D'une jeune fille cherchant un emploi

Docteur,

Madame Legris nous a appris que vous recherchiez une jeune fille, logée, nourrie, pour s'occuper des soins d'entretien de votre cabinet et introduire les visiteurs.

Disponible dès maintenant, j'ai 17 ans et habite chez mes parents à Bignicourt. Je possède un certificat de Madame Bataille chez laquelle j'ai été employée de maison pendant dix mois.

Mes parents désireraient que la rémunération offerte ne soit pas inférieure à ... francs par mois et que je leur rende visite deux fois par mois en fin de semaine.

Je pourrais me présenter à vous à la date que vous m'indiqueriez.

Dans l'attente d'une réponse favorable, veuillez agréer, Docteur, l'expression de mes sentiments dévoués.

PENSION DE RETRAITE

Il n'est jamais trop tôt pour s'en occuper, pour demander à la Caisse régionale de Sécurité sociale un relevé de compte individuel (modèle page 209). Votre caisse régionale est indiquée au tableau de la page 403.

Demande d'emploi avec curriculum vitae

De plus en plus, l'habitude se répand, pour les emplois de quelque importance, de demander un tableau des titres et de la carrière du candidat à l'emploi ; c'est le curriculum vitae.

Rédiger le curriculum vitae et la lettre de candidature qui l'accompagne est donc chose importante.

Le curriculum vitae doit être parfait, sans rature, sans faute. Comme il ne sera pas seul sur la table de la personne chargée du choix, il sera donc très clair, bien présenté, dactylographié.

Un curriculum vitae de débutant n'aura guère que les études et les diplômes à exposer, plus des stages peut-être.

Le curriculum vitae de celui qui brigue un autre emploi et a déjà une carrière entamée peut se présenter de deux manières :

a) *à la française*, en faisant défiler les études et les emplois dans l'ordre chronologique, pour finir par le dernier ;

b) *à l'américaine*, en rétrogradant, allant du dernier poste au premier et finissant par la formation (études et diplômes).

La première manière est préférable.

On évitera le remplissage en étant direct (ainsi les mentions « date de naissance », « adresse »... sont inutiles).

L'Agence nationale pour l'emploi a édité une brochure « Comment élaborer un curriculum vitae » qui est bien faite et fournit d'utiles conseils.

La lettre d'accompagnement sera écrite à la main. Certains employeurs sont sensibles à l'écriture du postulant lors de ce premier contact. Bien que les graphologues affirment qu'on ne dissimule jamais complètement son caractère sous l'écriture, on peut cependant observer des règles simples à ce sujet.

Celui qui veut faire bonne impression aura, c'est élémentaire, une écriture lisible. La lettre se présentera en lignes régulières, horizontales et aérées. L'écriture ne sera ni trop anguleuse, ni enfantine. On veillera à bien placer les accents, les barres des t (nettes et droites), à bien fermer les o et les a (qui s'écrivent normalement dans le sens contraire de la marche des aiguilles d'une montre). On éliminera les majuscules pompeuses et fantaisistes. On évitera particulièrement les d et les lettres finales à crochets rentrants (qui reviennent sur la gauche) : signe d'égoïsme, paraît-il. Il est inutile de compléter une signature par un lasso compliqué.

Lettre accompagnant un curriculum vitae

Henri Galichet   St-Étienne, le 2 mai 1987
3, rue Joffre
42100 St-Étienne
Tél. : 77.41.23.68

à Monsieur le Directeur des
Chantiers SOFIPA, quai de Pusignan
69005 LYON

Monsieur le Directeur,

Intéressé par le genre de travail que vous proposez dans *(journal)* du *(date)*, je vous adresse mon curriculum vitae et vous prie de bien vouloir accepter ma candidature au poste de ...

Je me tiens à votre disposition pour tout autre renseignement que vous voudrez bien me demander ou pour vous expliquer verbalement les motifs qui ont décidé de mon choix.

Veuillez agréer, Monsieur le Directeur, l'expression de mes sentiments respectueux.

(Signature)

P.J. : *un curriculum vitae*
      une photo

Curriculum vitae d'un jeune

Curriculum vitae de

Maurice Gaulier
42, rue Sully
94100 St-Maur-des-Fossés
Tél. : (1) 44.63.44.28

– Né le 20 juin 1966 à Grenoble (22 ans)
– Célibataire
– Libéré des obligations militaires (effectuées dans la Coopération au Mali)

171

Formation

- Études secondaires
- Baccalauréat B
- École supérieure de commerce de Lyon (1984-1987)
- Stage de 5 mois aux Magasins Europa en qualité d'assistant du directeur des ventes.
- Séjour de 6 mois en Grande-Bretagne.

Anglais : bonne connaissance ; conversation courante.
Espagnol : des notions.

Vœux

J'aimerais faire carrière dans l'organisation des ventes et des études de marché.
Aime les contacts humains.
Accepterais de faire des déplacements.
Salaire souhaité :   ... F   mensuels

Curriculum vitae d'un cadre

Curriculum vitae de

> Pierre Moutin
> 23, avenue Dupuy
> 75014 Paris
>
> Tél. (1) 43.13.47.38

- Né le 3 février 1946 (41 ans)
- Marié (14-7-1971)
  deux enfants (garçon de 15 ans ; fille de 12 ans)
- Service militaire dans les transmissions (1968-69) lieutenant de réserve

Formation :
- Baccalauréat C
- École nationale de l'aviation civile (1970-73) option « réacteurs »
- un certificat de droit administratif

Stage :
- 1 an aux usines Boeing de Wichita (Kansas-U.S.A.)

Langues :
- anglais (pratique courante, conversation, écrit)
- allemand (conversation)

Carrière : • 1976 à 1977   S.N.I.A.S. à Colombes,
adjoint au directeur des essais de turboréac-
teurs.

• 1977 à 1983   Société Turboméca à Tarbes,
chargé du contrôle de la fabrication et du
montagne des réacteurs.

• à partir de 1983   Société Aviarex (route
d'Orléans à Longjumeau),
responsable du département des pulsoréac-
teurs (72 employés).

Salaire souhaité :   ... F   mensuels

Demande d'emploi spontanée

Certaines entreprises recrutent du personnel parmi ceux qui se
sont fait connaître spontanément, sans qu'il y ait eu offre d'emploi.
Ces candidatures sont quelquefois efficaces.

Monsieur le Directeur,

Votre entreprise, par son dynamisme, jouit d'un renom
certain.

Je serais honoré de compter parmi son personnel et je me
permets de vous soumettre mon curriculum vitae.

Si vous estimez que je puis être utile à votre activité, je suis
prêt à vous rencontrer pour en discuter de vive voix.

Acceptez, Monsieur, mes salutations empressées.

(Signature)

Cette sorte de lettre dont le destinataire doit être choisi en fonction
de vos possibilités et de vos goûts, doit s'enrichir afin de montrer que
vous connaissez les productions et besoins de l'entreprise.

Surtout, ne commencez pas par parler de vous, ne dites pas que
vous avez les aptitudes pour un certain poste et ne parlez pas de
salaire.

Demande de renseignements sur un solliciteur d'emploi

Monsieur,

Je viens de recevoir Mademoiselle Julie Pesquin qui s'est
présentée pour solliciter une place de secrétaire ; elle m'a déclaré
avoir travaillé auprès de vous pendant quatre ans.

173

Pour ne pas être abusé, je me permets de vous demander ce que vous pensez de cette demoiselle et de son travail, car je me propose de confier à ma secrétaire des travaux assez délicats.

Soyez certain de mon entière discrétion quelle que soit votre réponse. Vous pouvez d'ailleurs me téléphoner si vous le désirez.

En vous priant d'excuser le dérangement que je vous cause, recevez, Monsieur, l'expression de mes meilleurs sentiments.

Autre demande de renseignements

Monsieur le Maire,

Je vous serais très obligé de bien vouloir me fournir quelques renseignements sur Monsieur Louis Trémaux qui est originaire de votre commune où il aurait travaillé chez divers cultivateurs avant de venir solliciter chez moi un emploi de magasinier.

N'ayant pu obtenir de lui un quelconque certificat, je me permets de solliciter votre opinion sur cet ouvrier (travail, honnêteté, sobriété...). Tout ce que vous me communiquerez restera confidentiel, je vous en donne l'assurance.

Avec l'expression de ma gratitude, je vous prie d'agréer, Monsieur le Maire, mes salutations respectueuses.

Réponse prudente

Madame,

Vous me demandez des renseignements sur une personne que vous désirez engager comme vendeuse.

Je dois vous avouer que je la connais peu car elle n'a fait dans notre maison qu'un court séjour d'initiation puis a manifesté le désir de partir, me disant qu'il s'agissait de considérations familiales. Elle n'était d'ailleurs chargée que d'étiqueter des articles et de réapprovisionner les rayons. Sur ses qualités de vendeuse, je ne peux donc porter un jugement valable.

Je regrette de ne pouvoir mieux vous renseigner et vous prie de m'en excuser.

Veuillez agréer, Madame, l'expression de mes meilleurs sentiments.

À une personne qui cherche une place

Mademoiselle,

Madame Lesueur, ma voisine, m'apprend que vous cherchez une place de secrétaire sténo-dactylo. Je viens d'installer un bureau d'affaires immobilières près de chez elle et je serais heureux d'employer une personne habitant la localité.

Vous serait-il possible de passer pour un entretien préalable à mon agence, de préférence le matin de 9 à 11 heures, afin que nous voyions ensemble s'il est possible de trouver un accord ?

Je vous prie de croire, Mademoiselle, à l'assurance de mes sentiments distingués.

Demande de recommandation

Monsieur,

Vous avez bien voulu me conseiller dans mes démarches de début de carrière et votre bienveillance à mon égard me rend aujourd'hui assez hardi pour vous demander un mot de recommandation auprès de Monsieur Louis Atten qui pourrait favoriser mon entrée aux Établissements Liéfort. Vous serait-il possible d'appuyer ma démarche auprès de Monsieur Atten qui est de vos amis ?

En vous priant d'excuser la liberté que je prends, je vous assure de ma gratitude.

Acceptez, Monsieur, l'expression de mes sentiments respectueux.

Recommandation

Mon cher ami,

Vous allez recevoir la visite du jeune Marcel Béné qui désirerait entrer dans votre entreprise au titre de ... C'est un jeune homme très courageux. De condition modeste, il a su conquérir ses diplômes par un travail acharné et l'on ne saurait douter de son goût pour l'effort, de son esprit entreprenant. Le connaissant depuis sa jeunesse, j'estime qu'on peut lui accorder estime et pleine confiance.

Si vous pouviez montrer quelque bienveillance à sa demande, je vous en serais reconnaissant.

Je vous prie de croire, cher ami, à mon amical et fidèle attachement.

Autre recommandation

Mon cher ami,

Vous savez les difficultés que connaît notre secteur d'activité en ce moment. Le conseil d'administration a considéré que des licenciements devaient être opérés prochainement. Ce n'est jamais sans tristesse que l'on s'y résout. Il est un cas, en particulier, qui me touche. Il s'agit de Monsieur Gaston Biéri, ingénieur en mécanique des fluides, d'une grande valeur morale et professionnelle. Sa qualification n'aura plus d'emploi dans nos activités restructurées. Or, je sais que chez vous cette branche est très dynamique. Si vous pouviez le placer dans vos services, je pense que vous feriez une recrue de choix et je vous en serais très reconnaissant.

Excusez-moi de vous importuner et croyez, cher ami, à mes meilleurs sentiments.

Recommandation plus simple

Cher ami,

Permettez-moi de vous présenter Maurice Chanfrau, fils d'un de mes amis. Je le connais depuis de longues années et j'ai pu apprécier ses heureuses qualités. Actif, consciencieux, il pourrait convenir à un des postes que vous proposez. C'est pourquoi je vous recommande spécialement sa candidature. Il vous dira lui-même ses références et ses spécialités.

En vous remerciant à l'avance, je vous prie de croire, cher ami, à mes meilleurs sentiments.

Sur une carte de visite

M. Pierre Charpentier

présente ses compliments à Monsieur Templier et se permet de recommander à sa bienveillance Mademoiselle Francine Frindel qui a donné toute satisfaction dans son dernier emploi.

Refus

Mon cher ami,

J'aurais aimé vous rendre le service que vous sollicitez de moi. Cependant je dois vous avouer que mes relations avec Monsieur

André Chartier se sont distendues au fil des années et que je ne me crois pas assez de crédit auprès de lui pour me permettre de recommander quelqu'un.

Je sais vos qualités professionnelles et personnelles et je pense qu'elles seront d'un poids suffisant dans la recherche d'un emploi.

Avec mes regrets, croyez, mon cher ami, à l'assurance de mes meilleurs sentiments.

Remerciements du protégé au protecteur

Monsieur,

Je dois vous mettre au courant des démarches faites auprès de la Société Humbert. Le chef du personnel, Monsieur Édouard Démars, m'a convoqué mercredi dernier pour un entretien et une mise au point sur les charges et avantages de l'emploi offert. Il ne m'a pas caché votre intervention et m'a promis de proposer ma candidature avec un avis favorable. Ce matin, je reçois une lettre d'acceptation : je commence mon travail le 1er avril prochain. C'est là pour moi une excellente nouvelle et qui me délivre de soucis pour l'avenir.

Je ne saurais assez vous dire ma reconnaissance. Sans vous, je serais peut-être passé inaperçu dans la liste des postulants. Je vais donc m'efforcer de ne pas décevoir la confiance que vous m'avez témoignée.

Veuillez agréer, Monsieur, l'expression de mes sentiments respectueux.

Travail pendant les vacances

Monsieur,

Pensant que vos services faisaient appel durant les vacances au personnel temporaire, je prends la liberté de me proposer pour un travail en juillet, août, septembre.

J'ai 19 ans ; je viens d'échouer au baccalauréat et je dois être incorporé en octobre prochain. Je pense être capable de tenir un emploi simple de bureau ou de vendeur pendant l'été. Je vous adresse une photocopie de mon dernier bulletin scolaire.

Veuillez agréer, Monsieur, avec mes remerciements, l'expression de mes sentiments respectueux.

Félicitations pour une promotion

Cher ami,

C'est avec un grand plaisir que j'apprends votre nomination au poste d'inspecteur général. Voilà enfin récompensé le mérite d'une carrière exemplaire. Ma femme et moi vous offrons nos compliments pour cette accession à un grade qui montre qu'on a reconnu votre conscience professionnelle, le travail fourni et les capacités.

Acceptez, cher ami, avec mes félicitations, l'expression de nos sentiments amicaux.

À un jeune

Mon cher Daniel,

Te voilà maintenant promu à un poste digne de toi. Laisse-moi te dire que j'en suis très heureux. Tu vas pouvoir donner la mesure de tes capacités. Tous les espoirs te sont permis et l'on ne peut que s'en réjouir.

Accepte toutes mes félicitations et tous mes vœux pour parcourir cette étape nouvelle.

Bien amicalement.

Sur carte

M. Gilbert Gomy

adresse à Monsieur René Gilbert ses félicitations les plus sincères pour la promotion méritée dont il est l'objet.

Le personnel de la Maison Ducret présente ses respectueuses félicitations à son président-directeur général pour une distinction méritée.

Billet

Chère Madame,

Comme nous nous réjouissons de votre récente promotion ! Voilà une heureuse nouvelle que vos brillantes qualités laissaient entrevoir.

Nous vous en félicitons bien sincèrement.

Demande d'augmentation

Monsieur le Directeur,

J'appartiens au personnel de votre maison depuis le ... en qualité de ... Quand vous m'avez engagé, nous étions convenus que les conditions de salaire seraient reconsidérées périodiquement. Je pense avoir toujours donné satisfaction à mon chef de service. Le coût de la vie ne cesse de croître et en conséquence je me permets de vous demander une réévaluation de mes appointements.

Je vous remercie d'avance de votre bienveillance et vous prie d'agréer, Monsieur le Directeur, l'expression de mes sentiments dévoués.

Autre demande

Monsieur le Directeur,

Chargé du stockage des pièces détachées et responsable de l'approvisionnement depuis quatre ans, je n'ai jamais été l'objet d'observations de la part de mon chef de service qui m'exprime sa satisfaction à l'occasion. Mon travail s'est trouvé accru par l'extension du magasinage des pièces ces derniers temps, ce qui m'amène à solliciter de votre bienveillance une augmentation de salaire que je pense mériter par mon travail et mon assiduité.

Dans l'espoir que ma requête sera favorablement accueillie, je vous prie d'agréer, Monsieur le Directeur, l'expression de mes sentiments dévoués.

Déclaration d'accident du travail (ou du trajet) à l'employeur
(à faire dans les 24 heures qui suivent l'accident)

Monsieur le Directeur,

Employé dans votre entreprise au titre de ..., je vous informe que j'ai été victime d'un accident en me rendant ce matin à mon travail.

Je roulais sur mon Vélosolex, rue Gilbert-Grésillier, à 7 h 45 quand une voiture (Citroën 4410 BX 72) m'accrocha au passage. Je suis tombé sur la bordure de trottoir, en face du n° 18 (pâtisserie Breton). Souffrant de l'épaule, on me releva. Le conducteur de la voiture, M. André Heuillard, déclara qu'il avait été serré par un camion à cet endroit. Il m'emmena à l'hôpital de ... où je suis actuellement, avec la clavicule droite cassée et quelques contusions.

Il y a un témoin : Madame Dorny, demeurant au n° 24 de la même rue, qui sortait de la pâtisserie à ce moment.

Cette lettre, que je signe, est écrite par ma femme.

Veuillez agréer, Monsieur le Directeur, mes salutations respectueuses.

ACCIDENT DU TRAVAIL

Pour ne pas perdre ses droits, il faut :

— déclarer l'accident dans les 24 heures à son employeur qui remet à l'accidenté une feuille d'accident du travail à présenter au médecin ;
— conserver un exemplaire du certificat médical initial ;
— aviser la caisse primaire de Sécurité sociale.

Congé de maternité (lettre à l'employeur)

La législation accorde un congé de six semaines avant l'accouchement et de dix semaines après. L'employeur doit en être prévenu assez tôt (pendant le troisième mois de la grossesse) par une lettre recommandée avec accusé de réception, ou remise à l'employeur qui en donne récépissé.

(Prénom, nom, adresse)   *(date)*

à Monsieur le Directeur de ...

Monsieur le Directeur,

Je vous informe que je vais devoir cesser mon travail à compter du 17 mai 1987, conformément à l'article L-122-26 du code du travail, en raison de mon état de grossesse. Sauf imprévu, je compte reprendre ce travail dix semaines après mon accouchement que le docteur prévoit pour le 4 juin 1987.

Veuillez agréer, Monsieur le Directeur, l'expression de mes salutations distinguées.

P.J. : certificat médical

Réclamation au sujet d'indemnités ou de salaire

Madame,

Vous m'avez congédiée le 18 mars 1984 pour des raisons discutables et j'ai dû, devant votre attitude, partir aussitôt.

Cependant, je vous rappelle que vous me devez la dernière quinzaine de travail (1 400 F) et, comme l'exige la loi, un mois de préavis puisque j'étais à votre service depuis trois ans et qu'on ne peut m'incriminer de faute grave.

Je vous demande donc de m'envoyer 1 400 F + 2 800 F = 4 200 F et un certificat de travail du modèle en usage, sans appréciation, pour tout le temps que j'ai été à votre service. Si, dans la quinzaine qui suit cette lettre, je n'avais pas reçu la somme indiquée et le certificat, je serais obligée d'avoir recours aux tribunaux.

Veuillez agréer, Madame, mes salutations.

Absence

Monsieur le Directeur,

Mon mari ne pourra pas se rendre à son travail aujourd'hui. Le médecin, venu hier au soir, a diagnostiqué un lumbago et lui a prescrit un arrêt de travail de trois jours. Je vous joins le certificat médical.

Mon mari me charge de vous signaler que le lot de pièces finies, réunies dans un carton, qui est sur sa table de travail, représente la commande des ateliers Julius. Ce serait à signaler au chef d'atelier qui peut les envoyer dès maintenant.

Veuillez agréer, Monsieur le Directeur, l'expression de mes sentiments distingués.

Demande de réintégration

Monsieur le Directeur,

Le 20 septembre prochain, j'aurai terminé mon service militaire et reviendrai à la vie civile. Je souhaite retrouver, selon les prescriptions du code du travail, l'emploi que j'occupais dans votre établissement avant d'être incorporé, il y a un an.

J'ai l'honneur de vous demander quand et à quel poste je peux me présenter à partir du 1er octobre.

Veuillez agréer, Monsieur le Directeur, l'assurance de mes sentiments respectueux.

Demande de congé pour stage professionnel

(Cette lettre doit faire l'objet d'un envoi recommandé, avec accusé de réception, un mois avant le stage.)

Monsieur le Directeur,

Actuellement dactylo facturière dans vos bureaux, je désirerais suivre le stage de comptabilité donné à ... afin d'améliorer ma qualification professionnelle. Les cours durent un mois (du 1er au 30 avril prochain).

Je vous serais reconnaissante de bien vouloir m'accorder, selon la loi du 16 juillet 1971, une autorisation d'absence pour suivre ce stage de conversion.

Veuillez agréer, Monsieur le Directeur, l'expression de mes sentiments respectueux.

Demande de congé parental

(Par lettre recommandée avec accusé de réception, un mois avant le congé.)

Monsieur le Directeur,

Actuellement en congé de maternité, je souhaite bénéficier, en application des lois du 12 juillet 1977 et 29 décembre 1986, d'un congé parental de trois ans afin d'élever mon enfant. Ce congé prendrait effet à la fin de mon congé de maternité et se terminerait donc vers le 15 octobre 1990.

Veuillez agréer, Monsieur le Directeur, l'expression de mes sentiments respectueux.

Réclamation au sujet de la sécurité dans le travail

(À l'inspection du travail)

Monsieur l'Inspecteur,

Travaillant aux Établissements Dauval (adresse), je dois vous signaler que dans la salle des cuves aucun dispositif n'est prévu pour protéger les ouvriers des émanations toxiques auxquelles ils sont exposés. Déjà un ouvrier a dû être transporté à l'infirmerie. Le chef d'atelier a eu beau déclarer que la cause en était étrangère au travail, beaucoup se plaignent de maux de tête. Je pense qu'il serait utile que vous veniez sur place pour procéder à une enquête.

Veuillez agréer, Monsieur l'Inspecteur, l'expression de mes meilleurs sentiments.

Lettre officielle de démission
(Lettre recommandée avec accusé de réception)

Monsieur le Directeur,

J'ai l'honneur de vous informer que je donne ma démission pour raisons personnelles du poste de ... que j'occupe dans votre établissement. Le délai de préavis de trois mois courra du ... au ...

Veuillez agréer, Monsieur le Directeur, mes salutations distinguées.

Lettre personnelle de démission

Monsieur le Directeur,

En même temps que la lettre officielle de démission que vous recevez de ma part, je tiens à vous expliquer cette décision.

Depuis sept ans que je travaille dans vos bureaux, j'ai toujours trouvé une excellente atmosphère créée par la direction et les collègues de travail de ce service. Ce n'est donc pas sans regret que je vais quitter une maison qui me fut accueillante et où j'ai éprouvé bien des satisfactions professionnelles. Si je le fais cependant, c'est qu'on m'offre une place que la taille de votre entreprise ne pouvait m'offrir, où il y aura beaucoup à créer, où je pourrai m'atteler à des tâches qui ne seront pas seulement de routine et qui répondent à mon désir d'initiative.

Je vous prie d'agréer, Monsieur le Directeur, l'expression de mon meilleur souvenir et de mes sentiments distingués.

Licenciement d'un salarié

En cas de licenciement, quelle qu'en soit la cause, l'employeur doit envoyer une lettre recommandée au salarié (à chaque salarié s'il s'agit d'un licenciement collectif pour motif économique). Lors de l'entretien prévu, l'employeur révèle les motifs de son licenciement au salarié qui est assisté en général d'un délégué du personnel ou d'un délégué syndical de l'entreprise.

Lettre au salarié

Monsieur,

Les circonstances nous obligent à envisager à votre égard une mesure de licenciement. En conséquence, et par application de l'article L-122-14 du code du travail, nous vous prions de bien

183

vouloir vous présenter le ... à ... heures en vue d'un entretien sur cette mesure.

Lors de cet entretien, vous pouvez vous faire assister par une personne de votre choix appartenant au personnel de l'entreprise.

Veuillez agréer, Monsieur, nos salutations distinguées.

Si l'employé licencié le veut, il peut demander que les motifs de licenciement lui soient indiqués par écrit. Il envoie pour cela la lettre suivante (recommandée avec accusé de réception) à laquelle l'employeur est tenu de répondre dans les 10 jours.

Un certificat de travail ne doit pas comporter de mention désobligeante pour l'intéressé.

Lettre à l'employeur

Monsieur le Directeur,

Conformément aux dispositions légales (article L-122-14-2 et R-122-3 du code du travail), je vous prie de bien vouloir m'indiquer les motifs de mon licenciement.

Dans l'attente de votre réponse, je vous prie d'agréer, Monsieur le Directeur, mes salutations distinguées.

Réclamation pour licenciement

à Monsieur l'Inspecteur
du travail de ...

Monsieur l'Inspecteur,

Étant informé par mon employeur (M. ..., à ...) que je vais être licencié pour raisons économiques à compter du ..., j'ai l'honneur de vous demander si, comme la loi le prévoit, vous avez autorisé ce licenciement sur la demande de mon employeur.

Veuillez agréer, Monsieur l'Inspecteur, l'expression de mes sentiments distingués.

Demande d'allocation de chômage

à Monsieur le Directeur de l'A.S.S.E.D.I.C.
de ...

Monsieur le Directeur,

Licencié depuis le ..., pour raisons économiques, des Établissements Dupré *(adresse)*, je vous demande à bénéficier des allocations de chômage qui me reviennent. Je viens de m'inscrire au registre des demandeurs d'emploi à l'A.N.P.E. Ci-joint l'attestation de mon employeur.

Veuillez agréer, Monsieur le Directeur, l'expression de mes meilleurs sentiments.

Au conseil des prudhommes

Monsieur le Président,

Employé en qualité de ... aux Établissements Duparc *(adresse)*, je viens de recevoir une lettre de licenciement qui ne se justifie pas. Il ne s'agit pas de cause économique et je n'ai commis aucune faute professionnelle.

J'ai l'honneur de vous demander à quelle procédure je dois me soumettre pour faire revenir mon employeur sur cette décision.

Veuillez agréer, Monsieur le Président, l'expression de mes sentiments respectueux.

Reprise du travail

à Monsieur le Directeur de l'A.N.P.E.
de ...

Monsieur le Directeur,

Inscrit à votre agence comme demandeur d'emploi depuis le ..., je vous informe que je viens d'être embauché par la Société Perthois *(adresse)* à compter du ...

Je ne me présenterai donc plus à vos bureaux et cesserai d'être bénéficiaire de l'allocation spéciale de chômage.

Veuillez agréer, Monsieur le Directeur, l'expression de mes meilleurs sentiments.

Réclamation auprès de l'A.S.S.E.D.I.C.

à l'A.S.S.E.D.I.C. de
(Commission paritaire)

Messieurs,

Bénéficiaire de l'allocation A.S.S.E.D.I.C. depuis six mois, je viens de recevoir notification de la suspension de cette allocation sous prétexte que j'ai décliné trois emplois offerts par l'A.N.P.E.

Cela est vrai, mais les emplois proposés ne correspondaient pas à ma qualification et le salaire était de beaucoup inférieur à celui de mes postes antérieurs. N'acceptant pas un déclassement, je préfère attendre et c'est pourquoi je vous demande de bien vouloir me rétablir dans mes droits de bénéficier des allocations A.S.S.E.D.I.C. pour trois mois encore afin que je trouve une meilleure situation.

Dans l'attente de votre réponse, je vous prie d'agréer, Messieurs, l'assurance de mes sentiments distingués.

Certificat de travail délivré par un particulier

Je soussigné ... certifie avoir employé M ... en qualité de ... du ... au ... Il a quitté son travail à cette dernière date, libre de tout engagement.

(date, signature)

Autre certificat donné par un particulier

Je certifie que Monsieur Gérard Charles, né le ..., a été à mon service du ... au ... en qualité de ... Il me quitte libre de tout engagement.

Son travail et sa conduite m'ont toujours donné satisfaction.

Fait à ... le ...

*(Prénom, nom et
adresse du signataire)*

Modèle officiel

La Société . . . *(nom, adresse, numéro au registre du commerce et numéro du répertoire des métiers)* certifie que M ... *(prénom, nom, adresse, numéro de Sécurité sociale)* a fait partie de son personnel du ... au ...

M ... a exercé les emplois suivants :
(spécialité, échelon) du ... au ...
(spécialité, échelon) du ... au ...
Il nous quitte libre de tout engagement.

(date, signature)

(nom et titre du signataire)

Témoignage de satisfaction

Le Directeur des Ateliers Dusty
à Monsieur Raymond Gerbe

Cher Monsieur,

La conjoncture économique nous a obligé à prendre des mesures de compression du personnel dont vous avez été victime car toute la branche touchée est supprimée dans notre entreprise pour des raisons de rentabilité appréciée par le conseil d'administration.

Je ne peux cependant vous voir partir sans vous exprimer mes regrets. Votre travail, vos services étaient appréciés et notre satisfaction totale. C'est avec empressement que je tiens à vous remettre ce témoignage en souhaitant qu'il vous aide à retrouver la place que méritent votre qualification et votre conscience professionnelle.

Je vous prie de croire, cher Monsieur, à mes meilleurs sentiments.

Reçu pour solde de tout compte

Lorsqu'un salarié quitte l'entreprise, l'employeur doit lui régler tout ce qui est dû et lui fait signer deux exemplaires d'un reçu pour solde de tout compte. La mention finale « pour solde de tout compte » doit être écrite de la main du salarié avant sa signature.

Je soussigné *(prénom, nom, adresse du salarié)*, salarié de la Société Dixo du *(date d'entrée)* au *(date de sortie)*, reconnais avoir reçu de cette entreprise la somme de ... F se décomposant ainsi :

Solde des salaires et appointements	. . . .
Primes	. . . .
Indemnité de préavis	. . . .
Indemnité compensatrice de congés payés	. . . .
Indemnité de licenciement	. . . .
Total	. . . . F

187

Je déclare connaître la disposition légale qui m'autorise à dénoncer ce présent reçu dans un délai de deux mois.

Reçu établi en deux exemplaires dont l'un m'a été remis.

Fait à ... le ...

Pour solde de tout compte

(Signature)

Dénonciation du reçu pour solde de tout compte

Le salarié a deux mois pour contester le décompte, même s'il l'a signé. La dénonciation doit être envoyée par lettre recommandée avec accusé de réception.

à Monsieur le Directeur de l'Entreprise X

Je soussigné *(prénom, nom, adresse du salarié)* dénonce le reçu pour solde de tout compte que j'ai signé le ...

En effet, après examen, je m'aperçois qu'il m'est encore dû :

sur mon salaire, pour *(donner la raison)* ... F
sur mes indemnités de *(préciser)* ... F

En conséquence, je vous demande de me verser un total de ... F, en complément des sommes déjà versées.

(Signature)

Demande d'autorisation de licenciement

Nom et adresse de   *date*
l'employeur

à Monsieur l'Inspecteur du travail de ...

Monsieur l'Inspecteur,

Je sollicite l'autorisation de licencier M ... *(prénom, nom, emploi, adresse)* pour cause de *(compression de*

personnel, faute professionnelle grave, insuffisance dans le travail, etc.).
Je vous prie d'agréer, Monsieur l'Inspecteur, l'expression de mes sentiments distingués.

Procuration pour le conseil des prudhommes

Les conseils de prudhommes (ou à défaut le juge du tribunal d'instance) règlent les litiges qui peuvent s'élever entre salariés et employeurs. Un salarié, qu'il soit demandeur ou défendeur, qui passe devant un conseil de prudhommes peut se faire assister ou représenter par un autre salarié (souvent le délégué syndical). Ce dernier doit se présenter porteur d'une procuration écrite de la main du salarié défendu.

Je soussigné *(prénom, nom, adresse)* déclare charger M *(prénom, nom du mandataire)* de me représenter en justice et lui donne pouvoir de se présenter en mon nom devant le conseil de prudhommes de *(localité)* dans le procès qui m'oppose à *(identité de l'adversaire)*.
Dans le cadre de ce procès, M ... est autorisé à faire tout ce que permet la loi en vue d'assurer la défense de mes intérêts.
Fait à ... le ...

(Signature du salarié)

Employés de maison

Si l'on désire avoir des renseignements sur une employée de maison, une femme de ménage, un jardinier ou un quelconque salarié auprès d'une personne qui l'a employé précédemment, il est recommandé de téléphoner plutôt que d'écrire, ce qui mettrait cette personne dans l'embarras si elle doit fournir des précisions désagréables dans sa réponse écrite.

On pensera à préciser que l'employé a cité le nom de la personne sollicitée, ce qu'on s'apprête à lui confier, si l'on a des enfants et à demander quelle impression a faite l'employé. Surtout, il est nécessaire d'assurer cette personne que toute la conversation restera confidentielle.

Dans sa réponse, la personne sollicitée dira pourquoi cet employé a quitté la maison, comment il s'est révélé dans son travail, s'il est honnête, travailleur, ce qu'est son caractère (rude, patient...), ce qu'on peut lui confier.

Si la conversation téléphonique n'est pas possible, voici quelques lettres.

Offre d'emploi par lettre

Madame,

Votre adresse m'ayant été fournie par une amie qui me dit que vous êtes à la recherche d'un travail de maison, je me permets de vous proposer un emploi chez moi.

Nous venons de nous installer à Ribémont et j'aurais besoin d'une personne pour faire la cuisine et le ménage dans une maison de six pièces. Nous sommes quatre personnes ; mes enfants ont 12 et 15 ans.

Si cela vous convenait, pourriez-vous passer me voir prochainement aux alentours de midi ?

Espérant que nous pourrons nous entendre, je vous prie de croire, Madame, à l'assurance de mes sentiments distingués.

Demande d'emploi simple

Mme Rosette Vigier
(adresse, téléphone)

à Madame . . .

Madame,

Répondant à votre annonce du « Progrès de la Beauce » du 13-10-1985, j'ai l'honneur de vous proposer mes services pour la place de cuisinière.

J'ai 35 ans ; je travaille chez Monsieur et Madame Fabien-Denis à Blaincourt, qui vont se retirer dans le Midi prochainement. Je serais libre le 1er juillet prochain. Si ma candidature vous intéresse, je vous apporterai mon certificat de travail. J'ai commencé à travailler dans un restaurant à l'âge de 19 ans. Je suis mariée à un conducteur d'engins employé à l'entreprise Grépaud. Ma santé est très bonne et j'aime les enfants.

Je me tiens à votre disposition pour une rencontre, le soir ou le samedi matin de préférence, d'accord avec mes patrons actuels.

Veuillez agréer, Madame, l'expression de mes respectueux sentiments.

Réponse défavorable

Madame,

Votre lettre m'a mise dans l'embarras. La dame dont vous me parlez a en effet travaillé chez moi comme employée de maison pendant six mois. C'est une personne qui aime la propreté et ne tolère guère qu'on dérange ce qu'elle a rangé ou décidé. J'ai un petit garçon de cinq ans qui était apeuré devant elle. Elle se montre rude quelquefois et manque de cette gentillesse qu'on aimerait trouver chez une personne qui vit dans la famille. C'est parce qu'elle s'était permis de frapper mon fils que j'ai dû la congédier. Il m'est difficile, en pensant à vos deux fillettes, de vous la recommander.

Croyez, Madame, à mes sentiments les meilleurs.

Réponse favorable

Madame,

Vous avez bien fait de m'écrire. Madame Germinet est une brave femme qui n'a quitté mon service que parce que son mari a dû déménager pour conserver son emploi. Je la regrette beaucoup. Elle est active, soigneuse et très honnête. Durant les trois années où elle a travaillé chez moi, je n'ai eu que des félicitations à lui adresser.

Avec mes trois enfants, elle a su se montrer à la fois patiente et ferme quand il le fallait. Ils la regrettent aussi. Vous verrez comme elle fait bien la cuisine ! Je ne peux donc que vous recommander cette personne.

En vous priant d'agréer, Madame, l'assurance de mes sentiments distingués.

Autre demande de renseignements

Madame,

Ayant besoin d'une personne qui serait chargée de l'entretien de ma maison et d'accompagner mes enfants à l'école, j'ai reçu Madame Germinet qui me dit avoir travaillé chez vous dans des conditions à peu près semblables. D'abord tentée d'accepter ses services, je me résous, sur le conseil de mon mari, à vous demander votre opinion sur cette personne. Ne trouvant pas votre numéro de téléphone et manquant de temps libre, je me permets de vous écrire, en vous assurant que je considérerai votre réponse comme tout à fait confidentielle.

Je dois ajouter que j'ai deux fillettes de sept et huit ans et que la personne en question devra les garder pendant une heure chaque soir, avant mon retour du travail.

Avec mes remerciements, je vous prie d'accepter, Madame, l'expression de mes sentiments distingués.

Demande préalable pour la retraite

(Voir à la page 209 la demande de relevé de compte individuel pour la retraite.)

Prénom, nom   *date*
Adresse
N° de Sécurité sociale

           à Monsieur le Directeur de la Caisse
           régionale d'assurance vieillesse

Monsieur le Directeur,

Atteignant bientôt l'âge de 60 ans, je vous demande quelles sont les formalités requises pour bénéficier de la retraite de salarié de l'industrie et du commerce.

Je suis né le ... J'ai travaillé depuis l'âge de ...

Veuillez agréer, Monsieur le Directeur, l'expression de mes sentiments distingués.

Demande de pension de reversion

Nom et adresse   *date*

           à Monsieur le Directeur de la Caisse
           d'assurance vieillesse de ...

Monsieur le Directeur,

Mon mari, Edmond Duprié, qui touchait de votre caisse une retraite de salarié (n° de pension : ... ; n° de Sécurité sociale : ...) est décédé le ...

En qualité de veuve, j'ai l'honneur de vous demander les imprimés à remplir ainsi que l'indication des pièces à fournir pour pouvoir bénéficier de la pension de reversion.

Veuillez agréer, Monsieur le Directeur, l'expression de mes meilleurs sentiments.

Pour la pension de retraite des salariés, il faut s'adresser à la Caisse d'assurance maladie (branche vieillesse) dont l'adresse est, pour la région parisienne :

110, rue de Flandre
75951 PARIS Cedex 19

Pour les autres régions, consulter le tableau de la page 403.

17
Vacances

Demande de place dans un terrain de camping

Monsieur,

Relevant dans le « Guide du parfait campeur » votre adresse et les caractéristiques de votre installation, je vous demande un emplacement pour ma voiture (Peugeot 505) et sa caravane (5,30 m de long), du 2 au 16 août prochain.

J'aimerais être assez éloigné de l'entrée du camp et loin des bruits. Nous serons quatre personnes : ma femme, mes enfants de 15 et 12 ans et moi.

Ci-joint une enveloppe timbrée à mon nom pour la réponse.

Veuillez agréer, Monsieur, mes remerciements et mes cordiales salutations.

Exceptionnellement, on peut s'adresser au maire d'une localité où n'existe pas de camping agréé.

Demande d'autorisation de camper

Monsieur le Maire,

Ayant apprécié votre village où je suis passé l'an dernier avec ma famille, j'aimerais y faire un séjour l'été prochain en campant sur un terrain autorisé. J'ai deux enfants et je me déplace avec ma voiture et une caravane. Ce qui m'attire surtout dans votre localité, ce sont les prairies et la rivière où nous aimerions pêcher.

Pourriez-vous m'indiquer un terrain, communal ou autre, non loin de la rivière, où nous passerions trois semaines au début du mois d'août ? Naturellement, je respecterai les usages locaux et m'engage à laisser l'emplacement en bon état.

Avec mes remerciements, veuillez agréer, Monsieur le Maire, l'assurance de mes sentiments respectueux.

Demande de renseignements à un syndicat d'initiative

Au syndicat d'initiative (ou office du tourisme) de la ville choisie, on pourra adresser une des formules suivantes.

Monsieur,

Ayant l'intention de passer mes vacances à ..., j'ai l'honneur de vous demander

la liste des terrains de camping situés sur votre territoire ou sur celui de communes avoisinantes.

si vous possédez une liste des villas à louer en juillet. Je désirerais une maison confortable, comportant cinq lits, située assez près de la mer et des commerçants.

la liste des hôtels afin de louer en septembre une chambre pour deux personnes.

quelles sont les ressources touristiques de votre région (plages, promenades, ascensions, tennis, piscines, excursions...).

Dans l'attente de votre réponse, je vous prie d'agréer, Monsieur, l'assurance de mes sentiments distingués.

Inscription à une colonie de vacances

Nom et adresse   Clermont, le

Monsieur le Directeur,

Je viens vous demander de bien vouloir inscrire mon fils Hugues à votre colonie de vacances pour la seconde période (du 5 au 30 août). Il a 9 ans, achève le cours moyen 1ʳᵉ année à l'école ... et est en bonne santé. Il aime le sport et la natation. Nous ne pouvons, ma femme et moi, prendre de congé cette année, ce qui motive la présente demande.

Je vous prie de me dire quels sont les papiers à vous fournir et les conditions d'admission à votre colonie.

Veuillez accepter, Monsieur le Directeur, avec mes remerciements, l'assurance de ma considération distinguée.

(avec une enveloppe timbrée)

Demande d'allègement aux frais de colonie de vacances

Monsieur le Maire,

Seule pour faire vivre ma famille (quatre enfants) depuis la mort de mon mari, je suis employée à la raffinerie de Sermaize comme aide-comptable. J'aimerais inscrire les deux enfants les plus âgés (un garçon de 12 ans et une fille de 10 ans) à la colonie de vacances municipale.

M'étant renseignée sur les conditions d'admission, je m'aperçois que les mensualités demandées sont trop lourdes pour mes revenus. J'ai donc l'honneur, sur le conseil de l'assistante sociale, de vous demander un secours exceptionnel afin que ces enfants, qui travaillent bien à l'école, puissent se joindre à leurs camarades pendant un mois d'été.

Dans l'attente de votre réponse, que je veux espérer favorable, je vous prier d'agréer, Monsieur le Maire, l'expression de mes sentiments distingués.

À un propriétaire de villa à louer

Monsieur,

L'office du tourisme d'Anglet m'ayant communiqué une liste de villas à louer, je pense que la vôtre, par la description succincte qui en est faite, pourrait convenir pour ma famille au mois de juillet prochain.

Nous sommes quatre personnes (ma femme, mes enfants de 15 et 10 ans, et moi), auxquelles viendra se joindre une jeune Américaine de 18 ans pendant 10 jours.

Avant de prendre une décision, j'aimerais savoir :
— le nombre de lits de votre villa ;
— si vous fournissez le linge de table (nous aurons notre linge de toilette et les draps) ;
— la distance de la villa à la plage ;
— la distance de la villa aux commerçants principaux ;
— les conditions de paiement.

Dans l'attente de votre réponse, que j'espère assez rapide, je vous prie d'accepter, Monsieur, mes sincères salutations.

Réponse

Monsieur,

Votre lettre m'arrive aujourd'hui. Voici les renseignements que vous me demandez :
— Il y a place pour 6 personnes dans la villa que je loue. Vous trouverez 3 chambres, avec un lit à deux places dans la première et dans la deuxième, et deux lits à une place dans la troisième. Il y a une salle de bains et un cabinet de toilette.
— La télévision et le téléphone seront à votre disposition.

– Je fournis le linge de table et de cuisine (nappe, serviettes, torchons), mais non le linge de toilette (serviettes, gants de toilette), draps et taies.

– La literie est suffisante (couvertures, oreillers...).

– La cour, dallée, peut recevoir deux voitures. Le portail ferme à clé. Il n'y a pas de garage couvert.

– La villa est à environ 600 m de la plage des Corsaires, une des plus agréables.

– Les commerçants essentiels (pour le ravitaillement) sont à 250 mètres. Les autres magasins sont en ville à environ un kilomètre.

– Ma femme de ménage pourrait se mettre à votre service trois heures par jour pour le prix de ... F par heure ; mais vous n'êtes pas tenu de l'employer.

– Les frais de gaz, électricité et eau sont inclus dans le prix de la location. Ne sont à ajouter que les communications téléphoniques.

Si cela vous convient, pourriez-vous ne pas tarder à prendre une décision ? Pour retenir ferme la villa à votre nom en juillet, je vous demande de m'envoyer un chèque représentant 20 % de la location, le solde étant à verser à votre arrivée le 1er juillet.

Veuillez recevoir, Monsieur, mes sincères salutations.

Confirmation de location

Monsieur,

C'est avec plaisir que je vous donne mon accord pour la location de la villa « Guéliz » du 1er au 31 juillet prochain. Je vous joins donc un chèque de ... F, représentant 20 % de la location. Je vous réglerai le solde à mon arrivée, le 1er juillet dans l'après-midi. Accepteriez-vous de nous mettre un litre d'eau dans le réfrigérateur ?

Veuillez agréer, Monsieur, l'assurance de mes meilleurs sentiments.

Réponse

Monsieur,

J'ai bien reçu votre lettre avec le chèque. La villa sera à votre disposition du 1er au 31 juillet comme convenu. J'ose espérer que vous y ferez un heureux séjour. Je vous attendrai pour vous remettre les clés dans l'après-midi du 1er et vous trouverez en arrivant boisson fraîche et pain.

Avec mes meilleures salutations.

Demande de réduction de prix

Monsieur,

Je trouve votre adresse sur un dépliant que je tiens du syndicat d'initiative de votre ville. Vous offrez à la location une maison pour le prix de ... F en juillet et pour l'hébergement de six personnes.

Cette maison m'intéresserait, mais nous ne serons que quatre et n'utiliserions que 2 chambres sur les 3 proposées. D'autre part, mes congés ne me permettent d'être chez vous que du 6 au 31 juillet. Votre prix de location, dans ce cas, ne pourrait-il être un peu modifié ? C'est une faveur dont je vous serais reconnaissant.

Dans l'attente de votre réponse, je vous prie d'accepter, Monsieur, mes meilleures salutations.

Annulation

Madame,

J'ai le regret de vous annoncer que nous ne pourrons pas occuper l'appartement que nous avions retenu pour les sports d'hiver en janvier prochain. Mon mari a eu un accident (blessure à la jambe) et comme il est le seul de nous deux à conduire la voiture, nous sommes tenus de rester à la maison cet hiver. Nous en sommes désolés.

Les arrhes que mon mari vous avait envoyées vous sont donc acquises et je souhaite que vous trouviez d'autres locataires pour cet appartement où nous nous réjouissions d'aller ensemble.

Je vous prie de croire, Madame, à l'expression de mes sentiments distingués.

À un hôtelier

Monsieur,

Ma femme et moi aimerions passer la première quinzaine d'août en vacances à Sanary. Un ami m'ayant chaleureusement recommandé votre hôtel, je désirerais savoir si vous avez une chambre, avec un grand lit et salle de bains, libre pour cette période.

Si oui, veuillez me dire le tarif avec vos conditions de pension pour deux personnes (taxes comprises). Nous aimerions que cette chambre ne soit pas située sur une artère bruyante, mais plutôt sur un jardin. Y aura-t-il possibilité de garer notre voiture ?

En l'attente de votre réponse, je vous prie d'agréer, Monsieur, mes sincères salutations.

Demande de réservation

Monsieur,

En route pour la Yougoslavie, je serai de passage à Annecy pour la nuit du 7 au 8 mai prochain. Je vous serais reconnaissant de bien vouloir me réserver une chambre avec douche, pour une personne, à cette date.

En cas d'impossibilité, pourriez-vous transmettre ma lettre à un hôtel de même niveau, dans un quartier calme ?

Avec mes remerciements, je vous prie d'accepter, Monsieur, mes meilleures salutations.

Annulation

Monsieur,

Je vous avais écrit le ... pour retenir une chambre dans votre établissement pour la nuit du ... au ... prochain.

Des circonstances familiales font que je dois différer mon déplacement. Je vous serais donc très obligé de bien vouloir annuler cette réservation.

Je vous prie de m'excuser et d'accepter mes salutations distinguées.

Réclamation au sujet d'une villa louée

à Monsieur le Délégué à l'Office du tourisme de ...

Monsieur,

Avec ma famille, j'ai passé mes vacances d'août à ... dans la villa « Les Cormorans » au 19 de la rue des Crêtes.

J'avais loué par correspondance sur la description que m'en a faite le propriétaire. Je vous joins d'ailleurs la photocopie de sa lettre du 16 avril dernier.

Nous n'avons pas trouvé en arrivant toutes les commodités promises. Ainsi, les W.-C. étaient au fond de la cour, ce qui n'était pas précisé. Le chauffe-eau ne fonctionnait pas et j'ai dû le faire réparer, le propriétaire étant parti lui aussi en vacances. La porte donnant sur le jardin ne ferme pas à clé, ce qui était inquiétant lorsque nous nous absentions.

Pour ces raisons, je vous demande de ne plus citer cette villa sur la liste de vos locations. D'autre part, j'adresse une réclamation au propriétaire pour le remboursement de mes frais (chauffe-eau, cadenas).

Veuillez agréer, Monsieur, l'expression de mes sentiments très distingués.

Signalisation d'un hôtel

à Monsieur le Directeur
des guides touristiques Machin

Monsieur,

J'ai l'honneur de vous signaler qu'ayant séjourné pendant huit jours à l'hôtel « Gilberta » à Le Gault-la-Forêt, j'ai trouvé là un accueil excellent, le repos et un confort qui m'a surpris pour la catégorie de cet hôtel. Tenu par un jeune ménage efficace et discret, cet établissement mériterait une mention dans votre guide, car il est en tous points recommandable. C'était d'ailleurs l'avis unanime de la clientèle.

L'agrément vient aussi du fait qu'il est dans un cadre de verdure et de silence très appréciable.

Veuillez agréer, Monsieur, l'expression de mes sentiments distingués.

À une agence de voyage

Monsieur,

Accompagné de ma femme, je désirerais passer quinze jours au Portugal en juin prochain. Voudriez-vous me fournir des renseignements sur les différentes formules possibles et leurs prix.

Je préférerais le trajet libre avec aller et retour par avion, mais accepterais à défaut un voyage en groupe.

Veuillez agréer, Monsieur, mes salutations distinguées.

Invitàtion à un ami pour les vacances

Mon cher Nicolas,

Nous apprenons que tu as dû rester à Paris pour tes affaires et que tu vas te trouver seul du 20 juillet jusqu'à la fin du mois d'août, les tiens continuant à se prélasser au soleil du Midi.

Aux fins de semaine, fais donc un saut dans notre maison de campagne que tu connais, à Charmont, dans l'Yonne. Nous y sommes, ma femme et moi, tout le mois d'août, seuls : la fille est en Angleterre, le fils est avec un ami sur les routes de Grèce. La maison devient trop grande et elle t'attend, dès le vendredi soir.

Il y a des lignes, une rivière, et tu connais les grands arbres dont nous sommes si fiers. J'achève d'aménager un superbe terrain de pétanque. Hélène sera heureuse de te mijoter quelques petits plats pour te consoler de ta cuisine de restaurant.

Alors, tu viens, n'est-ce pas ? Nous t'attendons avec impatience.

Bien cordialement.

Inscription pour une croisière

Monsieur,

Ayant remarqué sur votre catalogue la croisière « Azur » de 11 jours en Méditerranée, je vous demande de m'y inscrire pour deux personnes : ma femme et moi. Je vous joins à cet effet un chèque de ... F représentant l'avance prévue.

Veuillez me dire l'heure et le jour auxquels nous devons nous présenter à votre bureau de Toulon pour l'embarquement, s'il y a des formalités à accomplir (changes, passeport, vaccinations, assurance de bagages, etc.).

Je vous prie d'agréer, Monsieur, mes sincères salutations.

Pour un déplacement en avion de quelqu'un qui habite la campagne

Monsieur,

Devant me rendre prochainement à Johannesburg (Afrique du Sud), je vous serais obligé de me donner les renseignements suivants : horaires aériens au départ de Paris, tarifs, formalités.

Vous serait-il possible d'y joindre une documentation sur les hôtels de Johannesburg ?

Dans l'attente d'une réponse rapide, je vous prie d'accepter mes remerciements et mes meilleures salutations.

Demande de place au pair

Monsieur,

Ma fille Sabine, âgée de 16 ans et actuellement élève du lycée ... à ..., s'intéresse beaucoup à la langue anglaise. Un séjour dans une famille britannique lui serait sans doute profitable et nous serions désireux d'avoir, par votre organisme, l'adresse d'une famille sérieuse qui accepterait d'héberger notre fille pendant un mois ou deux lors des prochaines vacances d'été.

Mon mari est agent d'assurances, je suis institutrice. Nous pourrions de notre côté accueillir en échange une jeune fille au pair dans les mêmes conditions.

Veuillez agréer, Monsieur, mes remerciements et mes salutations distinguées.

Lettre à la famille étrangère dont on reçoit un enfant au pair

Madame,

Nous sommes très heureux d'accueillir votre fils Peter à partir du 5 juillet. Sa chambre est prête, près de celle de Serge. Nous resterons 15 jours à Beauvais, avant le congé de mon mari et nous serons ensuite trois semaines à Royan où nous avons loué une villa spacieuse.

Peter partagera notre vie familiale comme un enfant de la maison. Nous n'avons pas de domestique. Je demanderai donc à Peter de faire son lit et sa chambre. Il participera aux menus services que je demande à mon fils : aller au pain ou à la poste, par exemple. Le temps sera surtout employé à des promenades, des excursions (Serge a fait des projets pour que ce séjour soit agréable). Nous pensons que se préparent de bonnes vacances pour nos deux garçons.

Veuillez nous prévenir de l'arrivée de Peter à la gare : nous y serons pour l'accueillir ; mon fils aura une pancarte marquée P.R.

Je vous prie de croire, Madame, à mes sentiments très cordiaux.

À la famille qui va recevoir votre enfant au pair

Madame,

Ma fille Agnès partira le mardi 18 à 10 heures de la gare de l'Est à Paris. Son arrivée est prévue à Stuttgart pour 18 h 32 (heure allemande). Elle portera un manteau léger bleu clair et un béret rouge à pompon. Je serais rassurée si quelqu'un pouvait l'attendre à la gare, car sa connaissance de la langue allemande est encore peu sûre.

Nous vous la confions sans crainte, assurés qu'elle trouvera chez vous un foyer amical comme vous nous l'avez dit. Agnès est prête à participer aux travaux familiaux de son âge comme elle le fait chez nous. Je souhaite qu'elle profite de ce séjour pour parfaire sa connaissance de l'allemand auprès de vos enfants, Walter et Anna, malgré un peu de timidité au début.

Nous serons d'ailleurs heureux d'accueillir Anna à notre tour en septembre.

Je vous signale qu'Agnès possède une assurance pour tous les risques qui peuvent survenir lors de son séjour chez vous. Elle est assez sportive et en bonne santé. Si quelque incident survenait, nous vous serions reconnaissants de bien vouloir nous en informer.

Mon mari se joint à moi pour vous assurer de notre gratitude et de nos sentiments les meilleurs.

Pour accueillir un étranger

Monsieur,

Nous apprenons par la firme qui emploie mon fils que vous devez passer trois semaines à Lyon et que vous aimeriez y séjourner dans une famille française plutôt que d'être isolé à l'hôtel, afin de pouvoir dialoguer fréquemment dans notre langue.

Nous accepterions avec plaisir de vous accueillir chez nous. Nous sommes, ma femme et moi, retraités et nous avons à votre disposition une grande chambre avec bureau et cabinet de toilette.

Nous mangeons chaque jour aux environs de 12 h 30 et 19 h. Notre cuisine traditionnelle pourra vous être adaptée si vous le désirez. Vous seriez très libre et notre temps serait à votre disposition. Nous pourrions convenir d'une rétribution raisonnable pour cet hébergement.

Dans l'espoir de vous être agréable, nous vous prions, Monsieur, d'accepter nos meilleures salutations.

Demande à des parents pour garder un enfant

Chère Simone,

Cette année, avec les traites de cette maison et les travaux que nous y ferons, mon mari et moi (papiers, peintures, aménagements), il ne sera pas question de vacances chez nous. Mais il y a Mathieu. Ce petit bonhomme, qui va sur ses sept ans, a bien travaillé à l'école et il va s'étonner de ne pas partir comme ses camarades.

J'ai pensé à toi. Accepterais-tu de le prendre deux ou trois semaines dans votre maison ? Il se plaît beaucoup avec Christophe et Sylvain et nous t'en serions très reconnaissants. Je ne lui ai encore rien dit. Si sa venue devait déranger vos projets, dis-le moi, je le comprendrai.

J'attends ta réponse, ma chère Simone, et je t'embrasse.

Réponse favorable

Ma chère Élisabeth,

Christophe et Sylvain ont cessé de se chamailler quand je leur ai annoncé que Mathieu allait passer trois semaines ici. La maison est grande, on l'attend.

Passez donc le premier dimanche de juillet à la maison (il faut un peu laisser à votre plâtre le temps de sécher) et le soir vous repartirez à deux, vers vos travaux. Les enfants font des projets. Ils ont mis des poissons rouges dans le bassin, la balançoire est prête et les cerises sont presques mûres. Je crois que Mathieu ne s'ennuiera pas.

À bientôt. Affectueusement.

Réponse défavorable

Ma chère Élisabeth,

Pourquoi m'as-tu écrit si tard ? Ne sachant où passer ce mois de juillet, nous avons accepté la semaine dernière l'offre d'un ami qui nous propose deux chambres dans sa villa de Saint-Raphaël et nous ne pouvons pas lui demander encore de loger un garçon de plus. Sois sûre que nous le regrettons bien, mais, en août, à notre retour, tu pourras envoyer Mathieu pendant deux semaines, avant que les enfants partent chez leur oncle à la campagne.

J'espère que ce contretemps ne te chagrine pas trop et je vous embrasse tous.

18
Sécurité sociale.
Allocations familiales

En écrivant à ces organismes, il ne faut pas oublier de fournir chaque fois son numéro matricule à la suite de l'adresse. Le numéro matricule de la Sécurité sociale est ainsi composé :

1	27	05	51	421	018
sexe 1 : masculin 2 : féminin	année de naissance	mois de naissance	département de naissance	n° de code de la commune de naissance (pour Paris n° d'arrondissement précédé du chiffre 1)	n° d'ordre sur le registre d'état civil de cette commune

Pour remplir la feuille de soins de la Sécurité sociale :
1. Mentionner lisiblement les 13 chiffres du numéro d'immatriculation.
2. Écrire le nom de famille en capitales (voir l'alphabet de la p. 56). Le nom de jeune fille passe avant celui de la femme mariée.
3. Remplir les rubriques comme dans l'exemple ci-après.
4. Signer la feuille.
5. À l'intérieur, coller les vignettes pharmaceutiques.
6. Si l'ordonnance est à renouveler, y inscrire en marge : « Prière de retourner ».
7. Joindre une pièce justificative quand la situation de l'assuré a changé (autre employeur, mariage, etc.).

CERFA N°

FEUILLE DE SOINS
(assurance maladie)

DURÉE D'UTILISATION 15 JOURS

_____ RENSEIGNEMENTS CONCERNANT L'ASSURÉ _____

NUMÉRO D'IMMATRICULATION $\boxed{2.41.09.63.210.098}$ Né(e) le 3-9-1941

NOM (en capitales d'imprimerie) _MURET épouse JACQUIN_
(Pour les femmes mariées _indiquer le nom de jeune fille suivi de épouse X..._
Prénoms _Marie - Jeanne_
Adresse : N° _14_ rue _des Verriers_
Localité _Durtol_
Code postal _63830_ Bureau distributeur _DURTOL_

_____ QUELLE EST VOTRE SITUATION A LA DATE DES SOINS ? (1) _____

☒ SALARIÉ : (2) Nom et adresse de votre employeur _____
Etabl. MOREAU à Issoire, rue de la Gare

☐ DEMANDEUR D'EMPLOI   Date de la fin du préavis de licenciement _____
                        Date d'inscription à l'agence nationale pour l'emploi _____

☐ NON SALARIÉ : Précisez votre activité professionnelle _____

☐ AUTRE CAS : _____

☐ RETRAITÉ, PENSIONNÉ OU RENTIER : Précisez si vous êtes titulaire de plusieurs retraites.
pensions ou rentes (1)   OUI ☐   NON ☐

_____ RENSEIGNEMENTS CONCERNANT LE MALADE _____

S'agit-il d'un accident ? (1) OUI ☐ NON ☒   Causé par un tiers ? (1) OUI ☐ NON ☐
Si le malade est PENSIONNÉ DE GUERRE, précisez si les soins portés sur
cette feuille CONCERNENT L'AFFECTION pour laquelle IL EST PENSIONNÉ (1) OUI ☐ NON ☐

_____ SI LE MALADE N'EST PAS L'ASSURÉ, INDIQUEZ _____

Son nom _____
Ses prénoms _____ Né(e) le _____
Son lien de parenté avec l'assuré _____
Son activité professionnelle habituelle _____
S'il est titulaire d'une pension, retraite ou rente (1) .... OUI ☐ NON ☐

_____ COMMENT VOULEZ-VOUS ÊTRE REMBOURSÉ ? _____

SI VOUS DÉSIREZ UN RÈGLEMENT PAR VIREMENT POSTAL OU BANCAIRE, INDIQUEZ ICI L'INTITULÉ DE VOTRE COMPTE
NOM (M. Mme ou Mlle) _JACQUIN Marie-Jeanne_
C. C. P.   N° _4128.04 B_ CENTRE _LYON_
Cpte Bancaire   N° _____ BANQUE _____
Agence de _____
AUTRE MODE DE PAIEMENT _____
(A l'exclusion de toute procuration à un tiers)

Sont punies d'amende ou d'emprisonnement toutes fraudes ou fausses déclarations.
(Articles L 409 du Code de Sécurité Sociale - 1047 du Code Rural - 150 du Code Pénal).
(1) - Mettre une croix dans la case de la réponse exacte.
(2) - Si vous êtes en arrêt de travail et que le contrat de travail n'est pas rompu,
vous êtes considéré salarié.

J'atteste sur l'honneur l'exactitude
des renseignements portés ci-dessus.
Signature de l'assuré ;
M. Jacquin

Feuille de soins maladie établissements   S. 3110 a   3-75 C.P.C.A.M. - 00-00329-3

Demande à la Sécurité sociale

Robert Leperrier   Varzy, le 3 août 1986
chemin des Crêtes
58210 Varzy

N° S.S. : 1.29.11.58.304.042

à Monsieur le Directeur de la Caisse primaire
de Sécurité sociale de Nevers

Monsieur le Directeur,

Âgé de 57 ans et actuellement inscrit à votre Caisse, je
sollicite de votre bienveillance un rendez-vous en vue de subir un
examen de santé.

Veuillez agréer, Monsieur le Directeur, l'assurance de
mes sentiments distingués.

Demande de prise en charge à 100 %

Nom, adresse   date
N° S.S.

au Directeur de la Caisse primaire
de Sécurité sociale de ...

Monsieur le Directeur,

Actuellement en traitement pour (*stérilité, maladie de
Parkinson, diabète sucré, sclérose en plaques, hémophilie, néphrite
chronique,* ① *etc.*), j'ai l'honneur de demander que votre Caisse
prenne en charge à 100 % les dépenses occasionnées par mon cas.

Ci-joint un certificat du médecin traitant et la copie de
mon dernier bulletin de salaire. Étant donné mes ressources
limitées (j'ai trois enfants à charge), cette exonération du ticket
modérateur me serait d'un grand secours.

Veuillez agréer, Monsieur le Directeur, l'expression de
mes meilleurs sentiments.

① Cas les plus fréquemment reconnus.

Déclaration de grossesse

Nom, adresse
N° S.S.   *Date*

au Directeur de la Caisse primaire
de Sécurité sociale de ...

Monsieur le Directeur,

Enceinte de deux mois, je vous informe que je désire être
inscrite aux allocations prénatales et à la prise en charge à 100 %
des frais de visites médicales. Le médecin qui m'a examinée m'a
remis l'imprimé de « premier examen médical prénatal ». J'adresse
les volets 1 et 3 à ma Caisse d'allocations familiales et à vous le
volet 2 ci-joint.

Je vous demande aussi de m'envoyer le carnet de
maternité prévu dans mon cas.

Veuillez agréer, Monsieur le Directeur, l'expression de
mes sentiments distingués.

Réclamation

Nom, adresse
N° S.S.   *Date*

à la Caisse primaire de Sécurité sociale
de ...

Monsieur,

Le 13 mai dernier, je vous ai envoyé un dossier de
maladie complet, au sujet de ma fille Véronique. Je demandais le
remboursement d'une visite du médecin (... F) et du prix des
médicaments (... F). Or, depuis je n'ai rien reçu, ni l'ordonnance
sur laquelle j'avais indiqué « A retourner », ni le remboursement.

Je vous serais reconnaissant de bien vouloir faire vérifier
si ce dossier n'a pas été égaré et me faire régler ce remboursement.

Veuillez agréer, Monsieur, avec mes remerciements,
l'expression de mes sentiments distingués.

Demande de relevé de compte individuel pour la retraite

Nom, adresse
N° de S.S.

                    Date

au Directeur de la Caisse régionale
de Sécurité sociale
(Service des pensions)

Monsieur le Directeur,

Employé actuellement à la Société André Lheureux et
Fils *(adresse)* qui relève de votre circonscription, je vous demande
de me transmettre mon compte individuel en vue de ma future
pension de retraite. Je suis âgé de 58 ans et désire que nul retard
ne soit apporté, le moment venu, à la liquidation de cette pension.
Si des pièces manquaient pour établir la reconstitution de ma
carrière, je vous serais obligé de me le préciser afin que je fasse le
nécessaire dès maintenant.

Veuillez agréer, Monsieur le Directeur, mes remerciements et mes meilleures salutations.

Demande de pension de retraite

Nom, adresse
N° S.S.

                    Date

à la Caisse régionale d'assurance
vieillesse de ...

Monsieur le Directeur,

J'ai l'honneur de vous demander la liquidation de ma
pension de retraite à partir du 1er du mois suivant mon 60e anniversaire. Je suis né le ... et suis actuellement employé aux Docks
Mercier, 20 rue de Savoie à ... en qualité de ...

Je vous serais reconnaissant de m'adresser les imprimés
à remplir pour cette liquidation.

Veuillez agréer, Monsieur le Directeur, l'expression de
mes sentiments distingués.

Demande d'acompte sur pension

Nom, adresse
N° S.S.

Date

à Monsieur le Directeur de la Caisse
régionale d'assurance vieillesse de ...

Monsieur le Directeur,

Étant actuellement dans une situation difficile, je sollicite de votre bienveillance une avance sur ma pension d'invalidité (*ou :* de vieillesse) qui est en cours de liquidation sous le n° ...

Avec mes remerciements, je vous prie d'agréer, Monsieur le Directeur, l'assurance de mes meilleurs sentiments.

Demande de l'allocation du Fonds national de solidarité

Nom, adresse
N° S.S.

Date

à la Caisse régionale d'assurance
vieillesse de ...

Monsieur,

Je suis actuellement retraité au titre de commerçant et touche ... F par trimestre. Cela représente toutes mes ressources et il m'est bien difficile de vivre avec un tel revenu. Je suis de nationalité française et j'ai travaillé toute ma vie à tenir une petite mercerie. Je suis propriétaire de mon appartement de trois pièces dont les charges sont lourdes à supporter.

J'ai donc l'honneur de vous demander si une allocation pourrait m'être attribuée sur le Fonds national de solidarité, même si cette allocation doit être récupérée sur ma succession éventuelle.

Veuillez agréer, Monsieur le Directeur, mes remerciements et l'expression de mes sentiments distingués.

La caisse régionale de Sécurité sociale dont vous dépendez est indiquée au tableau de la page 403.

Maladie professionnelle

Nom, adresse   *Date*
N° S.S.

à la Caisse primaire de Sécurité sociale
de ...

Monsieur,

Travaillant à la Société Durel de ..., où je suis chargé de la préparation des peintures, j'ai dû interrompre mon travail le 5 décembre dernier, atteint de coliques fréquentes.

Le docteur Raubet a décelé chez moi les atteintes du saturnisme dû à la céruse que je manipule dans mon travail. Je vous joins le certificat médical de ce docteur. Il me dit que je dois vous signaler cet accident au titre des maladies professionnelles. Je vous saurais gré de m'indiquer les formalités à remplir qui découlent de cette situation.

Veuillez agréer, Monsieur, l'assurance de mes sentiments distingués.

Déclaration d'employeur

Nom, adresse   *Date*
N° S.S.

à la Caisse primaire de Sécurité sociale
de ...

Monsieur,

Je m'apprête à engager, en qualité de femme de ménage, à partir du 1er octobre prochain, Madame Louise Brunet, née le ..., habitant 14, rue du Connétable à ... Cette dame n'est pas encore inscrite à votre caisse en cette qualité.

Je vous demande à quelles autres formalités je dois me soumettre à cette occasion et ce que je dois vous verser au titre d'employeur.

Veuillez agréer, Monsieur, l'expression de mes sentiments distingués.

En même temps, la lettre suivante doit être adressée à l'U.R.S.S.A.F. régionale dont on trouvera l'adresse dans l'annuaire téléphonique.

à l'U.R.S.S.A.F. de ...

Monsieur,

Je m'apprête à engager, en qualité de femme de ménage, à partir du 1er octobre, Madame Louise Brunet, née le ..., habitant 14, rue du Connétable à ... Comme c'est la première fois que j'emploie quelqu'un, je ne possède pas de numéro d'employeur auprès de votre service.

Je vous demande à quelles formalités je dois donc me soumettre et ce que j'aurai à acquitter à ce sujet.

Veuillez agréer, Monsieur, l'assurance de mes sentiments distingués.

Prestations familiales

Beaucoup de familles ne profitent pas des prestations familiales que leur offre la loi, parce qu'elles les connaissent mal. Votre Caisse d'allocations familiales est là pour vous renseigner sur les prestations offertes :

- allocations prénatales
- allocation postnatale
- congé de naissance ou d'adoption
- allocations familiales
- complément familial
- allocation de rentrée scolaire
- allocation de logement familial
- aide personnalisée au logement
- prêts aux jeunes ménages
- prime de déménagement
- prêt à l'amélioration de l'habitat
- allocation d'orphelin
- allocation de parent isolé
- allocation d'éducation spéciale
- assurance vieillesse aux mères de famille
- allocation aux adultes handicapés
- allocation de logement social
- allocation pour jeune enfant
- allocation de garde d'enfant à domicile

- prestation spéciale d'assistante maternelle
- allocation parentale d'éducation
- allocation de soutien familial
  etc. (ces aides variant avec la législation).

Demande de renseignements au sujet de prestations familiales

Isabelle Germain   Neuvic, le ...
8, rue Pilon
19160 Neuvic

N° A.F. : ...

        au Directeur de la Caisse d'allocations
        familiales de ...

    Monsieur le Directeur,

        Je désirerais être renseignée sur les modalités d'octroi de l'allocation de logement familial et vous serais reconnaissant de bien vouloir m'envoyer l'imprimé spécial à remplir pour bénéficier le cas échéant de cette allocation.

        Respectueusement.

Autre demande

Nom, adresse   *Date*
N° A.F.

        à la Caisse d'allocations familiales
        de ...

    Monsieur,

        Ayant un enfant handicapé mental, je crois avoir droit à l'allocation d'éducation spéciale.

        Quelles sont les formalités à accomplir, les pièces à fournir pour bénéficier de cette allocation ?

        Veuillez agréer, Monsieur, l'expression de mes meilleurs sentiments.

> Le numéro matricule d'allocataire auprès des Allocations fami-
> liales est différent du numéro affecté par la Sécurité sociale. Ne pas
> les confondre.

Demande de modification de paiement

Nom, adresse   Date
N° A.F.

> à Monsieur le Directeur de la Caisse
> d'allocations familiales de ...

Monsieur,

Je désirerais que mes allocations me soient payées par
virement à mon compte chèque postal n° ... à ..., car il ne m'est pas
toujours possible d'être chez moi lors du passage du facteur.
Veuillez me dire quelles sont les formalités à remplir pour cela.

Acceptez, Monsieur, l'expression de mes sentiments
distingués.

Demande de modification d'allocation

Nom, adresse   Date
N° A.F.

> au Directeur de la Caisse d'allocations
> familiales de ...

Monsieur le Directeur,

Je suis bénéficiaire, par votre Caisse, de l'allocation de
complément familial. Or, depuis le 4 avril, j'ai un deuxième enfant
pour lequel je vous adresse un extrait d'acte de naissance. Je vous
demande donc de modifier le calcul de mon allocation en fonction
de cette nouvelle charge.

Veuillez agréer, Monsieur le Directeur, l'expression de
mes sentiments distingués.

Demande pour une allocation en retard

Nom, adresse   *Date*
N° A.F.

à la Caisse d'allocations familiales
de ...

Monsieur le Directeur,

Divorcée depuis le ... et ayant la charge de deux enfants de 7 et 6 ans, je n'ai pas reçu l'allocation de rentrée scolaire, bien que j'en aie fait la demande auprès de vous le ...

Ma situation étant difficile, j'ose espérer que cette allocation va parvenir bientôt à mon C.C.P. Bordeaux 4218-14 B.

Veuillez agréer, Monsieur le Directeur, l'expression de mes meilleurs sentiments.

Demande de secours

Cette demande peut être adressée à la Caisse primaire de Sécurité sociale, ou à la Caisse d'allocations familiales, ou au Service social de la mairie, ou à une Caisse d'allocations spéciale (agricole, des mines ...), ou au Service départemental d'aide sociale.

Nom, adresse   *Date*
N° S.S. :
N° A.F. :

à Monsieur le Directeur de ...

Monsieur le Directeur,

Étant actuellement dans une situation difficile, j'ai l'honneur de solliciter de vous un secours exceptionnel.

Veuve avec un enfant de trois ans, je ne gagnais que ... F par mois. L'entreprise qui m'employait (Usines ... à ...) a fermé ses portes le mois dernier. Inscrite à l'A.N.P.E., je n'ai comme ressource que l'allocation de chômage et mes charges sont lourdes (... F de loyer, ... F de charges locatives). Il ne me reste que ... F pour la nourriture et l'entretien de deux personnes. Mes parents qui bénéficiaient d'une petite aide de ma part ne peuvent me secourir.

Espérant que cette requête sera examinée de façon bienveillante, je vous prie d'agréer, Monsieur le Directeur, l'expression de mes sentiments respectueux.

Réclamation pour une erreur

Nom, adresse   *Date*
N° A.F.

à la Caisse d'allocations familiales
de ...

Monsieur,

Je reçois de votre Caisse un rappel me signifiant que si je n'ai pas réglé la mensualité de remboursement de mon prêt aux jeunes ménages n° ... pour le 15 avril, je serai imposée de 10 % en plus.

Or, ce versement a bien été fait : j'ai envoyé un chèque de 425 F comme chaque mois, le 7 mars dernier pour un virement de mon C.C.P. à votre Caisse. J'en ai d'ailleurs reçu le talon (n° ...).

Je pense qu'il s'agit donc là d'un retard dû aux P.T.T. (il y eut une grève du courrier il y a deux semaines) ou à une erreur d'inscription dans vos services comptables.

Veuillez agréer, Monsieur, l'expression de mes sentiments distingués.

Demande de remise de dette

Nom, adresse   *Date*
N° A.F.

à Monsieur le Directeur de la Caisse
d'allocations familiales de ...

Monsieur le Directeur,

Bénéficiaire d'un « prêt aux jeunes ménages » (n° ... du ...), je vous envoie ci-joint un extrait de naissance de notre enfant nouveau-né.

Comme il est prévu sur le contrat de prêt qu'une remise de dette peut être accordée en cas de naissance au foyer de l'emprunteur, j'ai l'honneur de solliciter en ma faveur l'application de cette mesure. Mes revenus n'ont pas changé depuis l'établissement du contrat.

Veuillez agréer, Monsieur le Directeur, mes remerciements et l'assurance de mes sentiments distingués.

Les bénéficiaires d'une pension de retraite sont exonérés des cotisations maladie à la Sécurité sociale s'ils n'ont pas payé d'impôts sur le revenu pour l'année qui précède. Mais ils doivent, pour obtenir l'exonération, faire chaque année la déclaration suivante (qui peut être contrôlée) à la Caisse régionale qui leur sert la pension de retraite.

Déclaration sur l'honneur

Je soussigné, Fernand Mignon, demeurant 3, rue de Bourgogne, 52130 Wassy (dossier 663103 G 542), certifie sur l'honneur avoir été en 1989 exempté du paiement d'impôt sur les revenus de l'année 1988 et je m'engage à faciliter toute enquête susceptible de la vérifier.

Fait à ... le ...

(Signature)

19

Constructions. Travaux

Demande d'achat de terrain

Monsieur,

Voisin de votre terrain sur l'allée des Coudreaux et à l'ouest de celui-ci, vous savez qu'un vide de deux mètres sépare ma maison de la limite de nos propriétés. Ayant l'intention de faire élever un garage contre ma maison, j'ai demandé l'avis de M. Bernard, entrepreneur à La Marmeline. Il m'a fait remarquer que cette largeur de 2 m était insuffisante et que 3 m seraient nécessaires.

Je sollicite donc de votre bienveillance l'acquisition d'une bande de terrain de 1 m de façade sur 7 m de profondeur (c'est la longueur de notre limite commune) prise sur votre prairie. Cela me rendrait un service appréciable et résoudrait pour moi le logement de ma voiture qui jusqu'ici stationne pendant la nuit dans la rue.

Dans l'espoir d'une réponse favorable, je vous prie de croire, Monsieur, à mes meilleurs sentiments.

Demande de permis de construire

à Monsieur le Maire de ...
(Services techniques)

Monsieur le Maire,

Possédant un terrain, cadastré B 127, sur le territoire de votre commune, j'ai l'intention d'y faire construire une maison de quatre pièces principales en vue de ma retraite.

Je vous serais reconnaissant de bien vouloir m'indiquer les prescriptions du plan d'occupation des sols sur ce secteur et de m'envoyer les imprimés relatifs à la délivrance du permis de construire afin de pouvoir vous fournir les plans et documents nécessaires avant le commencement des travaux.

Veuillez agréer, Monsieur le Maire, mes remerciements et l'expression de mes sentiments respectueux.

Projet d'achat immobilier

à un agent immobilier
ou à un notaire

Monsieur (*ou* : Maître),

Je suis à la recherche d'une résidence secondaire dans la région de Montmirail. Mon souhait serait une maison même ancienne, mais aux murs solides, de quatre ou cinq pièces avec un terrain de 600 à 1 000 m² alentour, qui ne soit pas en pleine agglomération, mais plutôt à l'écart.

Si une telle occasion se présentait, pourriez-vous m'en avertir ? Considérez, sauf contrordre, cette demande comme toujours valable.

Je vous prie d'agréer, Monsieur (Maître), l'assurance de mes sentiments distingués.

Pour informer le voisin d'un projet de construction

Madame,

J'ai l'honneur de vous informer que, possédant le terrain contigu à votre propriété, j'ai l'intention d'y faire élever un garage touchant la limite de nos terrains. Ce garage s'élèvera à 2,60 m de haut, terrasse comprise, selon le croquis que je vous joins. Situé au nord de votre jardin, je ne pense pas que cela occasionnera de gêne chez vous. Le plan d'occupation des sols de la commune m'accordait une construction de 3,75 m de hauteur et j'ai reçu le permis de construire.

D'autre part, quand les maçons auront terminé la construction, autorisez-vous l'un d'eux à venir chez vous pour mettre le crépi sur le mur aveugle qui sera vers votre jardin ? J'ai la promesse de l'entrepreneur qu'aucun dégât ne sera fait ; le cas échéant, il y serait remédié, je m'y engage.

Avec mes remerciements, je vous prie d'agréer, Madame, l'hommage de mes sentiments distingués.

Demande d'alignement pour une construction nouvelle

Monsieur le Maire,

Propriétaire du terrain portant au cadastre le numéro 238, section C, situé sur le chemin du Paquis, je désirerais y construire une maison. La façade du terrain mesure 21 m, celle de la maison serait de 13 m.

Je vous demande de m'indiquer à quel alignement je dois me soumettre pour l'implantation de cette construction nouvelle.

Veuillez agréer, Monsieur le Maire, l'expression de mes sentiments respectueux.

Demande de devis

Monsieur,

Acquéreur de la maison située au 10 de la rue des Isards à ..., j'ai l'intention de faire procéder à des modifications intérieures *(aménagement de la cuisine, installation d'une salle de bains, de W.-C. à l'étage, etc.)*.

Des amis m'ayant recommandé votre maison, je vous serais reconnaissant de bien vouloir établir d'abord un devis des travaux projetés. Veuillez me dire quel jour et à quelle heure nous pourrions nous y rencontrer afin que je vous explique mes intentions et que sur place vous puissiez prendre les mesures pour l'établissement de ce devis.

Veuillez croire, Monsieur, à mes meilleurs sentiments.

Autre demande de devis

Georges Raphanaud
3, rue de la Creuse
à Tantonville

Monsieur,

J'ai l'intention de modifier le chauffage de ma maison. Vous serait-il possible de passer samedi prochain (j'y serai toute la journée), afin que nous voyions ensemble les différents systèmes que vous pouvez me proposer, avec la dépense correspondante ?

Avec mes remerciements, je vous prie d'agréer, Monsieur, mes meilleures salutations.

À la mairie, on peut consulter :
— le cadastre ;
— le plan d'occupation des sols.

On trouve les imprimés pour :
— le permis de construire ;
— le certificat d'urbanisme.

Autre demande de devis

Jean Renaudet
33, rue Pavée
51350 Cormontreuil

Monsieur,

Vous serait-il possible de m'indiquer le coût éventuel d'un garage que je voudrais faire construire dans mon jardin ?

Il faudrait qu'il mesure intérieurement 6 m sur 3 m, avec une hauteur de 2,50 m ; il serait couvert d'une terrasse étanche et serait fermé par une porte coulissante. Si ces renseignements ne vous suffisent pas pour établir un devis, je peux vous recevoir le soir après 18 heures.

Je vous prie d'accepter, Monsieur, l'assurance de mes sentiments distingués.

Pour les litiges qui peuvent survenir lors du permis de construire, le candidat à la construction peut recourir aux bons offices du Modérateur, qui a son bureau dans chaque préfecture, à la Direction départementale de l'Équipement.

Lettre au Modérateur

Monsieur le Modérateur,

Le mois dernier, j'avais déposé une demande de permis de construire pour adjoindre un garage à ma maison, ce qui figure dans le plan ci-dessous où je possède le terrain marqué de rayures.

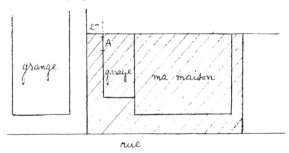

J'avais prévu en A une fenêtre pour éclairer ce garage. Or, on me refuse cette ouverture parce que la limite de propriété est trop proche du garage (à 2 mètres). Le propriétaire voisin n'a, de l'autre côté, qu'une grange sans ouverture. Il ne risque donc pas d'être gêné par mes vues sur lui. Je vous joins d'ailleurs une déclaration de Monsieur Béraud, ce voisin, qui ne s'oppose pas à cette ouverture.

J'ai l'honneur de vous demander une dérogation à la réglementation en vigueur en me permettant de faire l'ouverture A (de 1,50 de long sur 1 m de haut), afin d'éclairer le coin bricolage que je prévois au fond du garage.

Veuillez agréer, Monsieur le Modérateur, l'expression de mes sentiments respectueux.

Demande de facture à un fournisseur

à Monsieur ...,
entrepreneur de maçonnerie

Cher Monsieur,

Les travaux que je vous avais demandé de faire dans ma maison sont heureusement terminés et je vous remercie du soin que vous y avez apporté. J'avais alors, il y a un mois, demandé à votre bureau que la facture me soit envoyée, mais je n'ai encore rien reçu. Or, j'ai besoin actuellement de voir clair dans mon budget et souhaite m'acquitter au plus tôt. Dois-je considérer le total du devis préliminaire comme étant celui de la facture définitive ?

Une prompte réponse m'obligerait.

Veuillez agréer, cher Monsieur, l'expression de mes meilleurs sentiments.

Rappel à un entrepreneur

Monsieur,

Revenant de ma maison de Bécourt-la-Forêt où j'ai passé la fin de semaine, je me suis aperçu que les travaux de raccordement à l'égout ne sont pas encore faits. Puis-je vous rappeler que vous m'aviez promis que tout serait terminé pour le 1er mars ? Or nous sommes le 5. Je vous serais obligé de respecter les termes de l'engagement joint au devis, car ma famille doit s'installer incessamment dans cette maison et l'ancien puisard ne peut plus absorber les eaux usées.

Comptant sur vous, je vous prie d'accepter, Monsieur, mes salutations distinguées.

Réponse à un devis

Pour accepter un devis, un coup de téléphone ne suffit pas. L'entrepreneur tient à avoir un engagement écrit de son client.

Monsieur,

Recevant votre devis au sujet des travaux de plomberie projetés dans mon appartement de la rue des Faïenciers, n° 27 (2ᵉ étage), j'ai le plaisir de vous informer que j'accepte le montant de ce devis.

Je note que vous me promettez dans ce devis d'avoir terminé les travaux pour le 15 juin prochain. Vous trouverez les clés chez le gardien de l'immeuble qui est prévenu. Vous pourrez commencer dès maintenant.

Veuillez agréer, Monsieur, mes sincères salutations.

Règlement d'un travail

Monsieur,

J'ai bien reçu votre facture et vous remercie pour la diligence apportée à ces travaux. Par le même courrier, je vire à votre C.C.P. la somme de 3 168 F, montant de la facture.

Avec mes salutations distinguées.

Réclamation à un entrepreneur

Monsieur,

Vos ouvriers ayant terminé leurs travaux de peinture dans ma maison, je m'aperçois que dans les deux chambres du 1ᵉʳ étage, les moquettes du sol sont maculées de peinture et que nul produit ne peut enlever ces taches.

Avant de régler votre facture, j'aimerais que vous veniez constater chez moi l'importance des dégâts commis à mon préjudice.

Veuillez agréer, Monsieur, mes salutations distinguées.

Autre réclamation

Monsieur,

Vous savez que je ne viens dans ma maison qu'en fin de semaine. J'ai vu avec plaisir que l'antenne de télévision était maintenant fixée à la cheminée. Mais une autre surprise m'attendait. Votre ouvrier, par manque de précautions sans doute, a brisé 5 ardoises du toit près de la cheminée et j'ai constaté, dans le grenier, que j'avais maintenant des gouttières à cet endroit-là.

J'attends donc que vous ayez remis ma toiture en état avant de régler cette installation.

Veuillez croire, Monsieur, à l'assurance de mes sentiments distingués.

Réclamation, contestation de facture

Monsieur,

Je reçois aujourd'hui votre mémoire pour les travaux de terrassement de la fosse septique et du puisard que je vous avais demandé d'exécuter dans ma maison de Bettancourt.

Un peu surpris par le montant de cette note (4 420 F), j'ai demandé à Monsieur Thévenet, métreur-vérificateur, un contrôle des travaux. Ayant mesuré le volume de terre enlevée, examiné la consistance du sous-sol, il m'a déclaré que ce travail ne devait pas excéder 3 800 F. Pensant que vos calculs étaient peut-être erronés, j'attends de vous une facture rectifiée.

En vous priant de croire, Monsieur, à l'assurance de mes sentiments distingués.

Pour une facture trop élevée

Monsieur,

Pour l'installation du chauffe-eau dans mon sous-sol, nous étions convenus, par votre devis que j'avais accepté, d'une dépense de 2 100 F. Or, recevant aujourd'hui votre facture, je m'aperçois qu'elle s'élève à 2 420 F. Vous me comptez dix heures de main-d'œuvre, alors que vos deux ouvriers, arrivés à 14 h, finissaient leur travail à 18 h, juste au moment où mes enfants revenaient de l'école, ils doivent s'en souvenir.

Pensant qu'il ne peut s'agir que d'une erreur, je vous serais obligé de contrôler et de rectifier cette facture.

Veuillez recevoir, Monsieur, mes salutations distinguées.

Vive critique

Monsieur,

Je tiens à vous exprimer ma vive contrariété pour le retard apporté à l'achèvement des travaux dans ma maison de Saint-Remi. Vous m'aviez promis que tout serait terminé pour le 20 juin et il n'en est rien.

Je viens d'aller sur place et n'ai vu aucun ouvrier sur le chantier. Or je compte m'installer dans la maison avec ma famille dès le 15 juillet prochain.

Je vous demande donc de faire diligence pour rattraper un retard que je ne m'explique pas.

Veuillez agréer, Monsieur, mes salutations.

Pétition

à Monsieur le Maire de Clermont

Les habitants du quartier des Bois informent Monsieur le Maire que la pression d'eau est insuffisante dans la partie sud du quartier, de la rue Marion au boulevard des Coteaux.

Chaque jour, de 7 heures à 8 h 30 environ, vers midi et 18 heures, il ne coule rien aux robinets du premier étage et au-dessus, les rez-de-chaussée n'ayant qu'un mince filet d'eau.

Cette partie de la commune étant la plus élevée du territoire communal, la cause en est la situation du château d'eau enterré à la butte Gabot : sa construction date d'une époque où le lotissement des Bois n'était pas envisagé. Il devient nécessaire de surélever ce réservoir, les soussignés ne comprenant pas qu'ils soient désavantagés par rapport aux autres habitants de la commune.

En présentant à Monsieur le Maire l'expression de leur considération distinguée, signent :

M. Henri Rumé, 3, rue Jeanne d'Arc
M. Jean Stareck, 5, rue Jeanne d'Arc
M. Henri Trassart, place Marion
Mme Charlotte Truchot, 2, rue Haute
M. André Vély, 4, rue Haute
M. Roger Voinchet, 17, rue Haute
M. Roland Weilland, 20, rue Haute
...

Demande de dérogation pour des travaux dans un immeuble non aligné

Nom, adresse   *Date*

Monsieur le Maire,

Le nouveau plan d'aménagement de mon quartier fait que j'habite désormais dans une maison qui n'est pas dans l'alignement imposé. Cette maison aurait besoin d'avoir sa façade recrépie, car l'ancien revêtement tombe par plaques.

Je sollicite donc de votre bienveillance l'autorisation de faire exécuter ce travail, qui n'est pas une consolidation du mur de façade mais une façon de remédier à ce qui peut constituer un danger pour les piétons qui empruntent le trottoir le long de ma maison.

Je vous prie d'agréer, Monsieur le Maire, l'expression de mes sentiments respectueux.

Demande de certificat d'urbanisme

à Monsieur le Préfet de la Charente-Maritime (Direction de l'urbanisme)

Monsieur le Préfet,

M'étant vu proposer un terrain situé à Boyardville (île d'Oléron) sur lequel je voudrais organiser un terrain de camping, j'ai l'honneur de vous demander de bien vouloir me faire connaître les prescriptions du plan d'occupation des sols de cette commune.

Ce terrain est situé allée de la Forêt et porte le n° 28 (section E) du plan cadastral.

Veuillez agréer, Monsieur le Préfet, l'expression de mes sentiments respectueux.

20
Problèmes de propriété

Achat du droit de mitoyenneté

Monsieur,

Je viens d'acquérir la petite propriété au n° 36 de la rue des Lilas, voisine de la vôtre. Nos jardins sont séparés par un mur pour lequel le notaire me précise qu'il n'existe pas de mitoyenneté, étant votre propriété.

Comme j'aimerais garnir ce mur de rosiers grimpants avec des fils tendus le long de ce mur, de mon côté, je sollicite de votre bienveillance l'achat du droit de mitoyenneté du mur afin de réaliser ce projet.

Le cas échéant, nous pourrions nous en remettre à un expert pour estimer la valeur de l'indemnité que je devrais vous verser.

Je vous prie d'agréer, Monsieur, l'expression de mes sentiments les meilleurs.

Demande de bornage de terrains

Monsieur,

Je viens d'acquérir la prairie au lieudit « Le Raidon » et qui touche à votre propriété au nord de cette dernière, prairie qui était la propriété des héritiers Sauvage. Afin de conserver de bons rapports avec mes nouveaux voisins et pour éviter de futures contestations, j'ai l'intention de faire procéder au bornage de mon terrain.

J'en ai parlé à Monsieur Marjolet, géomètre-expert à Villers-le-Sec ; celui-ci m'a conseillé de vous en prévenir afin que nous soyons d'accord. Pourriez-vous me dire quel jour et à quelle heure nous pourrions nous rencontrer sur le terrain pour procéder à cette opération ?

Je vous prie d'agréer, Monsieur, mes meilleures salutations.

Achat d'un terrain

à Maître ..., notaire à ...

Maître,

Ayant actuellement un certain capital disponible, je serais désireux d'acquérir un terrain de la vallée de l'Ornain propre à être planté de peupliers, ou, à défaut, une peupleraie.

Si, parmi votre clientèle, se trouvait un vendeur d'un tel terrain (ne dépassant pas un hectare), je vous serais obligé de bien vouloir me mettre en rapport avec lui.

Avec mes remerciements, je vous prie d'agréer, Maître, l'assurance de ma considération distinguée.

Procuration

Je soussigné *(prénom, nom, profession, adresse)* donne pouvoir par la présente à Monsieur *(prénom, nom, profession, adresse)* de traiter à ma place la vente du terrain situé à ..., lieudit ..., parcelle n° ... dont je suis propriétaire.

Je m'engage à ratifier les décisions prises par Monsieur ... en mon nom pour cette transaction.

Bon pour pouvoir

(signature du mandat, premier nommé ci-dessus)

Accepté le présent pouvoir

(signature du mandataire, second nommé)

(Les deux mentions qui précèdent les signatures doivent être écrites de la main des signataires.)

Demande de prêt immobilier

(Nom, adresse)
N° de compte :

à Monsieur le Directeur
de l'agence du Crédit français
de ...

Monsieur,

Client de votre banque, j'ai l'intention d'acheter un appartement proposé par la Coparim (Compagnie parisienne immobilière). Cette société va édifier un immeuble au n° 10 de la rue Millaret et les appartements sont en vente sur plan.

Intéressé par cette opération immobilière, je ne dispose pas de la totalité de la somme demandée et aurai besoin d'un prêt de 160 000 francs. Pourriez-vous me faire une offre de prêt pour cette acquisition ? Vous connaissez mes revenus. Mon salaire et celui de ma femme (compte n° ...) sont virés chaque mois chez vous. Si d'autres précisions vous sont nécessaires, je me tiens à votre disposition.

Cordialement vôtre,

PRÊTS IMMOBILIERS

(publics ou privés, prêts bancaires ou locatifs, prêts conventionnés, prêts épargne-logement, prêts H.L.M.)

Quand un emprunteur détient une offre écrite de prêt, il doit considérer la date figurant sur le récépissé :

a) si la somme est inférieure ou égale à 100 000 F, le délai de renonciation au prêt est de *7 jours* ;

b) si la somme est supérieure à 100 000 F, il ne peut accepter cette offre avant *10 jours* (délai de réflexion). Il dispose de *30 jours* (délai de disponibilité) pendant lesquels le prêteur est tenu de maintenir les conditions contenues dans son offre ; l'emprunteur doit mettre à profit ces 30 jours pour demander d'autres offres de prêt et retenir la plus avantageuse. Enfin, une offre étant acceptée par l'emprunteur, ce dernier dispose de *4 mois* pour réaliser l'acte de vente immobilière. Au-delà, le contrat de prêt est annulé.

Observation à un voisin

Cher Monsieur,

Au fond de votre jardin, tout près de la clôture mitoyenne, pousse un arbre. Grandissant, il risque de devenir gênant et déjà ses racines pénètrent dans mon sous-sol. Puis-je me permettre de vous rappeler qu'une distance minimale de deux mètres à partir de la limite de propriété est imposée pour les plantations d'arbres.

Ne venant qu'en fin de semaine pour entretenir mon jardin, je n'ai pu vous rencontrer et c'est ce qui m'incite à vous écrire cette lettre.

Veuillez croire, cher Monsieur, à mes meilleurs sentiments.

Vive réprimande

Monsieur,

Ne tenant pas à vous rencontrer à nouveau, je vous informe que votre voisinage me pèse. Je me suis aperçu que vous continuez à jeter des immondices dans le verger que je possède au voisinage de votre jardin.

Un tel manque de savoir-vivre est révoltant. Croyez-vous que je vais le tolérer longtemps ? Je trouve votre comportement indigne et, comme ce n'est pas la première fois, je vous prie de faire enlever les saletés déversées sur mon terrain avant que j'aie recours aux voies légales pour mettre un terme à ces pratiques inqualifiables.

(signature)

Demande de déboisement

Monsieur le Préfet,

Possédant un petit terrain à demi boisé de 21 ares 7 centiares sur la commune de Vroïl, cadastré M 220 bis, je vous demande l'autorisation de faire couper le taillis qui couvre la moitié de ce terrain afin d'y faire construire une maison et un hangar à fourrage.

Les plus gros arbres, des aulnes, ont 45 cm de tour ; ce ne serait donc pas un déboisement important.

Je vous prie d'agréer, Monsieur le Préfet, l'expression de ma respectueuse considération.

Avis sur un projet de voirie

Monsieur le Maire,

Ayant consulté le projet d'aménagement du quartier des Saussaies qui est exposé au service technique de la mairie, je me suis aperçu qu'une voie était prévue le long de l'école maternelle.

Cette rue sera sans doute très fréquentée car elle répond à un besoin de liaison réel entre la nationale 28 et la gare de triage, mais elle risque d'être une source de perturbation incessante pour les petits de l'école.

Ne serait-il pas possible de la déporter de 50 m à l'est, le long des docks de la Société Duflos, les expropriations n'en étant pas affectées ?

Je vous prie d'agréer, Monsieur le Maire, l'assurance de ma parfaite considération.

Demande d'hypothèque

à Maître Le Mercier, notaire
à ...

Cher Maître,

J'habite, vous le savez, ma grande maison de la rue Savin, bien grande depuis que j'y vis seule. Mais j'ai un tel attachement pour ces murs, pour ce jardin, que je ne peux envisager de les quitter pour aller dans je ne sais quel petit appartement.

J'ai à faire face à des réparations dont le montant excède mes disponibilités. Serait-il possible d'hypothéquer tout ou partie de cette maison ? Auriez-vous dans votre clientèle une personne sérieuse capable de répondre à mon désir ? Dites-moi si mon idée est réalisable, vous avez toute ma confiance.

En attendant de vous lire, croyez, chez Maître, à l'expression de ma considération distinguée.

21
Logement.
Locations.
Déménagement

À un gérant d'immeubles

Monsieur,

Je m'adresse à vous sur les conseils d'un ami, Monsieur Libert, qui a eu recours à vos services dans une occasion semblable. Je désirerais louer dans le quartier de Saint-Médard un petit appartement de deux pièces cuisine, situé dans les deux premiers niveaux d'un immeuble, ou plus haut s'il y a un ascenseur. Mes préférences iraient, si possible, à un appartement sur cour, plus calme.

Au cas où un tel appartement se trouverait libre dans les immeubles que vous gérez, vous pourriez m'appeler au 41.44.18.22 (heures de bureau) ou au 42.26.30.07 (domicile). D'autre part, je serais aussi candidat à la location d'un garage, mais cela n'est qu'accessoire.

Veuillez agréer, Monsieur, l'expression de mes meilleurs sentiments.

Le **gérant**, mandataire du seul propriétaire, est chargé de régler les rapports entre propriétaire et locataires. Sa profession s'apparente à celle de l'agent immobilier.

Le **syndic**, choisi par les copropriétaires, est le mandataire du syndicat des copropriétaires dans leur ensemble et s'occupe des rapports entre copropriétaires.

Offre de logement

Mademoiselle,

Apprenant par ma belle-sœur que vous étiez à la recherche d'un logement, je me permets de vous proposer un studio que j'ai au premier étage de ma maison et que je suis prête à louer pour un prix raisonnable.

Je vis seule et serais heureuse de vous accueillir chez moi. Vous disposeriez d'une pièce de séjour, d'une cuisine et d'une salle de bains, avec une entrée indépendante.

Si cela vous intéresse, je peux vous recevoir le soir après 17 heures, sauf le dimanche.

En attendant, croyez, Mademoiselle, à mes meilleurs sentiments.

Petites annonces concernant le logement
(Voir le tableau des abréviations p. 379)

Vends appartement état neuf 3 p., s. de b., cuis., ch. central, parking, quartier halles. Tél. 44.43.11.05 après 19 h.

Appt. à louer Orléans except. living dble, 3 ch., 2 s. de b., cuis. équipée. 1700 F + charges. Munier av. Condé.

Cherche appart. 5 p. garage, Rueil ou proche. Écrire journal n° 556.

Désire louer juillet villa Cassis pour 5 pers. tout conf. Tél. 48.76.86.44.

Particulier vends maison ancienne 4 p. dépendances, grange, gd jardin. à Bierne. Journal n° 28.

Réponse à une annonce

Monsieur,

Me référant à votre annonce parue dans « L'Écho de l'Auvergne » du 16 mai, je serais désireux d'avoir quelques précisions sur la maison que vous mettez en vente. Les pièces sont-elles toutes en rez-de-chaussée ? Le jardin est-il clos ? A quelle distance du centre de l'agglomération est située cette maison ?

D'autre part, veuillez me dire à quel moment (jours et heures) il vous serait possible de me recevoir pour une visite.

En vous remerciant par avance, je vous prie de croire, Monsieur, à mes sentiments distingués.

Réponse négative

Monsieur,

J'ai bien reçu votre lettre et vous en remercie. Cependant j'ai le regret de vous annoncer qu'une personne s'est présentée dès le premier jour et a loué l'appartement aussitôt.

Recevez, Monsieur, l'assurance de mes sentiments distingués.

Réponse favorable

Monsieur,

Pour la visite de la maison de campagne que je mets en vente, je serais heureux de vous recevoir samedi prochain 12 avril, toute la journée. Vous la trouverez, venant de Poitiers, en traversant le village d'Aucourt, dans toute sa longueur. A la sortie, prenez le chemin de droite. A partir de ce tournant, je suis à 50 mètres, côté gauche. La porte sera ouverte pour votre voiture.

Veuillez agréer, Monsieur, l'expression de mes meilleurs sentiments.

Demande de logement

Monsieur le Maire,

Je suis actuellement à la recherche d'un logement pour ma retraite et c'est en qualité de Vitryate que je m'adresse à vous.

J'ai vécu et travaillé à Vitry de 1945 à 1985 comme employée de commerce chez deux commerçants (Parfumerie Outard, place d'Armes ; Bijouterie Lecoq, rue du Pont). Je suis très attachée à Vitry où réside une partie de ma famille et mon souhait est d'y vivre ma retraite. Apprenant que la ville va édifier un ensemble résidentiel pour les personnes âgées, j'ai l'honneur de vous demander s'il me serait possible d'acquérir un appartement dans cet ensemble (j'ai quelques économies) ou d'être inscrite sur la liste des candidats à une location.

Dans l'attente de votre réponse, je vous prie d'agréer, Monsieur le Maire, l'expression de mes sentiments distingués.

Acte de location d'un immeuble ①
(ou : Bail de location - Engagement de location)

Entre les soussignés

Monsieur Luc Barnier, demeurant 6, rue des Maraîchers à Épinal, bailleur

d'une part

et Monsieur Emmanuel Cordebeau, demeurant 18, rue du Dépôt à Charmes, preneur

d'autre part

il a été convenu et arrêté ce qui suit :

Le bailleur loue par les présentes au preneur qui accepte, pour une durée de trois ans renouvelable par semblables périodes, à compter du 1er avril 1989 ②, les locaux ci-après désignés : appartement de cinq pièces comprenant entrée, cuisine, séjour, salon, trois chambres, salle de bains, W.-C., situé au 2e étage à gauche, plus une cave n° 7 en sous-sol et le garage n° 7 situé au fond de la cour, le tout sis au n° 58 de la rue Sully à Épinal.

Étant observé que la présente location n'est pas soumise aux dispositions de la loi du 1er septembre 1948, sa construction étant postérieure à cette date.

Cette location est faite aux charges et conditions suivantes :

1. Le preneur prend les lieux loués en l'état où ils se trouvent au moment de l'entrée en jouissance, déclarant les bien connaître pour les avoir vus et visités.

2. Il doit les employer uniquement à son habitation personnelle et à celle de sa famille, sans y exercer aucune industrie ou commerce.

3. Il devra garnir les lieux loués de meubles et objets mobiliers d'une valeur suffisante pour garantir le paiement du loyer.

4. Il devra entretenir les lieux de toutes réparations locatives et les rendre, en fin de jouissance, en bon état d'entretien. Le bailleur ne sera tenu qu'aux grosses réparations précisées par l'article 606 du code civil.

5. Le preneur ne pourra sous-louer, ni céder le droit à la présente location, ni prêter les lieux à des tiers, sous quelque prétexte que ce soit ③.

6. Le preneur devra supporter sans indemnité quelles qu'en soient l'importance et la durée, tous les travaux qui pourraient

---

① Sur papier timbré.

② *Ou* : pour trois, six ou neuf années entières et consécutives, du 1er avril 1989 au 31 mars 19..

③ *Ou* : la sous-location de tout ou partie des locaux est autorisée sous la responsabilité du preneur.

devenir nécessaires dans les lieux loués ou l'immeuble dont ils dépendent, ainsi que dans les immeubles voisins, et notamment tous travaux aux murs mitoyens.

7. Il devra laisser à la fin de la location et sans indemnité toutes les installations et améliorations par lui faites dans les lieux loués, à moins que le propriétaire ne préfère le rétablissement des lieux dans leur état primitif.

8. Le preneur ne pourra faire aucun percement de mur, ni changement de distribution des lieux loués sans le consentement exprès et par écrit du bailleur.

9. Le preneur sera tenu de se garantir contre les explosions, l'incendie, les dégâts des eaux et tous les risques locatifs, y compris les aménagements et embellissements qu'il aura effectués, par une assurance suffisante, contractée à une compagnie française notoirement solvable, et de justifier du paiement régulier des primes à toute réquisition du bailleur.

10. Il devra laisser exécuter, à ses frais, par le fumiste du propriétaire, s'il ne le fait lui-même, le ramonage des appareils de chauffage et de tous les conduits de fumée utilisés desservant les lieux loués, au moins une fois par an et plus souvent s'il est nécessaire, ainsi qu'en fin de jouissance.

11. Le preneur ne pourra exercer aucun recours contre le bailleur en cas de vol dans les lieux loués.

12. En cas de mise en vente de l'immeuble ou de l'appartement, le preneur devra laisser visiter les lieux loués tous les jours de 10 heures à 16 heures pendant les six semaines qui suivront l'annonce de la vente. Il devra également tous les jours et pendant les mêmes heures, laisser visiter l'appartement en cas de cessation de location et ce pendant les trois mois qui précéderont la fin de cette location.

13. Le bailleur s'engage à signaler tout fait qui nécessiterait une réparation incombant au bailleur et cela sans délai.

14. Le chauffage des locaux loués est à la charge du preneur, ainsi que l'entretien des appareils de chauffage.

15. Le preneur s'engage à respecter la bonne tenue et la tranquillité de l'immeuble et en général à se soumettre au règlement intérieur de l'immeuble dont il reconnaît qu'un exemplaire lui a été remis.

16. Le preneur devra, avant son départ, acquitter tous les relevés de charges locatives, les redevances d'électricité, de gaz et de téléphone et aviser le bailleur de la date de son déménagement afin qu'un état des lieux puisse être dressé contradictoirement ce jour-là, en fixant, le cas échéant, le coût de remise en état.

④

LOYER

La présente location est acceptée moyennant un loyer fixé à la somme de ... (en lettres) francs par an.

Monsieur Cordebeau s'oblige à le payer à Monsieur Barnier par mois et d'avance, le premier de chaque mois ⑤.

Il est expressément convenu qu'à défaut de paiement à son échéance d'un seul terme de loyer ou d'exécution de l'une quelconque des conditions de la présente location et un mois après un commandement ou une sommation faite à personne ou au domicile ci-après élu demeuré infructueux, la présente location sera résiliée de plein droit, si bon semble à Monsieur Barnier sans qu'il soit besoin de former aucune demande judiciaire et que, si en ce cas, le locataire se refusait à quitter les lieux, il suffirait, pour l'y contraindre, d'une simple ordonnance rendue par M. le juge des référés, non susceptible d'appel.

Toute offre de paiement ou d'exécution après l'expiration du délai d'un mois ci-dessus, sera réputée nulle et non avenue et ne pourra faire obstacle au droit de résiliation appartenant au bailleur.

Dans le cas où le bailleur userait de ce droit, la somme remise à titre de dépôt de garantie, ainsi qu'il va être dit, lui restera acquise à titre d'indemnité à forfait sans préjudice de tous autres dommages-intérêts.

PRESTATIONS, TAXES ET FOURNITURES

Le preneur devra acquitter en sus du loyer ci-dessus fixé sa part dans les charges de l'immeuble ci-après :

---

④ D'autres précisions peuvent être ajoutées, comme :
- Le preneur ne pourra pas mettre de linge à sécher sur les balcons.
- Il devra veiller à ne pas laisser écouler de l'eau sur les étages inférieurs.
- Les cheminées de l'appartement loué ne pourront recevoir d'appareils à combustion lente dont l'usage est interdit.
- Le preneur ne pourra installer d'antenne particulière de télévision et est tenu de se brancher sur l'antenne collective de l'immeuble.
- Il ne devra pas entreposer de bicyclettes, de voitures d'enfant ou autres objets dans les parties communes (paliers, vestibules, etc.).
- Il lui est interdit de déposer des matières dangereuses ou malodorantes dans les parties communes et les dépendances.
- Il est interdit d'apposer en façade des plaques ou enseignes sans l'accord du bailleur.

⑤ Ou : par trimestre aux quatre termes ordinaires de l'année et d'avance.

1. A chaque terme au prorata de la surface corrigée des divers appartements ou locaux supposée établie conformément aux dispositions de la loi du 1ᵉʳ septembre 1948 ⑥,
- les taxes locatives d'enlèvement des ordures ménagères, du tout-à-l'égout et du balayage ;
- le salaire du concierge ;
- tous impôts et taxes relatifs à l'immeuble ;
- les frais de pose, dépose et battage des tapis d'escaliers ;
- l'éclairage des locaux communs ainsi que la location et l'entretien des compteurs desdits locaux ;
- la consommation d'eau froide et d'eau chaude des locaux ainsi que la location et l'entretien des compteurs.

2. A chaque terme et suivant la formule dite « de copropriété », la force motrice et les frais d'entretien de l'ascenseur, correspondant au contrat complet avec câble et moteur de la Chambre syndicale des ascenseurs.

3. La loge du concierge sera le cas échéant, considérée comme une partie commune pour la répartition des charges d'eau, d'éclairage et de chauffage.

Enfin le bailleur ne pourra être rendu responsable soit de l'arrêt, soit du mauvais fonctionnement momentané du chauffage central et de l'ascenseur.

DÉPÔT DE GARANTIE

Monsieur Cordebeau, locataire, a présentement versé, à titre de dépôt de garantie à Monsieur Barnier, bailleur, qui le reconnaît, la somme de ... *(en lettres)* francs, représentant deux mois de loyer, laquelle sera remboursée à Monsieur Cordebeau en fin de jouissance, après déménagement et remise des clefs, défalcation faite de toutes les sommes dont il pourrait être débiteur envers le propriétaire, ou dont celui-ci pourrait être rendu responsable pour le locataire.

Cette somme sera augmentée ou diminuée en même temps et dans la même proportion que les loyers, chaque fois que ceux-ci subiront une modification, la différence étant versée avec le premier terme modifié.

ÉLECTION DE DOMICILE

Pour exécution des présentes et notamment pour la signification de tous actes de poursuite, le preneur fait élection de domicile dans les lieux loués.

---

⑥ *Ou* : au prorata des millièmes de copropriété.

Les honoraires des présentes seront supportés par le preneur ainsi que les droits de timbre et d'enregistrement si cette formalité est requise par le bailleur.

Fait en trois originaux
à Épinal, le *(date)*

Le bailleur	Le preneur
Lu et approuvé ⑦	Lu et approuvé ⑦
(signature)	*(signature)*

Un acte de location est quelquefois rédigé de manière plus simple.

Je soussigné, Louis Durest, demeurant 141, boulevard de la Résistance à Grenoble, donne à loyer à Monsieur Jacques Dornier, ingénieur aux Établissements Carette et Cie, la propriété que je possède au 12 de la rue de l'Église à Cholonge, à compter du 1er mai 1985.

Cette propriété comprend une maison de quatre pièces principales avec cuisine et salle d'eau et, attenant, une courette et un jardin clos avec un appentis couvert à usage de garage.

Le loyer annuel est fixé à ... *(lettres)* francs, payable mensuellement d'avance. Le montant du loyer est révisable chaque année au 1er mai.

L'engagement de location, valable pour un an, sera renouvelable par tacite reconduction et résiliable par simple lettre recommandée envoyée un mois à l'avance par l'une ou l'autre des parties. Monsieur Jacques Dornier déclare accepter ces conditions.

Fait en double exemplaire à Grenoble le 20 février 1985.

Lu et approuvé	Lu et approuvé
(signature)	*(signature)*

Engagement de location meublée

Entre les soussignées

Madame Éliane Brissot, demeurant 17, rue Montesquieu à Agen, d'une part

et Mademoiselle Michèle Ducroc demeurant 4, rue des Jacobins à Agen, d'autre part

---

⑦ Les dernières mentions, manuscrites, sont de la main des signataires. Chaque page du bail doit porter le paraphe du bailleur et du preneur.

Il a été convenu ce qui suit :

Madame Brissot loue à Mademoiselle Ducroc un studio meublé avec cuisinette, salle d'eau et W.-C. au 3ᵉ étage de l'immeuble qu'elle possède 17, rue Montesquieu à Agen.

Le preneur déclare connaître les lieux et les accepter dans l'état où ils se trouvent. La location, faite pour un mois, commencera le 1ᵉʳ octobre 1987 et sera renouvelable par tacite reconduction chaque mois. La résiliation pourra se faire par l'une ou l'autre des parties un mois à l'avance par simple lettre recommandée.

Le loyer est fixé à ... *(en lettres)* francs par mois, payables d'avance. Le locataire aura en plus à sa charge les dépenses de gaz et d'électricité de ce studio. Faute de règlement et après un délai de 20 jours, le bail sera résilié de plein droit.

Le preneur s'oblige à respecter l'état des locaux en y faisant toute réparation que l'usage rendrait nécessaire, à l'entretenir en bon état de propreté, à ne pas faire de modification sans l'accord du bailleur, à satisfaire aux obligations d'usage (ramonage de cheminée, engorgement de canalisations, assurance contre l'incendie, les risques locatifs, le recours des voisins, les dégâts des eaux), à ne pas sous-louer ce studio. Pour tout ce qui n'est pas prévu ci-dessus, les parties s'en remettent aux usages locaux et à la loi.

INVENTAIRE DES PIÈCES MOBILIÈRES

Deux armoires de chêne,
un grand lit de 140 cm avec sommier, matelas, traversin, deux couvertures et une couette,
deux chaises cannées,
une table-bureau
une table de nuit
une grande table
un buffet bas
six chaises
une cuisinière à gaz
deux tabourets
une table de cuisine
quatre éléments de rangement, bas et haut
un réfrigérateur de 200 litres, marque « Star »
vaisselle : 12 assiettes plates, 6 assiettes creuses, 10 couteaux de table, 10 cuillers, 10 fourchettes, 10 cuillers à café, 2 plats creux, deux plats plats, un moulin à café électrique, 6 casseroles, deux moules à gâteau, 2 poêles à frire, une cocotte, deux cruches.

Il est remis au bailleur la somme de ... *(en lettres)* francs en cautionnement des pièces mobilières décrites ci-dessus.

Fait à Agen, le 30 juillet 1987.

Lu et approuvé   Lu et approuvé

(signature)   *(signature)*

Quittance de loyer

Je reconnais avoir reçu de M. ... la somme de ... *(en lettres)* francs, pour le terme échu le ... *(date en lettres)* et concernant le mois de ... 19.., de l'appartement *(ou : de la maison, de la remise, du garage...)* qu'il occupe et que j'ai loué(e) au n° 5 de la rue Franklin.
Dont quittance, sous réserve de tous droits.

A ..., le ... 19..

(signature du propriétaire, du mandataire ou du gérant)

Un congé doit être notifié par lettre recommandée avec accusé de réception, en respectant les délais de préavis prévus dans le bail.

Congé donné par le bailleur
(propriétaire ou son représentant)

Monsieur,

Le bail que je vous ai consenti par acte du *(date)* vient à expiration le ... Ne désirant pas le renouveler, j'ai l'honneur de vous donner congé pour le ...
Vous aurez, en conséquence, à me remettre les clefs et la jouissance des lieux à l'époque indiquée ci-dessus, libres de toute occupation.
Vous aurez également à me justifier du bon état des réparations locatives vous incombant et du paiement de vos impôts mobiliers, en m'adressant, avant votre déménagement, un bordereau de situation que vous délivrera le percepteur.
Veuillez agréer, Monsieur, l'assurance de mes sentiments distingués.

Congé donné par le locataire

Monsieur,

Par acte du ..., vous m'avez consenti, à compter du ... un bail de ... ans, pour un appartement (une maison, un garage...) situé au 2ᵉ étage de l'immeuble de la rue Thiers, n° 86.
Aux termes de ce bail, j'ai la faculté de résilier celui-ci chaque année.
Pour des raisons personnelles *(ou : professionnelles)*, j'ai l'honneur de vous donner congé de cet appartement pour le ..., date d'expiration de la ..ième année dudit bail, date à laquelle je vous

remettrai ledit appartement libre de toute occupation et de tout mobilier.

Je suis à votre disposition pour établir l'état des lieux et vous prie de me fixer, à cette fin, un rendez-vous sur place, avant mon départ.

Vous trouverez, sous ce pli, un bordereau de situation délivré par mon percepteur attestant le paiement de mes impôts mobiliers.

Je désire récupérer le montant du dépôt de garantie à la signature du congé. Pour la bonne règle, je vous demande votre accord sur ce congé.

Veuillez agréer, Monsieur, l'assurance de mes sentiments distingués.

Congé

Entre les soussignés, il est convenu et arrêté ce qui suit :

M. *(prénom, nom, adresse)*, propriétaire d'une maison sise à ..., rue ..., N° ..., donne congé à M. *(prénom, nom, adresse)*, son locataire, qui l'accepte, pour quitter les lieux qu'il occupe dans ladite maison, à la date du ...

De son côté, M. ..., locataire, promet de quitter les lieux au jour convenu, avant midi, et d'en remettre les clefs au propriétaire, après avoir satisfait à toutes les prescriptions légales.

Fait en double exemplaire à ..., le ...

Lu et approuvé	Lu et approuvé
(signature)	*(signature)*

État des lieux

L'état des lieux est établi par le propriétaire à l'arrivée et avant le départ du locataire pour le règlement du dépôt de garantie.

Un locataire ne doit jamais signer un état des lieux rédigé hors de sa présence.

Si bailleur et locataire ne sont pas d'accord pour établir un état des lieux, il sera établi par huissier, aux frais du locataire.

Le modèle ci-contre, établi pour un locataire sortant, sera facilement adapté pour le cas d'un locataire entrant.

État des lieux

Adresse du logement :
Locataire sortant : (prénom, nom, nouvelle adresse)
Date d'entrée :
Date de sortie

Étage :   Position :
N° de compte (courant postal ou bancaire) :

	Portes Fenêtres Volets, stores	Électricité Prise d'antenne	Équipements Rangements	Sol	Peinture ① Plafond Vitrerie	Plomberie Sanitaire	Serrurerie
Entrée							
Salle de séjour							
Cuisine							
Chambre 1							
Chambre 2							
Chambre 3							
Chambre 4							
Salle de bains							
W.-C.							
Cave							
Garage							

Reconnues exactes les constatations ci-dessus
sur l'état du logement que je libère
Le locataire,   (signature)

Fait en double à ... le ...
Le propriétaire,   (signature)

① Indiquer : bonne, moyenne, mauvaise.

Demande d'allocation personnalisée au logement

à la Caisse d'allocations familiales
(ou Caisse de mutualité sociale agricole)

Monsieur,

Je suis locataire d'un appartement qui a été construit en 1979 et mes ressources sont assez limitées, étant seul salarié de la famille avec une femme et deux enfants.

Pensant avoir droit à l'aide personnalisée au logement (A.P.L.), je désirerais savoir quelles sont les formalités à remplir, les conditions à réunir pour en bénéficier.

Veuillez agréer, Monsieur, avec mes remerciements, l'assurance de mes sentiments distingués.

Réclamation auprès du propriétaire

Monsieur,

Je vous ai loué un local situé 14, allée des Jardins, destiné à entreposer des marchandises. Or, j'ai constaté que la porte opposée à l'entrée (sur l'impasse Leroux) et que je n'utilise jamais, est en très mauvais état. Les paumelles et le verrou ne tiennent guère. J'ai dû renforcer cette porte par deux barres de fer, mais comme il y a eu des cambriolages dernièrement dans le quartier, je vous demande de remplacer cette porte dont la fragilité m'expose à un vol que ma compagnie d'assurances refuserait de couvrir.

Veuillez agréer, Monsieur, mes salutations distinguées.

Demande de réparations au propriétaire

Monsieur,

Locataire de votre maison (18, rue des Templiers), je vous signale que des gouttières se sont produites dans la toiture de cette maison. A la suite d'un gros orage de grêle, hier, une tache est apparue au plafond d'une chambre. Visitant le grenier, j'ai vu des jours (tuiles fissurées) qui m'ont obligé à placer deux bassines en dessous pour parer à une pluie possible.

Je vous demande donc de faire procéder à la réparation de la toiture afin d'éviter de futurs dégâts.

Veuillez agréer, Monsieur, l'assurance de mes sentiments distingués.

Autre réclamation

Monsieur,

Je me permets de vous rappeler ma demande du 16 mai au sujet des réparations qui se révèlent nécessaires dans mon appartement. Le gérant de l'immeuble a pu le constater lui-même : les fissures qui sont apparues dans le mur nord (côté cuisine) s'allongent encore et il est devenu urgent d'y remédier. Cette construction étant récente, je pense qu'il faut voir là une malfaçon du constructeur qui tombe sous le coup de la garantie décennale.

J'espère que vous voudrez bien donner des instructions à votre architecte sans plus attendre et je vous prie d'agréer, Monsieur, l'assurance de mes sentiments distingués.

Lettre au maire au sujet d'un propriétaire récalcitrant

Monsieur le Maire,

J'ai recours à vous au sujet d'un litige qui m'oppose au propriétaire de mon logement (Monsieur Lefort, 8, rue Montpensier à Bergerac).

J'avais demandé à ce dernier de faire réparer la chaufferie de l'immeuble où il faudrait, selon les techniciens, remplacer le brûleur défectueux à la chaudière ainsi que les appareils de régulation (pompe de relais, vanne trois voies, etc.). La chaudière consomme une quantité anormale de mazout et, l'hiver approchant, j'avais réitéré ma requête auprès de M. Lefort. Celui-ci me rétorque que je n'ai qu'à faire ces réparations à mes frais. Or c'est bien au propriétaire que ces charges incombent.

Mes interventions demeurant vaines, je vous serais reconnaissant de vouloir bien mettre M. Lefort en demeure de procéder sans délai aux réparations qui s'imposent.

Veuillez agréer, Monsieur le Maire, l'assurance de mes sentiments respectueux.

Réclamation auprès de voisins

Monsieur,

Nous avons la malchance d'habiter ensemble un immeuble sonore où tous les bruits trahissent la vie du voisinage. J'avais fini par m'y habituer, mais étant âgé et fatigué, je dois reconnaître qu'il m'est impossible de trouver le sommeil le soir tant que votre fils s'exerce à jouer de la trompette et quelquefois jusqu'à une heure assez avancée.

Je vous serais reconnaissante de bien vouloir lui demander de penser aussi à ceux qui ont besoin de repos. Je désirerais surtout que nos rapports ne soient pas altérés par ma remarque et c'est pourquoi j'ai préféré vous écrire.

Veuillez croire, cher Monsieur, à l'expression de mes sentiments les meilleurs.

Autre réclamation

Madame,

Croyez bien que je suis navrée d'avoir à vous écrire cette lettre, mais je n'ai pas pu vous rencontrer lors de votre dernier passage dans l'immeuble. Presque chaque jour, votre femme de ménage arrose abondamment les jolies fleurs que vous avez sur l'appui de fenêtre et, sans qu'elle s'en rende compte probablement, l'eau déborde le long du mur pour dégouliner sur mon balcon, ce qui est désagréable. Pourriez-vous lui demander d'agir avec plus de modération en pensant aux voisins du dessous ?

J'espère, Madame, que vous ne m'en voudrez pas de cette remarque et vous prie d'accepter mes cordiales salutations.

Plainte auprès du gérant de l'immeuble

Monsieur,

J'ai le regret de vous signaler que Monsieur Tupart, locataire de l'appartement situé au-dessus du mien, possède deux chiens qui troublent souvent notre repos par leurs aboiements intempestifs, même en pleine nuit. Ce locataire rentre souvent très tard et, vers onze heures du soir, c'est un vacarme de bruits de chasse d'eau, de meubles et de cris de chiens. Mes remarques à ce monsieur ont été jusqu'ici sans effet.

J'espère que ma requête auprès de vous suffira à faire cesser ces bruits extrêmement gênants pour nos enfants et nous-mêmes et que je ne serai pas obligé de demander au propriétaire des dommages et intérêts pour réparation de troubles de jouissance.

Dans l'espoir de votre intervention, je vous prie d'agréer, Monsieur, mes salutations distinguées.

Copropriété

Dans une petite copropriété, le syndic peut être un des copropriétaires. Il convoque les assemblées générales et fait exécuter tout ce qui a été décidé en assemblée. Il est le gardien du registre des procès-verbaux d'assemblée.

Procès-verbal d'assemblée

L'an mil neuf cent quatre-vingt-sept, le 10 juin, à 18 heures, les copropriétaires de l'immeuble situé au 22 de la rue Danton à Saint-Maur, se sont réunis en assemblée générale sur la convocation qui leur a été adressée par le syndic, pour délibérer sur l'ordre du jour suivant :
1° Peinture des portes de garages.
2° Remplacement du jardinier.
3° Questions diverses.
Il a été dressé une feuille de présence que tous les copropriétaires présents ont signée et qui est annexée au présent procès-verbal.
L'assemblée est présidée par Monsieur Espinasse. Monsieur Le Guinio, syndic, est désigné comme secrétaire.
Le président contrôle, d'après la feuille de présence, que cinq propriétaires (sur six), représentant 820 millièmes, sont présents ou représentés. L'assemblée est régulièrement constituée et peut valablement délibérer.
Le président déclare alors la séance ouverte et donne lecture de l'ordre du jour.

1re question. L'assemblée précédente ayant décidé de faire repeindre les portes des garages, le syndic présente deux devis fournis par deux entreprises de peinture de la ville. Le premier s'élève à 3 500 F pour une peinture deux couches sur les portes des 6 garages. Le second devis est de 3 130 F pour le même travail mais ne pourra être exécuté que dans quatre mois. Le choix est mis aux voix :
Pour le 1er devis : 1 voix représentant 170 millièmes.
Pour le 2e devis : 4 voix représentant 650 millièmes.
Le second devis est donc adopté. Le syndic est chargé de prendre contact avec l'entrepreneur.

2e question. Le jardinier qui entretenait le gazon et le parterre de fleurs part à la retraite et nous recommande son successeur, Monsieur Thomas, pour le même travail aux mêmes conditions. Candidature acceptée à l'unanimité des présents.

Divers. Le syndic indique qu'il envisage le remplacement des filtres sur colonne d'eau chaude et propose l'installation d'extincteurs sur les trois paliers de l'immeuble. Les deux propositions sont acceptées par tous les présents.

Le syndic informe les copropriétaires que le relevé des charges de l'immeuble du 3ᵉ trimestre sera envoyé à chacun pour le 25 octobre.

Plus rien n'étant à l'ordre du jour, la séance est levée à 19 heures.

Le Président	Le Secrétaire
(signature)	*(signature)*

Pour un échange d'appartements, lettre au propriétaire
(lettre recommandée avec accusé de réception)

Monsieur,

Locataire de votre appartement de trois pièces depuis cinq ans, et m'y trouvant un peu à l'étroit depuis la naissance de notre deuxième enfant, je suis en relations avec Monsieur Curnier qui habite seul, 10, rue des Dames, un appartement de cinq pièces. Nous désirerions échanger nos locations à compter du 1ᵉʳ octobre prochain.

Afin que cet échange soit régulier, j'ai tenu à vous en informer, Monsieur Curnier en faisant autant auprès de son propriétaire.

Veuillez agréer, Monsieur, l'assurance de mes sentiments les meilleurs.

Annonce d'une augmentation de loyer par le propriétaire
(lettre recommandée avec accusé de réception)

Monsieur,

Je me propose d'ajuster le montant de votre loyer, ainsi que le prévoit le bail, en tenant compte de la variation de l'indice du coût de la construction publié par l'I.N.S.E.E. pour le 2ᵉ trimestre de l'année en cours. Cet indice fait apparaître une majoration de 4 %. Le loyer, hors les charges, sera donc révisé en conséquence à compter du 1ᵉʳ juillet prochain :

ancien loyer : ... F par mois
majoration de 4 % : ... F
nouveau loyer : ... F

Comme j'ai l'habitude de le faire, je ne vous applique pas cette augmentation à compter de la date de majoration de l'indice, mais seulement à compter du mois suivant.

Cependant le dépôt de garantie, qui doit selon notre bail être égal à deux mois de loyer, devra être ajusté lui aussi. Je vous demande donc à ce titre un complément de (... F × 2) × 4 % = ... F, à ajouter à votre chèque du 1ᵉʳ juillet.

Veuillez agréer, Monsieur, l'assurance de mes sentiments très distingués.

Au propriétaire pour demander un délai de paiement

Monsieur,

Je me trouve actuellement gêné financièrement. L'entreprise qui m'employait vient de fermer ses portes. Inscrit à l'A.N.P.E., je dois toucher mes indemnités de licenciement et de chômage comme le prévoit la loi, mais les formalités en cours, la lenteur des bureaux font que je me trouve provisoirement dans l'impossibilité de vous régler le trimestre de loyer prévu pour le 1ᵉʳ avril. Ce n'est qu'un retard et je vous prie de m'en excuser. Je vous demande donc d'attendre le moment où je serai en mesure de vous régler, ce qui ne saurait excéder un mois m'a-t-on assuré.

En comptant sur votre bienveillance, je vous prie d'agréer, Monsieur, l'assurance de mes sentiments distingués.

Achat d'un logement H.L.M.

à Monsieur le Président du
Conseil d'administration de l'Office
public d'H.L.M. de ...

Monsieur le Président,

Il vient d'être annoncé que les locataires de notre ensemble immobilier pouvait accéder à la propriété de leur logement.

Je souhaiterais connaître les conditions de cette cession et savoir si un règlement échelonné du prix est possible.

En l'attente de votre réponse, je vous prie d'agréer, Monsieur le Président, l'assurance de mes sentiments distingués.

Information du locataire au propriétaire

Monsieur,

Un avis a été affiché par la municipalité pour informer les habitants de mon quartier que le tout-à-l'égout serait installé dans la rue en novembre prochain et qu'il fallait dans le délai de deux mois déclarer si le raccord devait être effectué dans les immeubles à cette occasion, afin de ne pas multiplier les travaux de terrassement sur la chaussée.

Comme ceci est de votre ressort, je crois bien faire de vous en informer. A moins que vous ne répondiez directement aux services techniques de la mairie, que dois-je faire pour la maison que je vous loue ?

Veuillez agréer, Monsieur, l'assurance de mes meilleurs sentiments.

Demande d'éclaircissement sur les charges
(au gérant ou au propriétaire)

Monsieur,

J'ai bien reçu votre lettre par laquelle vous me demandez de régler les charges locatives pour l'appartement que je loue dans l'immeuble n° 28 de l'avenue de Touraine.

La somme annoncée étant assez élevée par rapport à la contribution précédente, je désirerais vérifier le décompte (nature et montant) de ces charges pour l'immeuble et la part qui m'incombe. Je vous serais donc reconnaissant de me communiquer le détail de cette répartition des charges.

Veuillez agréer, Monsieur, mes remerciements et l'expression de mes sentiments distingués.

Contestation au sujet des charges

Monsieur,

Locataire de l'appartement B dans l'immeuble du 14, rue Cady, je reçois votre appel de charges (solde pour l'année écoulée). Cette note répartit, entre autres, les frais d'entretien et de consommation de l'ascenseur selon le nombre de locataires. Or, j'occupe un appartement au rez-de-chaussée de l'immeuble et n'emploie jamais cet ascenseur. Je vous demande donc de rectifier la répartition de cette dépense en conséquence.

En vous remerciant à l'avance, je vous prie d'agréer, Monsieur, l'assurance de mes meilleurs sentiments.

Demande de précision (au gérant de l'immeuble)

Monsieur,

Copropriétaire d'un appartement dans l'immeuble « Médicis », boulevard Diderot, géré par vos soins, je vais avoir, comme les autres copropriétaires, à payer les travaux de ravalement de la façade de l'immeuble. J'ai l'honneur de vous demander de quelles sommes, compte tenu des factures de l'entreprise chargée de ce travail et des millièmes qui me sont en charge, je peux faire état à ce titre, en déduction de mes revenus pour ma déclaration d'impôts.

Veuillez agréer, Monsieur, mes remerciements et mes meilleures salutations.

Lors de la vente d'un immeuble (maison, appartement, propriété quelconque), après accord entre vendeur et acheteur, il est rédigé et signé, sur papier timbré, un contrat provisoire, dit compromis de vente ou promesse de vente.

Compromis de vente

Entre
Monsieur René Verger, demeurant 6, rue des Roses à Six-Fours-les-Plages, dénommé dans le présent acte le promettant

et Monsieur Jacques Laferrière, demeurant 4, rue des Platanes à Strasbourg, dénommé dans le présent acte le bénéficiaire,

il est convenu et arrêté ce qui suit :

Le promettant promet de vendre en s'obligeant à toutes les garanties en pareille matière, au bénéficiaire l'immeuble suivant :
– un appartement situé 31, rue des Pêcheurs à Toulon, au rez-de-chaussée à gauche et comprenant une entrée, un salon, une salle à manger, deux chambres, une salle de bains, des W.-C., une cuisine, des placards-penderies ; une cave portant le n° 3 au sous-sol de l'immeuble ; un box à usage de garage portant le n° 3 en sous-sol.

Le promettant déclare que :
– l'origine de propriété de cet immeuble est régulière et qu'il en est seul propriétaire ;
– l'immeuble désigné sera vendu libre de tous privilèges et hypothèques ;
– il n'a créé ni laissé acquérir aucune servitude sur ledit immeuble et qu'à sa connaissance il n'en existe aucune du chef des précédents propriétaires ;
– il s'interdit pendant toute la durée de la présente promesse de conférer aucun droit ou servitude sur ledit immeuble, comme d'y apporter aucun changement susceptible d'en changer la nature ou de le déprécier.

Le bénéficiaire s'engage à :

– prendre l'immeuble objet des présentes dans l'état où il se trouvera le jour de la réalisation de la promesse de vente, sans aucun recours contre le promettant pour quelque cause que ce soit, notamment à raison du bon ou du mauvais état des constructions, des mitoyennetés ou de la contenance sus-indiquée, dont la différence en plus ou en moins, excédât-elle même un vingtième, fera le profit ou la perte du bénéficiaire [1] ;

– payer tous les frais, droits et honoraires du contrat de vente ;

– acquitter à compter du jour de l'entrée en jouissance tous les impôts et taxes de toute nature à la charge dudit immeuble.

Le bénéficiaire déclare parfaitement connaître l'objet de la vente pour l'avoir vu et visité aux fins des présentes, et l'accepte tel qu'il se trouve.

PRIX

La vente aura lieu moyennant le prix principal de SEPT CENT MILLE FRANCS (700 000 F).

Le bénéficiaire verse ce jour entre les mains du promettant la somme de DEUX MILLE FRANCS (2 000 F). Cette somme constitue une indemnité forfaitaire acquise au promettant si le bénéficiaire ne réalise pas la vente dans les conditions et délais convenus. Par contre, elle s'imputera sur le prix de vente si celle-ci se réalise.

Dans le cas d'un dédit du promettant, ce dernier aura à payer au bénéficiaire, en application de l'article 1590 du code civil, une indemnité égale au double de l'indemnité forfaitaire mentionnée ci-dessus, soit QUATRE MILLE FRANCS (4 000 F), indemnité payable dans les quinze jours, ce par simple lettre recommandée du bénéficiaire au promettant.

RÉALISATION

La présente promesse de vente devra être régularisée, à peine de forclusion, par acte authentique dressé par Maître Thévenin, notaire à Sanary (83), au plus tard le 15 octobre 1988.

Pour l'exécution des présentes et de leurs suites, les parties font élection de domicile en leurs demeures respectives sus-indiquées.

Fait à Toulon, le 26 juillet 1988 [2]

Lu et approuvé. Bon pour la promesse de vente de sept cent mille francs.

(signature Verger)

Lu et approuvé. Bon pour la promesse de vente de sept cent mille francs.

(signature Laferrière)

---

[1] Cette clause concerne surtout l'achat de terrains dont la surface est donnée dans la description qui précède.

[2] Tout ce qui suit doit être écrit de la main de chaque participant.

Déménagement

Demande de devis à une entreprise de déménagement

Monsieur,

J'envisage de déménager de Montmirail (Marne) à Saintes (Charente-Maritime), d'une maison sans étage à un appartement au 1er étage, durant la seconde quinzaine de mai prochain.

Je vous serais obligé de bien vouloir venir chez moi pour estimer le volume de mon mobilier afin d'établir un devis.

(*Ou* : Je vous joins une liste de mon mobilier en vous demandant de m'établir un devis.)

Dans l'attente de votre réponse, je vous prie de croire, Monsieur, à mes sentiments distingués.

Lorsqu'une lettre n'est pas nécessaire, l'administration des postes met gratuitement à la disposition des usagers qui changent de domicile des cartes postales pour annoncer le changement d'adresse. Ces cartes bénéficient de la franchise postale.

Changement d'adresse

Robert Valtier   Concremiers, le 10-4-1985
à Concremiers
36300 LE BLANC
Tél. 54.28.05.09

Monsieur,

Je vous informe qu'à dater du 24 avril 1985 ma nouvelle adresse sera :

Robert Valtier
80, rue des Aigles
36270 EGUZON

Je vous informerai le moment venu de mon numéro de téléphone à cette adresse.

Bien à vous

DÉMÉNAGEMENT

En cas de déménagement, il vous faut signaler le changement d'adresse :

a) bien avant le déménagement :
- au propriétaire de votre logement ;
- au syndic de votre copropriété ;
- à l'Électricité de France ;
- au Gaz de France ;
- au service des eaux ;
- à la poste (carte de réexpédition du courrier à remplir) ;
- à l'agence commerciale des télécommunications pour lui faire connaître votre intention en ce qui concerne le téléphone ;
- aux écoles et universités de vos enfants ;
- à votre agent d'assurance.

b) et ensuite :
- au centre des impôts de l'ancien et du nouveau domicile ; demander un imprimé de rectification de domiciliation si l'on paie les impôts par mensualités ;
- à la Sécurité sociale de l'ancien et du nouveau domicile ;
- à la Caisse d'allocations familiales de l'ancien et du nouveau domicile ;
- à la préfecture du nouveau domicile (pour carte grise et passeport) ;
- à la gendarmerie du nouveau domicile, avec votre livret militaire, si vous êtes mobilisable ;
- au commissariat ou à la mairie du nouveau domicile pour la carte nationale d'identité ;
- à la mairie du nouveau domicile pour l'inscription sur la liste électorale ;
- à votre caisse de retraite ;
- à votre banque ;
- à votre centre de chèques postaux ;
- à votre Caisse d'épargne ;
- au Centre de redevance de la télévision (voir page 403) ;
- à votre mutuelle ;
- aux journaux auxquels vous êtes abonné (joindre une bande d'abonnement) ;
- et naturellement aux parents, amis, employeurs, relations diverses, associations dont vous êtes membre.

Au Centre de Sécurité sociale

Jean Berger   Le 17 février 1984
12, rue des Tonneliers
51100 REIMS

N° d'immatriculation   au Centre de Sécurité sociale
à la S.S. : ...   de ...

Monsieur,

Je vous informe de mon changement de domicile à compter du 1ᵉʳ mars 1984.

Ma nouvelle adresse sera :
81, avenue des Aigles
64000 PAU

Je vous serais reconnaissant de m'indiquer les formalités à accomplir pour le transfert de mon dossier au Centre ou à la Caisse dont je dépendrai.

Veuillez agréer, Monsieur, l'expression de mes sentiments distingués.

A la Caisse d'allocations familiales

Jean Berger   Le 17 février 1984
12, rue des Tonneliers
51100 REIMS

N° d'immatriculation   à la Caisse d'allocations familiales
aux A.F. : ...   de ...

Monsieur,

Je vous informe de mon changement de domicile à la date du 1ᵉʳ mars 1984. Ma nouvelle adresse sera :
81, avenue des Aigles   64000 PAU

Comme je vais sortir de la compétence de votre Caisse, je vous prie de bien vouloir faire le nécessaire pour transférer mon dossier à la nouvelle Caisse dont je dépendrai.

Veuillez agréer, Monsieur, l'expression de mes sentiments distingués.

Lettre au propriétaire
(recommandée avec accusé de réception)

Jean Berger   Saint-Chély, le 17 février 1984
7, rue du Pont
48200 ST CHÉLY

Monsieur,

Je vous informe que je libérerai l'appartement que j'occupe dans votre immeuble le 30 avril 1984, pour habiter à l'adresse suivante :

81, avenue des Aigles   64000 PAU

Je vous prie de bien vouloir faire procéder à l'arrêté de mes comptes à la date de mon départ.

Veuillez agréer, Monsieur, l'expression de mes sentiments distingués.

Du copropriétaire au syndic, lors de la vente d'un appartement
(recommandé avec accusé de réception)

Jean Berger   Le 17 février 1984
12, rue des Tonneliers
51100 REIMS

Monsieur,

Je vous informe que j'ai vendu mon appartement, le 15 février 1984, à Monsieur André Bertaud, boulanger, qui demeure actuellement 20, rue des Romains à Reims.

Je quitterai les lieux le 28 février et vous prie de bien vouloir faire arrêter mes comptes pour cette date.

Ma future adresse est :   81, avenue des Aigles
64000 PAU

Veuillez agréer, Monsieur, l'expression de mes sentiments distingués.

22
Enseignement

Demande de bourse
(à envoyer au chef d'établissement scolaire en décembre pour la rentrée suivante)

Monsieur le Directeur (*ou* : Proviseur),

Je désirerais inscrire ma fille *(prénom, nom)*, élève de votre établissement en classe de ..., parmi les candidates à une bourse d'enseignement pour la rentrée de 19.. Je vous serais reconnaissant de bien vouloir lui remettre les formulaires à remplir et la liste des pièces à fournir pour cette inscription.

Veuillez agréer, Monsieur le ..., mes salutations distinguées.

Transfert de bourse
(à l'école d'origine)

Monsieur le Proviseur,

À·cause d'obligations professionnelles, j'ai l'honneur de vous informer que mon fils *(prénom, nom)*, élève de la classe de ... dans votre établissement, ne pourra revenir à la rentrée de septembre parce que nous devons déménager. Il ira désormais au lycée Diderot de Chaumont (Haute-Marne).

Je vous demande donc que soient transférés dans ce nouvel établissement son dossier scolaire et la bourse dont il bénéficiait dans votre lycée.

Avec l'expression de ma gratitude pour l'enseignement qu'a reçu mon fils auprès de vous, je vous prie d'agréer, Monsieur le Proviseur, mes salutations respectueuses.

Pour savoir de quelle académie, de quel rectorat, vous dépendez, voir à la page 403.

Demande de renseignements à un chef d'établissement

Monsieur le Directeur,

Mon fils âgé de 16 ans, qui devrait cette année obtenir le brevet des collèges, désirerait s'orienter vers la menuiserie. Je serais heureux qu'il puisse le faire avec la formation sérieuse d'un centre technique.

Je vous serais reconnaissant de bien vouloir m'indiquer :

1) les conditions d'admission dans votre établissement ;
2) la date de l'examen d'entrée, le cas échéant ;
3) la durée des études ;
4) s'il y a possibilité d'obtenir une bourse ;
5) les débouchés offerts aux élèves sortants.

Veuillez agréer, Monsieur le Directeur, mes remerciements et mes salutations distinguées.

P.J. enveloppe timbrée.

CENTRE NATIONAL D'ENSEIGNEMENT A DISTANCE

Il existe un Centre national d'enseignement par correspondance pour ceux qui ne peuvent fréquenter une école, un collège, un lycée, une université, pour des raison de santé, de famille, d'éloignement ou pour une promotion sociale, pour la formation continue.

Son siège est : C.N.E.D.
Tour Paris-Lyon
209-211 rue de Bercy
75585 PARIS Cedex 12

mais il y a aussi des centres à Vanves, Lyon, Lille, Rennes, Rouen, Grenoble et Toulouse, chacun étant spécialisé. Les études y sont gratuites.

Inscription au Centre national d'enseignement à distance

au Secrétariat du C.N.E.D., Paris

Monsieur,

Mon fils a été victime d'un accident de la route qui le tiendra immobilisé plusieurs mois. Il devait passer en classe de seconde C en septembre prochain. Ne pouvant actuellement l'inscrire dans un lycée, je vous demande à quel centre d'enseignement par correspondance je dois m'adresser pour son inscription car je désire qu'il poursuive par vous ses études régulières.

Veuillez agréer, Monsieur, l'assurance de mes sentiments distingués.

Inscription dans un nouvel établissement

Monsieur le Proviseur,

Des problèmes d'emploi font que ma famille doit déménager de Libourne (33500) à Angoulême. J'ai une fille, Luce Rimbal, née le ..., actuellement en classe de ... au lycée de Libourne, qui devait passer en classe supérieure à la rentrée prochaine, comme l'atteste le certificat scolaire ci-joint.

Je vous demande de l'inscrire dans votre établissement pour la rentrée de septembre afin qu'elle ne subisse aucun retard dans ses études. Ma fille étant boursière, je demande au proviseur de Libourne le transfert de sa bourse.

Veuillez agréer, Monsieur le Proviseur, l'expression de mes sentiments distingués.

Demande de renseignements

à Madame la Directrice de l'École de ...

Madame la Directrice,

Je désirerais que ma fille Nadine Leroux, née le ... soit inscrite à votre école pour y préparer le métier d'infirmière.

Je vous serais reconnaissant de bien vouloir m'envoyer des renseignements sur votre établissement et me dire si vous acceptez des élèves internes. Dans ce cas, quel est le prix de l'internat, la constitution du trousseau, etc. ?

S'il vaut mieux que je me déplace, veuillez me dire quel jour et à quelle heure je peux me rendre à vos bureaux.

Veuillez agréer, Madame la Directrice, l'hommage de mes sentiments respectueux.

P.J. enveloppe timbrée

Pour obtenir une aide

Monsieur le Directeur,

Mon fils Robert Thiaudet, est actuellement élève interne en 3e année de votre établissement et devrait passer son brevet de technicien l'an prochain.

Malheureusement, je suis sans emploi depuis un an, les allocations de chômage vont donc m'être supprimées. Les ressources de la famille étant limitées, j'envisage de retirer Robert de l'école pour qu'il entre dans la vie active.

Avant d'en être réduit à cela, je vous serais reconnaissant de bien vouloir me dire s'il y a des possibilités de secours dans ce cas (bourse exceptionnelle, caisse de solidarité...) qui permettraient à mon fils de poursuivre ses études.

Dans l'attente de votre réponse, je vous prie d'accepter, Monsieur le Directeur, l'assurance de mes sentiments respectueux

Demande de leçons particulières au professeur

Monsieur,

A la lecture du bulletin trimestriel de mon fils Jacques Grupper (4e B), je me rends bien compte, et lui aussi, de ses faiblesses en mathématiques.

Probablement désorienté par le changement d'établissement (nous étions auparavant à Périgueux), il aurait besoin d'être remis au niveau de sa classe. Vous serait-il possible de lui accorder deux heures de leçons particulières par semaine, aux jours qu'il vous plaira ? Je vous serais reconnaissant de nous dire en même temps quelles sont vos conditions pour ces répétitions. Je pourrais aussi vous rencontrer au lycée si cela vous convient.

Avec mes remerciements, je vous prie d'agréer, Monsieur, l'assurance de mes sentiments distingués.

Pour s'adresser au chef d'établissement

Une école maternelle est dirigée par une directrice,
Une école primaire par un directeur ou une directrice,
Un collège par un principal ou une directrice,
Un lycée par un proviseur,
Une école technique par un directeur ou une directrice.

Offre de leçons

Madame,

Madame Lusset, ma voisine, m'apprend que vous cherchez actuellement une personne capable de donner des leçons particulières d'allemand à votre fils. Je vous propose donc mes services, encouragé en cela par Madame Lusset.

J'ai dix-neuf ans et suis étudiant à la faculté des lettres. Je possède deux certificats d'allemand et ai fait trois séjours de deux mois en Allemagne. Je pourrais donner des répétitions d'allemand ou de français à votre fils, étant disponible le soir à partir de 17 heures et le samedi toute la journée.

Si ma proposition vous intéresse, je pourrais vous rencontrer quand vous voudrez bien me fixer un rendez-vous.

Veuillez agréer, Madame, l'hommage de mes sentiments respectueux.

En cas de maladie

Monsieur le Proviseur,

Je vous demande de bien vouloir excuser l'absence de ma fille Nathalie Mathieu (3ᵉ B) qui est au lit avec une forte fièvre. Le médecin qui l'a vue hier au soir a diagnostiqué une angine et a prescrit du repos à la chambre pendant quatre jours au minimum. Ci-joint le certificat médical.

Veuillez agréer, Monsieur le Proviseur, l'expression de mes sentiments distingués.

Déclaration de maladie contagieuse

Monsieur le Directeur,

Mon fils, Paul Lefranc, élève du C.M.2 (chez Madame Desmet), ne pourra pas venir à l'école un certain temps. Il a la scarlatine. Il ne reviendra donc qu'avec un billet du médecin. Comme cette affection est contagieuse, j'ai tenu à vous en avertir.

Serait-il possible que son voisin de classe, Jacques Billy, lui apporte les devoirs et leçons qu'il déposerait dans notre boîte aux lettres. Ainsi Paul accuserait moins de retard en revenant en classe.

Veuillez agréer, Monsieur le Directeur, l'assurance de mes sentiments distingués.

L'élève quitte un établissement

Monsieur le Proviseur,

Je me dois de vous informer que nous quittons Oyonnax en juillet prochain pour des raisons familiales et professionnelles. Notre nouvelle adresse sera : 43, rue Mérimée à Compiègne (Oise-60).

Ma fille Catherine Drey, élève de 3ᵉ B dans votre lycée, va donc le quitter et sera inscrite au lycée de Compiègne (136, bd des États-Unis) pour la rentrée prochaine. Je vous demande de communiquer son dossier scolaire au nouvel établissement à la fin de l'année en cours.

Profitant de l'occasion qui m'est donnée, je vous remercie bien vivement pour les fructueuses années que notre fille a passées dans votre lycée. Nous avons apprécié l'enseignement et le dévouement de vos professeurs.

Veuillez accepter, Monsieur le Proviseur, l'expression de mes sentiments respectueux.

Inscription à une école

Madame la Directrice,

Devant emménager le ... à Bar-le-Duc, je vous demande de bien vouloir inscrire mes enfants dans votre école pour la rentrée prochaine. Il s'agit de :

France Leblanc, née le ..., actuellement en C.M.1
Daniel Leblanc, né le ..., actuellement en C.E.2

Je vous joins les deux certificats de scolarité délivrés par le directeur de l'école qu'ils vont quitter en juin prochain.

Veuillez agréer, Madame la Directrice, l'hommage de mes sentiments distingués.

Demande de renseignements à l'Office national d'information sur les enseignements et les professions (O.N.I.S.E.P.)

Monsieur,

Je désirerais des renseignements sur les écoles professionnelles de la région afin de pouvoir orienter mon fils Georges Braude, âgé de 15 ans, qui désirerait aller vers des études techniques. Il est actuellement élève de 4ᵉ B au collège de ... Si vous estimez qu'un entretien avec mon fils peut vous aider pour le renseigner et l'orienter, je me rendrai avec lui au rendez-vous que je vous laisse fixer.

Veuillez agréer, Monsieur, mes remerciements et mes sincères salutations.

Remerciements de l'élève après un succès à un examen

Monsieur,

J'ai le plaisir de vous apprendre que je suis reçu au concours d'entrée à l'école de commerce de Lille. J'ai eu les résultats ce matin et mes notes les meilleures ont été en maths. C'est à vous que je le dois, je le sais bien. Votre enseignement, vos explications ont pour moi éclairé bien des secteurs que je saisissais mal et surtout, par vous, j'ai été mis en confiance.

Je n'oublierai pas vos cours qui me préparent à mon nouveau rôle.

En vous souhaitant de bonnes vacances, je vous prie d'agréer, Monsieur, l'expression de mes sentiments reconnaissants.

Remerciements des parents à un professeur

Monsieur,

Ce sont des parents heureux qui vous écrivent : Jean Mauret, notre fils, est reçu à son examen d'entrée à l'école de ... Il est actuellement à la campagne chez un oncle, mais nous ne pouvons tarder à vous dire combien nous vous sommes reconnaissants pour votre enseignement, pour les leçons que vous avez prodiguées. Cela lui fut très profitable, il nous le disait souvent et, par vous, il a vu bien des lacunes se combler. Nous savons les peines de votre métier. Il est juste que vous en sachiez les fruits. Son succès est aussi le vôtre.

Veuillez agréer, Monsieur, l'expression de nos sentiments les meilleurs.

Succès à un examen

Cher parrain,

Je l'ai, ce bac ! Oui, ton filleul est heureux, tu le devines. Je sais que tu te faisais quelque souci à mon propos, maman me l'a dit, mais voilà l'étape franchie.

Les sujets m'avaient plu en général (sauf en physique, mais je t'expliquerai) et j'étais raisonnablement confiant.

Je pense que tu auras bientôt la visite d'un bachelier tout neuf.

Avec toute mon affection.

Échec à un examen

Ma chère grand-mère

Voilà une lettre que j'aurais aimé ne pas t'écrire, mais tant pis ! J'ai échoué au bac, provisoirement. Il m'a manqué quatre points et je dois me présenter à la session de repêchage en septembre. Quatre points qui vont me gâcher mes vacances. Papa redoutait cet examen et il avait raison. Il va m'inscrire à un cours de rattrapage pour les maths (cause de mon échec).

Je te promets, grand-mère, de faire des efforts réels, j'ai envie de le décrocher ce bac qui m'a échappé.

Sois quand même confiante, chère grand-maman. Je t'embrasse bien fort.

Annonce d'un échec à un professeur

Monsieur,

Je ne suis pas reçu à l'examen d'admission à l'école de... C'est pour moi une déception, j'aurais tant aimé entrer en septembre dans cette école ! Je vais donc revenir encore un an auprès de vous.

J'étais d'abord découragé (c'est avant-hier que j'ai eu les résultats), mais je me promets de travailler mieux et le courage me revient.

Je sais les efforts que vous avez faits ; je sais que certains camarades ont eu du succès. Il faut donc que je réussisse aussi. Cette année, vous auriez mérité un meilleur résultat avec moi, j'en ai bien conscience.

Veuillez croire, Monsieur, à mes sentiments les meilleurs.

Pour qu'un élève sorte avant la date fixée

Monsieur le Proviseur,

Je vous demande d'excuser une démarche à laquelle je ne me résous qu'avec regret. Mon fils Bruno Marcou, élève de 4ᵉ C, pourrait-il sortir le 27 juin au lieu du 29, date fixée pour la fin de l'année scolaire ?

Ce sont des raisons familiales qui font que je ne peux retarder le départ en vacances : son oncle, qui avait retenu des places, veut l'emmener avec lui en Égypte.

J'espère que Bruno, après l'année fructueuse qu'il a passée dans votre lycée, obtiendra cette permission.

Veuillez agréer, Monsieur le Proviseur, l'assurance de mes sentiments distingués.

> Pour la diphtérie, la méningite, la poliomyélite, la scarlatine et la variole, frères et sœurs du malade ne doivent pas aller à l'école.

Billets d'excuses

Monsieur,

Je vous prie de bien vouloir excuser mon fils Olivier qui n'a pu terminer ses devoirs, une panne d'électricité ayant affecté notre quartier jusqu'à ce matin.

Je vous prie d'accepter, Monsieur, mes salutations distinguées.

Madame,

Ma fille Josiane ayant souffert d'une crise de foie, j'ai cru bien faire de l'obliger à se reposer. C'est pourquoi ce matin elle ne sait pas sa leçon de... Étant rétablie, elle a tenu cependant à aller à l'école et réparera dès ce soir ce manquement que je vous prie d'excuser.

Avec l'expression de ma considération distinguée.

Monsieur le Directeur,

Chantal ayant eu une nuit agitée et fiévreuse, je lui ai fait garder la chambre la journée d'hier. Ce matin, elle va mieux et je pense qu'elle suivra ses cours normalement. Je vous prie de l'excuser et de lui indiquer ce qu'elle doit faire pour rattraper les enseignements de cette journée.

Avec l'expression de mes meilleurs sentiments.

Madame la Directrice,

Je viens vous demander d'être indulgente pour Claire qui se présente ce matin sans savoir sa récitation. La faute m'en incombe : c'était hier les noces d'or de ses grands-parents ; la réunion familiale qui eut lieu à cette occasion nous a tenus éveillés assez tard et j'ai pris la responsabilité de la dispenser d'un travail à une heure avancée. Elle m'a promis d'apprendre son texte au plus tôt.

Je vous prie d'agréer, Madame la Directrice, l'expression de mes sentiments distingués.

Demande de conseil

Monsieur,

Ma fille Céline, lorsque nous nous entretenons de son avenir, me dit quelquefois qu'elle aimerait être vétérinaire. Je souhaiterais avoir votre avis sur ce sujet. Ses résultats, son comportement, vous paraissent-ils la désigner pour une telle activité ?

J'ai peur qu'elle ne cède qu'à cet engouement actuel pour les animaux, fréquent chez les jeunes, et qu'elle se prépare des lendemains difficiles. Vous avez pu l'observer et votre avis me serait précieux.

Je vous prie d'excuser ma démarche et vous présente l'expression de mes sentiments les meilleurs.

Au professeur principal

Monsieur,

A la vue du dernier bulletin de mon fils (Gérard Monceau, 3ᵉ A), je n'ai pas été particulièrement satisfait. Il le sait. Son manque d'application me surprend. Vous serait-il possible de m'accorder un rendez-vous afin que je m'entretienne avec vous de ce qui ne va pas ? Nous verrions peut-être par quels moyens je pourrais agir pour une amélioration des résultats.

Je vous prie d'agréer, Monsieur, l'assurance de mes sentiments distingués.

Demande de dispense d'âge

Monsieur le Recteur,

Je sollicite de votre bienveillance une dispense d'âge de trois mois pour ma fille Marianne Louret, née le..., actuellement élève du lycée La Bruyère à..., et qui désire se présenter au baccalauréat, série A, à la prochaine session, Ses professeurs jugent ses notes satisfaisantes pour une telle démarche. D'autre part, mes charges de famille (un seul salaire de contremaître et trois enfants) expliquent également ma demande.

Dans l'espoir d'une réponse favorable, je vous prie d'agréer, Monsieur le Recteur, l'expression de ma haute considération.

Félicitations pour un succès

Par carte de visite

M. et Mme Philippe Bannier

félicitent Cécile Braud avec joie pour sa belle réussite au bac. Voilà un succès mérité.

Par un billet

Mon cher Laurent,

Bravo au nouveau bachelier ! Tu fais plaisir à tous. Nous nous réjouissons avec tes parents et te félicitons bien sincèrement. Et passe de douces vacances !
Bien cordialement.

Inscription à un examen
(au Service des examens du rectorat de l'académie)

Monsieur le Recteur,

J'étais inscrit à la session normale du baccalauréat, série C, mais je n'ai pu m'y présenter à cause d'une hépatite virale qui m'a retenu au lit pendant 15 jours.

En conséquence, je désirerais être inscrit pour la session de septembre.

Je joins à cette demande :
– la convocation inutilisée ;
– le certificat médical attestant mon immobilisation ;
– une enveloppe timbrée à mon adresse.

Veuillez agréer, Monsieur le Recteur, l'assurance de mes sentiments très respectueux.

Demande de notes d'examen

Monsieur le Recteur,

Venant de subir les épreuves du baccalauréat série B pour lesquelles je reçois le résultat aujourd'hui (admis), j'ai l'honneur de vous demander les notes que j'y ai obtenues pour l'ensemble des épreuves.

Ci-joint une enveloppe timbrée à mon adresse.
Veuillez agréer, Monsieur le Recteur, l'assurance de mes respectueux sentiments.

Recherche d'hébergement pour un étudiant

Cher Maurice,

Je me tourne vers toi en invoquant notre amitié pour te demander un service. Il s'agit de mon fils Patrice qui, armé de son récent baccalauréat, va s'inscrire à la faculté des sciences de Reims. Connaîtrais-tu une chambre à louer pour lui ?

Patrice, tu le sais, est calme, rangé, et un peu désorienté quand il est seul dans une grande ville. Si tu pouvais l'aider un peu dans ses démarches du début, cela me serait d'un grand soulagement. Si cela n'est pas possible, dis-le moi franchement.

Avec mes hommages à Isabelle, accepte mes amitiés.

Demande d'emploi pendant les vacances

Delphine Matrey   Vertus, le...
17, rue des Haies
51130 VERTUS

à Monsieur le Directeur de l'Agence
du Crédit général à Épernay

Monsieur le Directeur,

Je prends la liberté de solliciter de votre bienveillance un emploi dans vos bureaux durant l'été 1986.

Je suis âgée de 18 ans, et actuellement élève du lycée d'Épernay. Je suis titulaire du brevet des collèges. Mes vacances scolaires allant du... au..., c'est pendant cette période que je désirerais obtenir un emploi temporaire dans votre maison.

Me tenant à votre disposition, je peux, si vous le désirez, me présenter à vous auparavant, de préférence le mercredi après-midi.

Veuillez agréer, Monsieur le Directeur, l'expression de mes sentiments respectueux.

Cantine scolaire

Monsieur le Maire,

J'ai trois enfants qui fréquentent l'école des Oliviers : Pascal au C.M.2, Sophie au C.M.1 et Catherine au C.P. Comme nous habitons loin de l'école, ces enfants sont inscrits à la cantine scolaire. Mon mari vient de perdre son emploi et nos ressources sont assez limitées. Nous vous serions reconnaissants de bien vouloir mettre nos enfants sur la liste de ceux qui bénéficient d'une réduction de prix aux cantines scolaires. Ci-joint une photocopie de notre dernière feuille d'impôts sur le revenu.

Veuillez agréer, Monsieur le Maire, l'expression de mes sentiments respectueux.

23
Impôts

Demande de révision du forfait

à Monsieur l'Inspecteur des impôts de ...

Monsieur l'Inspecteur,

Je vous adresse un relevé du compte de fin d'année de mon activité. Étant à la fois artisan et commerçant, avec la seule aide de ma femme, il apparaît dans le décompte que nos revenus ont baissé par rapport à l'an dernier. Les prix d'achat des matériaux ont augmenté (j'en ai les factures), la clientèle s'adresse maintenant plus volontiers aux magasins de grande surface.

Étant donné ces éléments, j'ai l'honneur de solliciter de vous une réduction, par rapport à l'an passé, du chiffre sur lequel le forfait d'imposition est fixé par vous pour mon activité.

C'est la première fois que je me permets une telle demande et j'ose espérer qu'elle aura une suite favorable.

Veuillez agréer, Monsieur l'Inspecteur, avec mes remerciements, l'assurance de mes meilleurs sentiments.

Demande de remise, ou de modération, sur les impôts réclamés

Prénom, nom   *Date*
adresse
N° du rôle :   à l'Inspecteur des impôts de ...

Monsieur l'Inspecteur,

J'ai reçu de vos services l'avertissement pour les impôts sur le revenu dont je vous joins la photocopie.

Or, cette année, je suis dans l'impossibilité de régler la somme indiquée pour les raisons suivantes : (*salaires, enfant majeur, chômeur à charge, maladie, loyer et charges, frais d'obsèques, accueil de parents à charge, service militaire,* etc.).

Je sollicite donc la remise ou la modération la plus large possible de la somme réclamée.

Veuillez agréer, Monsieur l'Inspecteur, l'expression de mes sentiments distingués.

Les contribuables en difficulté peuvent demander une suppression (dite « remise gracieuse ») ou une diminution (dite « modération ») de leurs impôts, par l'envoi simultané de la lettre précédente et de la lettre suivante.

Demande de sursis de paiement

Nom, adresse   Date
N° du rôle   au Percepteur de ...

Monsieur le Percepteur,

J'envoie ce jour une lettre à Monsieur l'Inspecteur des impôts de ... dont je vous joins une copie avec la photocopie de l'avertissement reçu.

Je vous serais reconnaissant de bien vouloir surseoir au recouvrement de mes impositions en attendant la réponse de l'Administration.

En vous remerciant à l'avance, je vous prie d'agréer, Monsieur le Percepteur, l'expression de mes sentiments distingués.

Demande de remise de pénalité

Monsieur le Percepteur,

N'ayant pas acquitté le tiers provisionnel dû pour le ..., je viens de recevoir de vous l'avis que je devais payer 10 % de pénalité en plus.

Or, si je ne vous ai pas payé à temps, c'est que j'ai dû me rendre auprès de mes parents malades et que ce n'est qu'au retour que j'ai trouvé l'avis à payer dans ma boîte aux lettres. Je m'acquitte par un chèque que je vous envoie immédiatement et vous serais reconnaissant de bien vouloir m'accorder la remise de cette pénalité de 10 %.

Veuillez agréer, Monsieur le Percepteur, l'expression de mes sentiments distingués.

Demande de délai de paiement

Monsieur le Percepteur,

J'ai reçu aujourd'hui l'avis d'imposition dont je vous joins la photocopie. Or il ne m'est pas possible de régler la somme due pour la date indiquée (...). En effet, j'ai de grosses difficultés, qui ne sont que passagères : ......

En conséquence, je sollicite de votre bienveillance des délais de paiement. je vous propose les modalités de règlement suivantes :

Premier acompte de ... F le ...

Solde de ... F le ...

Dans l'espoir d'une réponse favorable, je vous prie d'agréer, Monsieur le Percepteur, l'assurance de mes meilleurs sentiments.

Avoir fiscal : somme due par le percepteur et venant en déduction des impôts.

Crédirentier : personne à laquelle on verse une rente.

Débirentier : personne qui verse une rente à quelqu'un.

Décote : réduction d'impôt.

Prélèvement libératoire : prise par l'État d'une part de rente ou de bénéfice, ainsi libérés de l'impôt.

Rôle : registre sur lequel on inscrit le contribuable, ses revenus, ses impôts.

Demande d'éclaircissements pour la déclaration de revenus

Monsieur l'Inspecteur,

N'ayant pu trouver sur la notice officielle la réponse à la question que je me pose au moment de remplir ma déclaration de revenus, je me permets de vous demander si je peux déduire de mes revenus la pension alimentaire que je verse à ma marraine, vieille dame qui m'a élevé alors que j'étais orphelin dès l'âge de 11 ans bien qu'elle ne fût pas autrement ma parente.

Avec mes remerciements, je vous prie d'agréer, Monsieur l'Inspecteur, l'assurance de mes sentiments distingués.

> Toute lettre au percepteur ou à l'inspecteur des impôts doit porter en référence le numéro du rôle concerné par cette lettre.

Demande de révision de l'impôt

à Monsieur le Directeur des services fiscaux (*ou* Monsieur le Chef de centre des impôts de ...

Monsieur le Directeur,

Je reçois l'avertissement, dont je vous joins photocopie, concernant l'impôt *(mentionner de quel impôt il s'agit)*, rôle n° ...

Je conteste le bien-fondé de cette imposition pour les raisons suivantes : *(exposer les arguments)*.

En conséquence, je vous demande de bien vouloir prononcer en ma faveur la décharge (ou le dégrèvement) de cette imposition.

En application des dispositions de l'article 1952 du code général des impôts, je vous prie de m'accorder le sursis de paiement pour cet impôt (*ou* la quote-part de l'impôt) que je conteste.

Veuillez agréer, Monsieur le Directeur, l'assurance de ma considération distinguée.

(En même temps, envoyer au percepteur une demande de sursis de paiement : voir plus haut.)

Demande de dégrèvement de la contribution foncière

à Monsieur l'Inspecteur des impôts de ....

Monsieur l'Inspecteur,

Propriétaire exploitant à ..., j'ai subi des dégâts importants sur mes vignes et mes vergers à la suite de la grêle qui s'est abattue sur la région. Monsieur le Maire vous le confirme dans l'attestation ci-jointe.

Je vous demande donc de considérer cette perte de revenus et de m'accorder le dégrèvement d'impôt foncier pour cette année sur ces terres.

Veuillez agréer, Monsieur l'Inspecteur, l'assurance de mes sentiments distingués.

DÉCLARATION DE REVENUS

Les déclarations de revenus se sont simplifiées, l'ordinateur faisant les calculs qui incombaient autrefois aux déclarants. Néanmoins, il convient toujours d'être clair en respectant les noms avec capitales et l'écriture des chiffres.

Attention aux 5 qui ne s'écrivent pas comme des S, aux 6 qui ne doivent pas être confondus avec le 0, aux 7 pour lesquels il faut conserver l'habitude française de les barrer afin qu'ils ne soient pas confondus avec les 1.

Au sujet de l'impôt foncier

Monsieur l'Inspecteur,

Je reçois aujourd'hui l'avertissement du percepteur concernant la contribution foncière que je dois acquitter pour le ..., et concernant ma résidence principale (maison et jardinet).

Étonné de la valeur locative attribuée à cette petite propriété, qui est bien supérieure à l'évaluation de l'an dernier, et surtout supérieure à celle de maisons voisines, j'ai l'honneur de vous demander s'il n'y aurait pas là une erreur des services comptables de votre administration. Peut-être faudrait-il demander une vérification au service du cadastre.

En vous remerciant à l'avance, je vous présente, Monsieur l'Inspecteur, l'expression de ma meilleure considération.

Changement d'adresse

à Monsieur l'Inspecteur des impôts
de ... (auquel l'ancien domicile était rattaché)

Monsieur l'Inspecteur,

Je vous signale qu'à compter du ..., je quitte mon ancien domicile :

35, rue St-Remi   72113   NOUANS

pour aller habiter à :   Pizieux   72600   MAMERS

Voici les références de mon dossier figurant sur les avertissements que je reçois du percepteur :

141. JA 046 Y   466

Veuillez agréer, Monsieur l'Inspecteur, l'assurance de mes sentiments distingués.

Changement de propriétaire :
En principe (si rien n'est prévu dans l'acte de vente), les taxes foncière sont payées par celui qui possédait le bien immobilier à la date du 1er janvier.

Changement de domicile :
Le contribuable verse les deux premiers acomptes de l'impôt sur le revenu à la perception de l'ancien domicile et le solde au percepteur du nouveau domicile.
Avec ce solde, il faut envoyer la lettre suivante.

Au nouveau percepteur, après déménagement

Monsieur le Percepteur,

Je vous envoie le règlement du solde de mes impôts sur le revenu pour cette année. Je vous informe que les deux premiers tiers provisionnels ont été versés à la recette-perception de ..., qui était celle de mon ancien domicile.

Veuillez agréer, Monsieur le Percepteur, mes salutations distinguées.

Demande de rectification dans le cas de défaillance d'un époux

Monsieur l'Inspecteur,

Je dois, sur avis du percepteur, payer l'impôt sur le revenu au titre de l'année... Or ma femme (*ou* : mon mari) a quitté le domicile conjugal le ..., me laissant deux enfants à charge.

Je vous demande, en conséquence, de bien vouloir réévaluer cet impôt en ne le calculant que sur le salaire que j'ai perçu personnellement cette année-là, soit ... F.

Dans l'attente de votre réponse, je vous prie d'agréer, Monsieur l'Inspecteur, l'assurance de mes sentiments distingués.

P.J. *photocopie de l'avertissement ;*
attestation de la mairie (abandon de domicile conjugal)

(Envoyer en même temps au percepteur une demande de sursis de paiement : voir plus haut).

24

Commerce. Banque

Demande de renseignements

Monsieur,

Je vous serais reconnaissant de bien vouloir m'envoyer des notices détaillées concernant les deux tronçonneuses inscrites dans votre catalogue à la page 128 ou, à défaut, m'indiquer les caractéristiques précises de chaque modèle (longueur de coupe, puissance du moteur, poids, sécurité, etc.) afin que je puisse comparer avant de vous passer commande.

En vous priant d'agréer, Monsieur, mes meilleures salutations.

Vous avez vu une publicité intéressante dans un hebdomadaire ou un manuel ; vous ne voulez pas découper le bon inséré dans cette annonce parce que vous conserver la revue. Voici la lettre à écrire.

(Nom et adresse)

Monsieur,

Ayant remarqué votre publicité dans la revue « Le Sextant » du 4 novembre 1986, je vous serais reconnaissant de m'envoyer la documentation concernant vos lave-vaisselle.

Avec mes remerciements.

Acompte : somme versée à valoir sur le montant d'un achat ; ce versement crée un contrat : si l'une des deux parties est défaillante, elle peut être condamnée, à moins de cas de force majeure, à payer des dommages-intérêts.

Arrhes : somme versée qui sert de dédit ; si l'acheteur ne remplit pas ses obligations, il abandonne les arrhes versées ; si c'est le vendeur, il doit rembourser le double des arrhes.

Commande de catalogue

aux Établissements Dufard à ...

Monsieur,

Ayant pu apprécier chez un ami les rosiers qu'il a reçus de vous, je vous serais reconnaissant de bien vouloir m'envoyer votre catalogue illustré.

Avec mes remerciements, je vous prie d'agréer, Monsieur, mes salutations distinguées.

Commande à un magasin

En général, le catalogue comporte un bon de commande à remplir soigneusement (nom en capitales, adresse lisible, références en lettres ou chiffres bien écrits, etc.). Si l'on n'a pas de bon de commande, il est toujours possible de le remplacer par une lettre.

(Nom, adresse)   *Date*

aux Magasins...

Monsieur,

Je vous prie de bien vouloir m'expédier les articles suivants :

Page du catalogue	Réf.	Quantité	Article	Prix unitaire	Montant
47	558 L	2	Slip vert mousse, taille 4	27 F	54 F
210	102 K	1	Lit pliant 80 × 195	475 F	475 F
			Total		529 F
			Frais d'envoi		5 F
					534 F

Ci-joint un chèque de 534 F à votre ordre.

Agréez, Monsieur, mes salutations.

Lorsqu'une vente est réalisée par un démarcheur à domicile, l'acheteur dispose de sept jours à partir de celui de la commande, pour annuler l'achat, même si l'acheteur a signé sa commande.

Annulation d'une commande
(par lettre recommandée avec accusé de réception)

Monsieur,

Je soussigné, déclare annuler la commande ci-après :
Nature de la marchandise commandée :
Date de la commande :
N° du bon de commande :
Nom du client :
Adresse :

(signature)

Quand une commande (un meuble, par exemple) doit être livrée à une date fixée par un bon de commande, et si la date est passée sans livraison, le client peut l'annuler. Le commerçant doit alors rendre l'avance versée, augmentée des intérêts.

Annulation et remboursement d'une commande
(par lettre recommandée avec accusé de réception)

Monsieur,

Vous êtes en possession d'un bon de commande signé par moi, dont j'ai le double, et qui concerne la livraison et l'installation avant le 7 mars 1988 d'un placard penderie pour lequel j'ai versé 2 000 F à titre d'avance.

Nous sommes aujourd'hui le 20 avril 1988 et je n'ai rien reçu. En conséquence, j'ai l'honneur de vous demander d'annuler cette commande et de me rembourser l'avance faite, augmentée des intérêts légaux, conformément à la loi.

Avec mes salutations.

Réception d'une commande défectueuse

Si le colis reçu présente des avaries, si l'on suppose que les marchandises sont abîmées, on ne signe le bon de livraison remis par le transporteur qu'en indiquant avant la signature : « Accepté sous réserve », et en le faisant constater au livreur. Dans les trois jours qui suivent, en cas d'avarie réelle, c nfirmer les réserves en précisant les dégâts, par lettre recommandée.

à Monsieur le représentant de
la Sernam, Montluçon.

Monsieur,

Vous m'avez livré lundi 3 un colis venant de la Maison
Sorret à Nevers et contenant un lampadaire. Je n'ai accepté le colis,
vu son état, qu'avec des réserves. Or, en l'ouvrant, après votre
départ, je m'aperçois qu'un des trois pieds de ce lampadaire est tordu
et menace de se rompre. J'en avertis également le fournisseur en lui
disant de me dédommager de cette avarie probablement survenue en
cours de transport.

Veuillez agréer, Monsieur, mes salutations distinguées.

(Écrire une lettre semblable au fournisseur.)

Erreur dans la livraison

aux Magasins ...

Monsieur,

Je vous avais commandé le 7 mai 1984 une couverture de
laine (réf. D. 767) à 278 F, couleur paille. Or je reçois aujourd'hui par
colis postal cette couverture, mais couleur bleu marine.

Je vous renvoie donc cette couverture, qui ne peut me
convenir, dans un colis en port dû et je vous prie, si vous n'avez pas
la couleur demandée (paille) de me rembourser les 278 F.

Veuillez agréer, Monsieur, mes meilleures salutations.

Envoi de chèque

Monsieur,

En règlement de votre facture 817 du 23 février 1984, je
vous remets ci-inclus un chèque barré de 7 145 F sur le Crédit
Lyonnais.

Avec mes remerciements pour les travaux effectués, je vous
prie d'accepter, Monsieur, mes meilleures salutations.

LA BOITE POSTALE 5000

C'est un organisme départemental dont le but exclusif est de régler les litiges pouvant opposer des consommateurs à des commerçants, à l'occasion d'achats ou d'exécution de travaux. La boîte postale 5000 renseigne sur les problèmes de garantie, de livraison, etc. ; elle oriente au besoin le consommateur vers les services compétents.

Avant d'entreprendre des travaux, de souscrire un crédit à la consommation, si les clauses d'un contrat d'achat ou de location d'appartement, d'achat ou de réparation d'appareil, ne sont pas respectées, questionnez la B.P. 5000.

Son adresse est simple : « Boîte postale 5000 », à quoi on ajoute le numéro de code postal et le chef-lieu du département. Ainsi, pour un habitant de l'Eure :

Boîte postale 5000
27000   ÉVREUX

Accusé de réception

Monsieur,

Je vous accuse réception de votre lettre du ... et du chèque de ... F qui était joint, en règlement de notre facture S/47. Ci-joint votre relevé de compte acquitté.

Acceptez, Monsieur, mes meilleures salutations.

Billet à ordre

Annecy, le 5 mars 1985

Au 15 juin prochain, je paierai à Monsieur Raoul Plinder (*profession, adresse*), ou à son ordre, la somme de 1 810 F (mille huit cent dix francs), en règlement de compte.   (*signature*)

Un tel billet peut être endossé en inscrivant au dos :

Payer à l'ordre de Monsieur (*prénom, nom, domicile*), valeur en compte.   (*signature*)

L'endos est l'inscription par laquelle le bénéficiaire d'un billet à ordre, d'un chèque, d'un effet de commerce, d'une traite, ordonne à celui qui doit le payer de régler à une tierce personne nommée.

Si Mme L. Lebrun, qui n'a qu'un compte courant postal n° 4130.28 E à Paris, reçoit en paiement un chèque bancaire barré, il lui suffit d'inscrire au dos du chèque :
Pour le compte de Mme L. Lebrun, CCP Paris 4130.28 E.

(signature)

Elle envoie ce chèque dans une enveloppe (non timbrée) à son Centre de chèques postaux. Son compte en sera crédité quelques jours après.

Traite

Dans une traite, c'est le bénéficiaire (créancier ou tireur) qui invite le payeur (débiteur ou tiré) à payer une somme déterminée, à une date fixée, au porteur de la traite.

Libellé d'une traite

A ..., le ...   B.P.F. 728.

Au 1ᵉʳ juin 1984, veuillez payer à mon ordre la somme de 728 F (sept cent vingt-huit francs), valeur reçue en ... *(motif de la dette contractée par le tiré : en marchandises, en compte, etc.).*

Nom et adresse du tireur   *(signature du tireur)*

Quelquefois, la traite est domiciliée (par exemple : *Payable à la Banque de Champagne, 4, place Drouet à Reims*). Souvent la traite est l'objet d'une acceptation par le tiré qui écrit à la suite :

Accepté   *(signature)*

La traite peut passer d'une main à une autre par le moyen de l'endossement (voir plus haut). Le dernier propriétaire (endossataire ou porteur) est celui qui présente la traite au tiré et encaisse la somme. Le porteur en donne alors l'acquit au dos de la traite qu'il remet au tiré.

Rappel de facture

Monsieur,

Je vous serais très obligé de m'adresser le plus tôt possible le montant de ma facture n° 408 du 3 octobre dernier, qui est restée impayée.

Avec mes meilleures salutations.

(signataire)

Menaces pour non-paiement

Monsieur,

Mon relevé de compte du ..., puis ma lettre du ... sont restés sans réponse de votre part. J'en suis fort surpris. A mon grand regret, je vous informe que si je n'ai pas reçu pour le 1er juin au plus tard le montant de ce compte, soit ... F, je serai contraint de poursuivre le recouvrement de ma créance par les voies de droit.

Recevez, Monsieur, mes salutations.

Pour excuser un retard dans un paiement

Monsieur,

Comme nous en étions convenus, je devais vous régler mon poste de télévision couleur en trois versements ; le deuxième devait vous être fait le 1er avril prochain.

Je viens d'avoir de gros ennuis financiers : ma voiture volée (qui ne me sera remboursée que dans un mois par la compagnie d'assurance) a dû être remplacée tout de suite, car elle m'est indispensable pour mon travail. Je ne serai donc pas en mesure de vous faire le deuxième versement du 1er avril. Auriez-vous l'obligeance d'accepter que la somme due ne vous soit remise que le 20 avril ?

J'espère que vous comprendrez ma fâcheuse situation. Comptant sur votre bonne volonté, je vous prie de croire, Monsieur, à mes meilleurs sentiments.

Ordre d'achat en Bourse

Nom, adresse   *Date*

Banque ...
(ou : Monsieur ..., agent de change)

Monsieur,

Je vous prie de bien vouloir acheter en Bourse 10 (dix) actions de ... *(nom de la société, ou des Sicav)* au porteur au prix maximal de ... F, et de 12 (douze) actions de ... au mieux ; et de débiter mon compte n^o ... du montant de ces opérations et de vos frais.

Veuillez agréer, Monsieur, l'assurance de mes sentiments distingués.

> Il est bon de noter sur son agenda le numéro de série des chéquiers qu'on possède.

Ordre de vente en Bourse

Monsieur,

Je vous prie de bien vouloir vendre en Bourse les actions suivantes que je détiens chez vous :

5 actions « Mines du Hartsi », au mieux ;
10 actions « Sicav Plus », au prix minimal de ... F
Je vous joins les récépissés datés et signés de ces actions.

Veuillez mettre le produit de cette vente au crédit de mon compte n° ...

Acceptez, Monsieur, mes remerciements et mes meilleures salutations.

Demande d'opposition à chèque

Cette opposition doit se faire immédiatement par téléphone. Si ce n'est pas possible, envoyer la lettre suivante.

à l'agence du Crédit social de ...

Monsieur le Directeur,

Je vous informe de la perte de mon chéquier (de la série ...) survenue ce jour. Il y restait environ cinq formules de chèque en blanc. Naturellement, je fais opposition à ces chèques et je vous demande de le notifier à vos services. Je passerai à vos bureaux dès que possible pour cela.

Avec mes remerciements, je vous prie d'agréer, Monsieur le Directeur, mes salutations distinguées.

Agio : commission ou intérêts retenus par un banquier.

Nantissement : bien donné en garantie de paiement à un créancier. Un commerçant peut offrir à son banquier le nantissement de son fonds de commerce pour emprunter de l'argent.

Option : promesse de vente faite par un vendeur, sans engagement de l'acheteur.

25

Assurances
Auto

Votre compagnie (ou mutuelle) d'assurances a un siège central et des agents régionaux (dits « assureurs-conseils »). C'est à ces agents que l'on s'adresse pour toute correspondance. Les courtiers d'assurances n'ont pas pouvoir de représenter cette compagnie dans les litiges.

Il est souvent nécessaire d'envoyer une lettre recommandée pour les questions d'assurances. Dans toute correspondance, fournir à l'assureur le numéro de contrat et, le cas échéant, le numéro de sinistre.

Changement de propriétaire

Un bien assuré l'est au nom d'une personne. Si ce bien est vendu, il faut que le vendeur avise sa compagnie d'assurances de cette vente, afin d'être dégagé du paiement des primes.

L'acheteur doit aviser cette compagnie :

a) qu'il désire en faire son affaire personnelle et refuse de continuer le contrat précédent ; ou

b) qu'il désire continuer le contrat précédent en payant les primes.

Toute cette correspondance se fait par lettre recommandée.

a) Refus de continuer

Monsieur,

Je viens d'acheter l'appartement que Monsieur Robert Legrand possédait au 152 de la rue Vincy à ... et pour lequel il avait souscrit auprès de vous une assurance incendie et dégâts des eaux (*police n° ...*). J'ai prévenu Monsieur Legrand que je faisais mon affaire personnelle du contrat d'assurance. En conséquence, je vous prie de résilier la police de M. Legrand à compter du ... et de m'en donner acte.

Veuillez agréer, Monsieur, mes salutations distinguées.

b) Désir de continuer

Monsieur,

Je viens d'acheter l'appartement que Monsieur Robert Legrand possédait au 152 de la rue Vincy à ... et pour lequel il avait souscrit auprès de vous une assurance incendie et dégâts des eaux (*police n° ...*).

J'ai promis à Monsieur Legrand de continuer le même contrat. Je vous prie donc d'en aviser votre agent et d'établir un avenant de transfert à mon nom à compter de l'achat de cet appartement, soit le...

Veuillez agréer, Monsieur, l'assurance de mes sentiments distingués.

Demande de contrat d'assurance

à l'agent d'assurances

Monsieur,

Je vais passer mes vacances d'été à Biscarosse, 3 rue Mortier, villa « Ariane » et désirerais m'assurer pour les risques d'incendie et de dégâts des eaux durant le mois d'août prochain dans cette maison. Elle est construite en dur, date de 1976 et se trouve éloignée de la forêt.

Veuillez me donner le tarif de cette assurance provisoire.

Acceptez, Monsieur, l'expression de mes sentiments distingués.

Modification d'assurance

à la Compagnie « La Prévoyante »

Monsieur,

Assuré par vos soins (*police n° ... du ...*) pour une voiture Peugeot 405 immatriculée 4847 BX 53, je vous signale que j'ai l'intention d'y atteler une remorque porteuse (d'un poids maximal de 800 kg) que je viens d'acquérir.

Si cela doit changer quelque chose dans ma police d'assurance, et la prime, je vous prie de bien vouloir me le signaler pour que je me mette en règle.

Veuillez agréer, Monsieur, l'assurance de mes meilleurs sentiments.

> On doit informer son assureur pour le remplacement d'un véhicule par un autre, pour l'assurance d'une remorque ou d'une caravane, la suppression des garanties (vente sans remplacement), le changement d'immatriculation, le changement d'adresse, une extension des risques, la vente d'un bien assuré, une modification dans les installations immobilières, une acquisition nouvelle (pour l'assurance vol), etc.

Demande de modification d'une assurance

Monsieur,

Déjà assuré auprès de vous pour ma maison et ma voiture, je désirerais contracter une assurance de responsabilité civile pour mes deux enfants mineurs et modifier l'assurance vol pour mon mobilier.

Vous serait-il possible de passer chez moi jeudi ou vendredi pour que nous précisions tout cela d'un commun accord ?

Veuillez agréer, Monsieur, l'assurance de mes sentiments distingués.

Résiliation d'une assurance
(Lettre recommandée à envoyer à l'agent d'assurance au moins trois mois avant la date d'échéance de la police)

Monsieur,

Je possédais une résidence secondaire à Fère-Champenoise (Marne) pour laquelle j'ai contracté auprès de vous une assurance.

Je viens de vendre cette maison où je n'allais plus guère et, de ce fait, je vous demande de bien vouloir résilier la police d'assurance n° ... qui la concerne, à partir du 1er octobre prochain.

En vous demandant de m'accuser réception de cette lettre, je vous prie d'agréer, Monsieur, mes salutations distinguées.

> La **police** est un contrat d'assurance.
> La **prime** est la somme versée chaque année par l'assuré.
> L'**avenant** est une modification de la police.

Vente d'une voiture

Quand un propriétaire vend lui-même son véhicule, il doit fournir à l'acheteur :
- un certificat de vente (modèle ci-dessous) ;
- un certificat de non-gage (délivré par la préfecture) ;
- la carte grise portant en surcharge, au stylo-bille, la mention : « Voiture vendue le ... à (lieu) à (acheteur). »
- la vignette en cours, fixée au pare-brise ;
- si la voiture a plus de 5 ans d'âge : un certificat de passage dans un centre de contrôle agréé et un rapport donnant le résultat des vérifications.

Certificat de vente

Je soussigné, Robert Alaud, demeurant 27 rue des Lilas à ... (Orne), certifie avoir vendu à Monsieur Jean Barjou demeurant à ... (Orne), la voiture Peugeot 104 dont j'étais propriétaire et dont les caractéristiques sont les suivantes :

Immatriculée neuve le 10-3-1980 à Versailles sous le n° 1016 BH 78 ; puis, à la suite d'un changement de résidence, le 27-9-1983 à Alençon sous le n° 4409 BJ 61. Année de fabrication 1980 ; Puissance 5 CV. Couleur blanc crème. Numéro dans la série du type : 82669707.

..., le ...
(signature du vendeur)

Avis de cession d'un véhicule
(du vendeur à son agent d'assurances)

Monsieur,

Je vous informe qu'à dater du 4 avril 1985, je ne suis plus propriétaire de la voiture Peugeot 104, 5 CV, immatriculée 4409 BJ 61 et assurée par vos soins à mon nom.

J'ai vendu cette voiture à Monsieur Jean Barjou, demeurant 18, rue Hamelin à Domfront (Orne). Ce dernier a été informé par moi que votre Société ne couvrirait plus l'assurance du véhicule à partir du 4 avril 1985.

Veuillez agréer, Monsieur, l'assurance de mes sentiments distingués.

Du vendeur au préfet
(à envoyer dans les 15 jours)

Monsieur le Préfet,

Je vous informe que j'ai vendu ma voiture (Fiat « Sigma » immatriculée 4247 LB 70) le 4 mars 1989 à Monsieur Louis Bréhaut, demeurant 7, impasse Boisset à Mesnil-Cère (90). J'ai mentionné cette vente sur la carte grise.

Veuillez agréer, Monsieur le Préfet, l'expression de mes sentiments respectueux.

Changement de véhicule

Monsieur,

Assuré à votre Compagnie, je vous informe que je change de voiture le 17 septembre 1987.

Ancienne voiture : Citroën GS, 9 CV, immatriculée 4638 HD 76, de 1980.

Nouvelle voiture : Renault 18, 7 CV, immatriculée provisoirement 5657 BW 76, modèle 1986, n° de série B 414922.

Dès que j'aurai l'immatriculation définitive, je vous en aviserai.

Je vous serais reconnaissant de bien vouloir m'envoyer une attestation provisoire d'assurance pour le nouveau véhicule, les garanties étant inchangées.

Veuillez agréer, Monsieur, l'expression de mes meilleurs sentiments.

Déclaration de sinistre (vol de voiture)

Monsieur,

Je vous informe que ma voiture Ford 3 CV immatriculée 9868 LD 43 et assurée par vos soins m'a été dérobée dans la nuit du ... au ... devant mon domicile bien qu'elle fût fermée à clé. J'en ai fait la déclaration à la gendarmerie qui m'a délivré l'attestation ci-jointe.

En conséquence, je vous demande réparation de ce préjudice, cette voiture me faisant défaut pour me rendre à mon travail.

Si le véhicule était récupéré, je vous en aviserais aussitôt.

Veuillez agréer, Monsieur, l'assurance de mes sentiments distingués.

> Dès qu'un sinistre se produit, il faut appeler les pompiers (Tél. : **18**).
> Après le sinistre, il faut signaler le fait par lettre recommandée à l'assureur dans les délais prescrits (en général dans les trois jours qui suivent).

Vol dans un véhicule

Monsieur

Je vous informe que mon véhicule Renault 14, immatriculé 7873 CR 62 et assuré par vos soins, m'a été dérobé dans la nuit du 7 au 8 octobre 1984.

J'étais chez mon neveu à Trigny (62), ayant laissé la voiture sur la place de l'Église, portières fermées à clé. Dans la voiture il n'y avait, dans le coffre, que mon parapluie, un petit outillage et un jeu de boules de pétanque. Je me suis aperçu du vol en sortant, vers 23 heures.

Dès le lendemain matin, je me suis rendu à la gendarmerie pour déposer une plainte. Je vous joins le récépissé délivré.

Mes recherches personnelles n'ont abouti à rien. Mais un ami m'a signalé que la voiture était abandonnée sur la route D 47, près du village de St-Achille. J'y suis allé et j'ai récupéré ma voiture, portière ouverte par effraction, fils de contact arrachés sous le tableau de bord. J'ai constaté la disparition du poste auto-radio, du jeu de pétanque et de l'outillage.

Je conserve toujours sur moi carte grise, permis de conduire et attestation d'assurance.

Je vous enverrai dans quelques jours le devis de remise en état de la voiture par le garagiste et l'évaluation des objets volés.

Veuillez accepter, Monsieur, l'expression de mes sentiments distingués.

Incendie

Monsieur,

Étant assuré par vos soins, je vous informe qu'une des dépendances de ma maison, un poulailler où je fais l'élevage d'une centaine de volailles, a été détruit par le feu la nuit dernière. Le bâtiment, situé au bout de mon jardin, est complètement anéanti et j'ai perdu vingt-huit poulets dans le sinistre.

J'en ai aussitôt prévenu la gendarmerie qui n'a pu établir la cause de cet incendie.

Je vous demande de bien vouloir envoyer quelqu'un pour constater les dégâts et m'indiquer de quelle manière je puis être indemnisé.

Veuillez agréer, Monsieur, l'expression de mes meilleurs sentiments.

Dégâts des eaux

Monsieur,

Je vous informe qu'hier au soir un violent orage s'étant abattu sur ma région, il en est résulté des dégâts dans mon pavillon. Le sous-sol s'est trouvé inondé, ce qui ne s'était jamais produit, parce que les égouts ne suffisaient plus pour évacuer les précipitations.

L'eau est montée à 20 cm dans ce sous-sol, le chauffage a été interrompu, le brûleur à mazout ayant pris l'eau. La machine à laver le linge est également en panne, le moteur pris dans la boue venue de l'extérieur. Pour le reste (bouteilles mouillées, cartons, etc.), il suffira je pense de faire sécher.

J'attends le réparateur qui doit me fournir des devis de remise en état.

J'ai tenu à vous informer de cet accident dans les délais prescrits en vous rappelant que ma police d'assurance englobe les dégâts des eaux.

Je me tiens à votre disposition (le matin de préférence) pour des précisions ou des vérifications.

Veuillez agréer, Monsieur, l'expression de mes sentiments distingués.

> Tous les parents devraient s'assurer en matière de « responsabilité civile » pour les dégâts dont leurs enfants seraient responsables, ce qui peut être coûteux quand il y a blessure grave.

D'un père responsable au père du blessé

Monsieur,

J'apprends que votre fils Thomas a été blessé à l'oreille, hier mercredi vers 15 heures par mon fils Marc, alors qu'ils jouaient tous deux dans le square voisin. La blessure serait assez grave, me dit ma femme, puisque le docteur a ordonné un examen à l'hôpital.

Sincèrement navré de cet accident, je tiens à vous rassurer quant aux suites matérielles : je suis assuré à la compagnie « La

Familiale » pour tous les accidents dont un membre de ma famille pourrait se rendre responsable. Je l'informe d'ailleurs tout de suite de celui-ci et je vous demande de me communiquer les pièces (certificats médicaux, notes de soins, etc.) qui s'y rapportent afin que je les transmette sans tarder.

Mon fils Mars et moi souhaitons à Thomas un rapide rétablissement.

Veuillez agréer, Monsieur, l'assurance de mes sentiments distingués.

Rappel à condamné récalcitrant

Monsieur,

Je vous rappelle que le tribunal de Bordeaux, dans sa séance du 3 mars 1984, vous a condamné à me verser à titre de dommages et intérêts la somme de 4 000 F (quatre mille francs) pour les blessures causées par votre fils Justin à ma fille Aurélie, sans préjudice du remboursement des soins médicaux dont l'évaluation n'est pas terminée. Ce jugement étant exécutoire et définitif depuis 15 jours, je vous invite à m'adresser ladite somme sans délai.

Sans réponse de vous au 28 mars, je vous ferais signifier ce jugement à vos frais.

Je vous prie d'accepter, Monsieur, mes salutations.

Demande de témoignage

Madame,

Lundi 12 avril, vous avez assisté à un léger accident de la circulation. Alors que ma voiture (Ford « Junior », immatriculée 8319 MA 13) était garée devant votre immeuble, elle a été heurtée violemment par une Citroën PR grise qui a embouti mon aile avant gauche, tordu le pare-choc avant et brisé la glace du phare gauche. Le conducteur, dont la police m'a fourni le nom grâce au numéro que vous m'avez signalé, refuse de payer les dégâts commis.

Devant cette mauvaise volonté, je vous demande, comme vous me l'aviez proposé, de dire dans un bref témoignage ce que vous avez vu ce jour-là. Votre lettre sera pour moi un service très appréciable ; je la ferai parvenir à mon agent d'assurance avec une photocopie à l'assureur de mon adversaire.

Je vous joins une enveloppe timbrée à mon nom.

Je vous prie d'accepter, Madame, mes remerciements bien sincères pour votre assistance et l'hommage de mes sentiments distingués.

Témoignage au sujet d'un accident

Je soussigné, Abel Poirier, né le 22 juin 1944, demeurant 3 bis, rue d'Isly à Arbois (39600), atteste avoir été témoin de l'accident survenu devant mon domicile le 29 novembre 1984 vers 17 heures.

J'habite à l'angle d'un carrefour et sortais pour acheter un journal du soir. Une Peugeot 705 verte roulait dans l'avenue Joffre, alors qu'une Fiat bleue arrivait sur sa gauche par la rue d'Isly. La Peugeot passait normalement, prioritaire, quand tout à coup un ivrogne se lança sur la chaussée pour traverser. Afin de l'éviter, le conducteur de la Peugeot bloqua sa voiture. La Fiat, lancée, qui serait normalement passée derrière la Peugeot, ne s'attendait pas à cet arrêt brusque, heurta la Peugeot sur le flanc gauche.

De la Peugeot abîmée, on sortit un enfant de 12 ans, blessé au bras. Rentrant chez moi, j'ai alerté les pompiers par téléphone ; ils sont venus aussitôt avec une ambulance.

Il me semble que l'ivrogne, identifié par les gendarmes, est le responsable de cet accident.

Fait à Arbois, le 2 décembre 1984.

Pour se présenter au permis de conduire

à Monsieur le Préfet,
(Service des permis de conduire)

(*Pour Paris* : au préfet de police, bureau des permis de conduire, 4, rue de Lutèce, 75004 Paris)

Monsieur le Préfet,

Désirant me présenter bientôt à l'examen du permis de conduire B pour voitures légères (ou : A, C, D, E, F), je vous demande de m'envoyer le formulaire à remplir et la liste des pièces à y joindre.

Veuillez agréer, Monsieur le Préfet, l'assurance de mes sentiments respectueux.

Toutes les fois que vous fournissez une photo d'identité, n'oubliez pas d'indiquer au dos votre prénom et votre nom souligné.

Accident de voiture
(déclaration de sinistre par lettre recommandée)

Jacques Perrot   Rueil, le 26 avril 1984
École Tuck-Stell
92500 Rueil-Malmaison
Permis de conduire
   56744 Versailles
Police d'assurance   à la compagnie « La Sécurité », Paris.
   202495 A

Monsieur,

J'ai été victime d'un accident de la route hier 25 avril, alors que j'allais de Montmirail (Marne) à Meaux (Seine-et-Marne) par la nationale 33.

A 19 km de Montmirail, cette route est coupée par le D 222. J'abordais le carrefour à 70 km/h, étant sur une voie prioritaire. A ce moment, une Citroën venant de Hondevilliers à ma gauche, s'engagea aussi sur ce carrefour et me heurta au niveau de la roue arrière gauche.

Ma voiture (Peugeot 208 immatriculée 5950 CZ 92) fut emboutie assez sérieusement, la roue arrière faussée. Je pus m'arrêter sans déraper, une dizaine de mètres plus loin. Les dégâts sont assez importants sur les deux véhicules, mais surtout il y a des blessures : ma belle-mère, madame Lebornier, souffre de plaies à la jambe et éprouve une vive douleur au côté gauche ; mon fils Jean-Pierre, qui était près d'elle, à l'arrière, est contusionné à l'épaule.

Dans la Citroën, le conducteur, qui était seul, s'est blessé à la face en heurtant le volant.

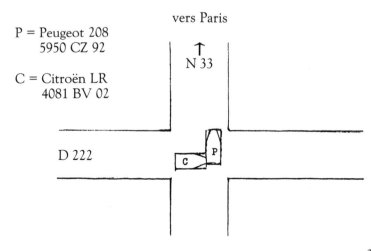

P = Peugeot 208
   5950 CZ 92

C = Citroën LR
   4081 BV 02

vers Paris

N 33

D 222

La collision a eu lieu à 10 h 50 ; la route était sèche. La Citroën était conduite par monsieur Georges Daumenont, cultivateur à Nogent-l'Artaud (Aisne). Il n'y a pas de témoin de l'accident, mais monsieur Daumenont reconnaît les faits précités et signe cette déclaration avec moi. Il est assuré à la compagnie « L'Entraide agricole », 14, place Leclerc à Château-Thierry (police n° AL 41007). Il est titulaire du permis de conduire n° 71098.415 délivré par la préfecture de l'Aisne.

Je vais soumettre ma belle-mère et mon fils à un examen radiographique et vous tiendrez au courant.

Pour l'évaluation des dégâts matériels, ma voiture peut être vue par votre expert : me téléphoner au préalable au 49.59.63.80.

Veuillez agréer, Monsieur, l'expression de mes sentiments distingués.

(signature Perrot)

Lu et approuvé,
(signature Daumenont)

Dans toute déclaration d'accident de la circulation, il ne faut pas oublier d'indiquer :

— prénom, nom et adresse du conducteur ;
— prénom, nom et adresse du propriétaire du véhicule si ce n'est pas le conducteur ;   pour
— numéro du permis de conduire du conducteur, avec l'indication de la préfecture qui l'a délivré ;   chaque
— l'identité de la voiture (par ex. : Honda « Civic » n° 4340 BY 61) ;   véhicule
— le lieu du sinistre (Ex. : en face du n° 14 de la rue du Pont à Privas -07 ; sur la N 79 à 4 km à l'est de Paray-le-Monial -71) ;
— la date et l'heure du sinistre ;
— les personnes présentes dans les véhicules ;
— les témoins (noms et adresses) ;
— les dommages subis par les personnes ;
— les dommages matériels ;
— le récit des circonstances de l'accident ;
— le plan de situation au moment de l'accident ;
— les signatures de chacune des parties.

Engagement de location d'un garage

Entre les soussignés :

Monsieur X, propriétaire, demeurant à ...
et Monsieur Y, locataire, demeurant à ...
il a été convenu ce qui suit :

M. X loue à M. Y un garage (*ou* un box, *ou* un emplacement de stationnement). Cette location est consentie et acceptée pour une durée de un mois renouvelable par semblable période faute de congé donné ou reçu au moins un mois à l'avance par lettre recommandée avec demande d'avis de réception.

DÉSIGNATION

Ce garage est situé n° ... rue ... à ... et porte le n° 7 dans la série des 12 garages appartenant à M. X à cette adresse.

LOYER

La présente location est consentie et acceptée moyennant un loyer mensuel de ... F payable par mois et d'avance, le premier jour du mois. Il est consenti à partir du 1er mai 1984. Tout mois commencé est dû en entier et il ne sera accordé aucune réduction en cas d'absence de quelque durée que ce soit. Le loyer sera révisé chaque année au 1er mai en fonction des variations de l'indice officiel du coût de la construction fixé par l'I.N.S.E.E.

La présente location est consentie et acceptée aux clauses, charges et conditions suivantes :
1. Le locataire ne pourra ni échanger, ni céder son droit au garage ;
2. Le locataire devra assurer son véhicule et le local contre les risques d'incendie et de recours des voisins ;
3. Le locataire s'engage à ne pas stocker de liquides inflammables ou de matières dangereuses ;
4. Le locataire est responsable des deux clés n° ... qui lui sont confiées et qu'il rendra au propriétaire à la fin du bail ;
5. Le locataire prendra les lieux dans l'état où ils se trouvent et qu'il déclare connaître ; il souffrira les travaux entrepris par le propriétaire et qui se révéleraient nécessaires ;
6. Le locataire acquittera toutes taxes d'habitation relative à cette location, sa part des dépenses d'eau et d'électricité selon les compteurs installés.

DÉPÔT DE GARANTIE

Le locataire versera au bailleur, à la signature du présent acte, la somme de ... F, représentant deux mois de loyers, au titre de dépôt de garantie, non productif d'intérêt ; cette somme sera remboursée à l'issue du bail, déduction faite des sommes dues par le locataire (loyer ou réparations).

DIVERS

A défaut de paiement à son échéance d'une quittance de loyer et huit jours après une sommation de payer les sommes dues, y compris frais et intérêts, la présente location sera résiliée de plein droit si bon semble au bailleur, l'expulsion ayant lieu sur simple ordonnance de référé sans autre formalité judiciaire.

Pour l'exécution de la présente location, bailleur et locataire font élection de domicile aux adresses indiquées ci-dessus.

Tous les frais du présent acte sont à la charge du locataire.

Fait en ... exemplaires à ... le ...

Le bailleur :   Le locataire :

Lu et approuvé   Lu et approuvé

(signature)   *(signature)*

(Les deux dernières lignes sont de la main des signataires.)

En cas de changement de domicile, une nouvelle carte grise de voiture doit être demandée dans le mois qui suit : s'adresser au commissariat ou à la gendarmerie, ou directement à la préfecture.

Réclamation auprès d'un garagiste

Monsieur,

Je vous ai amené ma voiture (Peugeot 104 immatriculée 8411 AZ 68) le 21 juin dernier pour un changement des pneus et un réglage des roues (carrossage et équilibrage) avant de partir en vacances. Ayant roulé sur 1 200 km depuis cette révision, je m'aperçois que la direction accuse depuis le début un tremblement qui va s'amplifiant et que mes pneus avant son usés irrégulièrement.

J'ai consulté un garagiste de Saint-Nazaire. Celui-ci me dit que le carrossage n'a sans doute pas été fait après montage des nouveaux pneus. Or, votre facture porte cette opération. Je viens de payer à nouveau ce travail.

Rentrant chez moi vers la fin du mois, je vous apporterai la facture de Saint-Nazaire et si cela ne peut être expliqué, je vous demande le remboursement du travail payé et non exécuté.

Recevez, Monsieur, mes salutations.

> Quand un véhicule est détruit par le propriétaire ou vendu en vue de sa destruction, il faut le déclarer à la préfecture dans les 15 jours.

Vente d'un véhicule pour la destruction

Monsieur le Préfet,

Je vous informe que j'ai vendu le 30 mars 1987 mon véhicule Peugeot 308 break, immatriculé 1852 GL 48, en vue de sa destruction, à Monsieur Lucien Pertoux, ferrailleur à ...

Je vous adresse donc la carte grise de cette voiture hors d'usage.

Veuillez agréer, Monsieur le Préfet, l'expression de mes sentiments respectueux.

Le constat amiable d'accident automobile

Il faut s'efforcer, en cas d'accident, de rester calme. S'il y a un blessé, il faut alerter la police ou la gendarmerie.

Chacun des deux automobilistes doit présenter son permis de conduire et son attestation d'assurance. L'un des deux remplit un seul et même « constat amiable », avec le double attenant et le carbone. Peu importe que celui qui écrit s'inscrive en colonne A ou B. Employer de préférence un stylo-bille et écrire sur une surface dure, pour que le carbone marque bien la seconde feuille.

Bien mettre les croix dans les colonnes prévues. Le constat amiable a été préparé avec soin et est en général facile à remplir. Il faut bien veiller aux lignes 10 (changeait de file) et 15 (empiétait sur la partie de chaussée réservée à la circulation en sens inverse) qui engagent les responsabilités. Il est permis de cocher 11 et 15 si l'une des voitures empiétait sur la gauche en doublant.

Faire le total de chaque colonne, en face des deux grosses flèches noires.

Sur le croquis, noter l'existence des lignes blanches sur la chaussée.

Dans la rubrique « Observations » (en bas, n° 14), noter ce que n'a pas prévu la liste centrale. Par exemple : voiture A en station irrégulière ; voiture B effectuant un demi-tour ; voiture A ouvrait sa portière.

Ne pas oublier les deux signatures. Après signature, rien ne peut être modifié par l'un quelconque des conducteurs.

Le recto étant rempli, les deux exemplaires séparés, chacun remplira le verso de sa feuille (marqué « Déclaration »). Dans le récit succinct fait au verso, il n'y a pas à indiquer qui a tort. Le cas échéant, noter les noms et adresses des blessés et des témoins (les personnes transportées dans un véhicule accidenté ne peuvent être témoins). Indiquer quelle autorité de police a fait les constatations.

Le constat sera à envoyer à votre assureur même si l'autre conducteur refusait de signer.

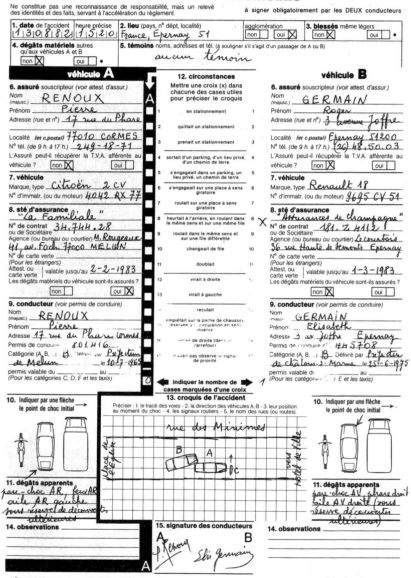

S'il s'agit d'un carambolage multiple, vous devez remplir autant de constats que votre voiture a touché de véhicules.

Un constat amiable en langue étrangère a la même valeur, le Comité européen des assurances s'étant assuré que les dispositions sont identiques. Les rubriques ont les mêmes numéros. Vous pouvez y joindre, pour votre assureur, un constat en français rempli de la même manière.

déclaration

à remplir par l'assuré et à transmettre dans les cinq jours à son assureur
(dans les 24 heures en cas de vol du véhicule).

1. nom de l'assuré : R E N O U X   profession *retraité*   n° tél *249-18-71*
Sociétaire ou Souscripteur du contrat   C.C.P. n° *1418-65 V*   Centre de *Paris*

2. circonstances de l'accident :

Je roulais, allant vers l'hôtel de ville d'Épernay, dans la rue des Minimes quand, tout à coup, un chien (marqué C sur le plan) se mit à traverser la chaussée. Je freinai pour l'éviter.
Aussitôt, la voiture B de M. Germain se dévia vers la gauche pour m'éviter mais néanmoins elle me heurta à l'AR gauche par sa partie AV droite.
Dégâts matériels.

CROQUIS (seulement s'il n'a pas déjà été fait sur le constat au recto).

Désigner les véhicules par **A** et **B** conformément au recto.

Préciser : 1, le tracé des voies - 2, la direction des véhicules A, B - 3, leur position au moment du choc - 4, les signaux routiers - 5, le nom des rues (ou routes).

3. A-t-il été établi un **procès-verbal de gendarmerie ?** OUI ☐ NON ☒ un **rapport de police ?** OUI ☐ NON ☒
Si oui : Brigade ou Commissariat de _____

4. conducteur du véhicule assuré : Est-il le conducteur habituel du véhicule ? .... OUI ☒ NON ☐
Réside-t-il habituellement chez l'Assuré ? . OUI ☐ NON ☐ Est-il célibataire ? OUI ☐ NON ☒
Date de naissance *22 mai 1919* Est-il salarié de l'Assuré ? OUI ☐ NON ☐
Sinon à quel titre conduisait-il ? _____

5. véhicule assuré : Lieu habituel de garage *17 rue du Phare, Cormes* Date 1ère mise en circulation : *3-5-1980*
Quel était le motif du déplacement ? *tourisme*
EXPERTISE des DÉGATS : Garage où le véhicule sera visible *à mon domicile*
Quand ? *à toute heure* Éventuellement téléphoner à : *249-18-71*

    – a été **volé**, indiquer son numéro dans la série du type (voir carte grise) _____
    – est **gagé** : nom et adresse de l'Organisme de crédit _____
Si le   – est un **poids lourd** : poids total en charge _____
véhicule   – était **attelé** à un autre véhicule (tractant ou remorqué) au moment de l'accident, indiquer le n° d'immatriculation de cet autre véhicule : _____ poids total en charge : _____
    nom de la Société qui l'assure : _____ n° police dans cette Société : _____

6. dégâts matériels autres qu'aux véhicules **A** et **B** (nature et importance ; nom et adresse du propriétaire) :

7. blessé (s) NOM ....
Prénom et date de naissance ....
Adresse ....

Profession ....
N° Sécurité Sociale :
Degré de parenté avec l'assuré ou le conducteur ....
Est-il salarié de l'assuré ? : .... OUI ☐ NON ☐   OUI ☐ NON ☐
Nature et gravité des blessures ......
Situation au moment de l'accident (piéton, passager du véhicule **A** ou **B** etc)
1ers soins ou hospitalisation à ....

A *Cormes*, le *14-8-19 82*
Signature de l'assuré :

P. Renoux

26
Armée

Demande de devancement d'appel

au Directeur du bureau de recrutement de ...

Monsieur le Directeur,

Je désirerais devancer mon appel sous les drapeaux à la date du 1ᵉʳ août prochain. Je suis né le 13 avril 1966 et aurai donc 18 ans bientôt. Je vous demande de m'envoyer l'imprimé spécial à remplir.

Veuillez agréer, Monsieur le Directeur, l'expression de mes sentiments respectueux.

Vous dépendez du bureau de recrutement auquel votre département de naissance est rattaché. Voir le tableau de la page 403.

Demande de report de l'appel

au Directeur du bureau de recrutement de ...

Monsieur le Directeur,

Je suis né le 19 juin 1966 et vient de me faire inscrire en mairie pour le service national puisque je vais avoir 18 ans le mois prochain. Je désirerais n'être incorporé qu'au 1er août 1987, quand j'aurai 21 ans accomplis, car j'ai des études à terminer.

Veuillez agréer, Monsieur le Directeur, l'assurance de mon respect.

Les incorporations ne se font qu'aux dates suivantes : 1er février, 1er avril, 1er juin, 1er août, 1er octobre, 1er décembre.

Grades militaires français : consulter le tableau 3 de la page 409

Pour obtenir des nouvelles d'un soldat

Madame G. Béhotte
18, rue des Platanes
51130 Vertus

au Colonel commandant le 21e Régiment d'infanterie à Tours.

Colonel,

Je me permets de vous écrire parce que je suis inquiète au sujet de mon fils, le caporal Guy Béhotte, de la 5e compagnie, qui ne m'a pas donné signe de vie depuis plus d'un mois. Dans sa dernière lettre, il me disait qu'il allait changer de garnison. Peut-être est-il souffrant, à l'hôpital ? Vous comprendrez mon inquiétude de mère.

Dans l'espoir que vous pourrez me renseigner, je vous prie d'accepter, Colonel, mes salutations distinguées.

La franchise militaire n'existe plus. Une lettre adressée à un soldat (même s'il est votre fiancé) doit être affranchie comme une autre lettre.

301

Pour annoncer qu'un militaire est malade

Pierre Dugain   au Colonel commandant
(adresse)   le 7ᵉ Zouaves à Carpentras.

Mon Colonel,

Je vous informe que mon fils, Patrice Dugain, soldat de la 5ᵉ compagnie de votre régiment (caserne d'Eckmühl), qui est venu en permission chez moi hier 4 avril, est actuellement souffrant et alité. Après une nuit fiévreuse, j'ai appelé le médecin qui a diagnostiqué une hépatite (ci-joint son certificat). Il estime que le malade doit rester à la chambre une semaine environ. Mon fils rejoindra son corps dès qu'il sera rétabli.

Veuillez agréer, mon Colonel, l'expression de mes sentiments très respectueux.

Demande de carte de combattant

au Directeur du Service départemental de l'Office national des anciens combattants et victimes de guerre de ...

Monsieur le Directeur,

Je désirerais obtenir la carte de combattant. J'ai participé aux opérations militaires en Afrique du Nord du 3 août 1953 au 15 juillet 1954 dans une unité combattante (7ᵉ régiment d'infanterie).

Je vous serais reconnaissant de bien vouloir me fournir l'imprimé à remplir ainsi que la liste des pièces à y adjoindre pour l'établissement de cette carte.

Veuillez agréer, Monsieur le Directeur, l'expression de mes sentiments respectueux.

Demande d'état signalétique et des services militaires

au Directeur du bureau de recrutement de ...

Monsieur le Directeur

Je vous demande de me faire établir un état signalétique et des services militaires à mon nom. Je suis né le ... à ... Mon numéro matricule de recrutement est le ..., classe 1972.

Cette pièce m'est demandée par l'administration pour être titularisé dans mon emploi.

Veuillez agréer, Monsieur le Directeur, l'expression de mes sentiments respectueux.

> Les militaires qui écrivent à un supérieur hiérarchique ne mettent pas de formule de politesse à la fin de la lettre.

Caporal Robert Mathieu
7ᵉ compagnie
14ᵉ régiment de tirailleurs

au Colonel commandant
le 14ᵉ tirailleurs
(par la voie hiérarchique)

Mon Colonel

J'ai l'honneur de demander l'autorisation de me présenter le 17 juin prochain à l'examen de ... (*ou* : au concours de plongeons de ...) et sollicite pour cela la permission de la journée.

Demande d'autorisation de mariage

Sergent-chef Yves Cartier
4ᵉ compagnie
3ᵉ régiment de parachutistes
à Connantre (Marne)

au Colonel commandant
le 3ᵉ régiment de parachutistes
(par la voie hiérarchique)

Mon Colonel,

J'ai l'honneur de vous demander la permission de contracter mariage avec mademoiselle Jacqueline Peretti, de nationalité française, secrétaire, demeurant 17 rue Vanneau à Toulouse.

Ci-joint un bulletin d'état civil et un extrait du casier judiciaire de ma fiancée.

> Si une étrangère désire épouser un militaire français, elle doit joindre à la demande de son fiancé la déclaration suivante.

Je soussignée, Maria Luisa da Silva, née le 3 août 1969 à Evora (Portugal), déclare renoncer expressément, lors de mon mariage avec l'adjudant Daniel Aubry, à la faculté qui m'est offerte, par l'article 38 de l'ordonnance du 19 octobre 1945 portant code de la nationalité française, de décliner la qualité de Française.

Demande de permission

au Capitaine commandant la 3e compagnie de ...

J'ai l'honneur de vous demander de m'accorder une permission de trois jours du 14 au 16 mai prochain pour assister au mariage de ma sœur à Châteauroux (Indre).

Mon adresse sera, durant ces trois jours : chez Monsieur J. Gaultier, 41, rue de la Victoire, 36000 Châteauroux.

27

Justice

A un avocat

Maître,

Notre ami commun Gérard Cornier vous a recommandé à moi quand je lui ai dit l'affaire qui m'oppose à un propriétaire déloyal. Il s'agit de tractation immobilière. Avant d'entamer une procédure, j'aimerais vous consulter. Vous serait-il possible de me recevoir, aux jour et heure qui vous conviendront ?

Je vous prie d'agréer, Maître, l'assurance de mes sentiments distingués.

Pour remercier un avocat

Cher Maître,

Enfin ce procès est terminé et vous pouvez imaginer mon soulagement.

Je ne sais comment vous dire ma reconnaissance. j'ai bien conscience que c'est grâce à votre talent, à la clarté de votre exposé, que le jugement rendu nous donne satisfaction.

Si vous saviez comme ces procédures m'effrayaient avant que je n'aie votre soutien !

Veuillez trouvez ci-joint un chèque de ... francs représentant le montant de vos honoraires.

Avec mes remerciements, je vous prie d'accepter, cher Maître, l'expression de mes meilleurs sentiments.

La demande d'assistance judiciaire se fait sur un formulaire à demander à la mairie. Elle doit être adressée au procureur de la République. Conditionnée par les ressources de l'intéressé, elle donne droit à l'assistance gratuite d'un avocat.

Pour obtenir un avocat d'office

à Monsieur le Bâtonnier de l'ordre
des avocats de ...

Monsieur le Bâtonnier,

J'ai été victime d'un accident de la route entre Poligny et Dole le 28 septembre 1984. Le tribunal correctionnel de Lons-le-Saunier doit être saisi de ma plainte et je suis cité à témoigner devant ce tribunal le 12 janvier 1985. Or, je suis à peine remis de l'accident et le docteur m'interdit un déplacement aussi important.

Je vous demande donc de bien vouloir commettre d'office un avocat pour me représenter et défendre mes intérêts. Dès que je serai en contact avec cet avocat, je lui communiquerai les pièces et les témoignages en ma possession pour qu'il dispose de toutes les informations.

Avec mes remerciements, veuillez agréer, Monsieur le Bâtonnier, l'expression de mes sentiments respectueux.

P.J. *Certificat médical*

Plainte pour vol
(sur papier libre)

à Monsieur le Procureur de la République
auprès du tribunal de grande instance de ...

Monsieur le Procureur de la République,

Je soussigné, *(prénom, nom, profession, adresse)*, ai l'honneur de porter à votre connaissance les faits suivants :

Dans la nuit du 4 au 5 octobre 1984, alors que j'étais en déplacement dans ma famille, quelqu'un s'est introduit chez moi en passant par le mur qui me sépare d'un champ et est entré dans mon jardin situé derrière la maison. Avec une tige de métal, il a forcé la porte qui permet d'accéder au sous-sol : cette porte est fracturée avec la serrure arrachée. Dans le sous-sol ont disparu une trentaine de bouteilles de vins vieux que je conservais. Il n'y a pas d'autres dégâts.

Je me suis aperçu du délit en rentrant le 5 octobre vers 10 h du matin.

C'est pourquoi je dépose plainte entre vos mains, me tenant à votre disposition pour fournir tous renseignements complémentaires et me constituer éventuellement partie civile.

Veuillez agréer, Monsieur le Procureur de la République, l'expression de mes respectueux sentiments.

Demande d'extrait de casier judiciaire

Voir à qui s'adresser à la page 58.

Seul l'intéressé peut demander son casier judiciaire. Il ne reçoit qu'un extrait n° 3 (gratuit) où les condamnations effacées par la réhabilitation ou l'amnistie et les condamnations avec sursis ne figurent pas.

Nom, adresse   au Casier judiciaire national
                                                     Nantes

Monsieur,

Je vous prie de bien vouloir m'adresser un extrait de mon casier judiciaire :

Dubois, née LOUVEAU
Lucienne Marie Eloïse
née le 23 février 1960 à Moreuil (Somme)
Ci-joint une fiche individuelle d'état civil à mon nom et une enveloppe timbrée à mon adresse.

Respectueusement,

Demande d'apposition des scellés

(Prénom, nom   au Greffier du tribunal d'instance
Adresse)   de ... (du domicile du défunt)

Monsieur le Greffier,

J'ai l'honneur de vous déclarer que je suis créancier de Monsieur Jules Touvenet, qui vient de mourir le 3 avril dernier à l'adresse suivante :

5, rue des Bains à ....
(au 2ᵉ étage, à gauche)
Ma créance est de ... francs et j'en possède un reçu de M. Touvenet.

Afin de sauvegarder mes intérêts, je vous demande de faire apposer les scellés sur les biens meubles et immeubles du défunt lors de l'inventaire qui doit en être fait.

Veuillez agréer, Monsieur le Greffier, l'assurance de mes sentiments distingués.

P.J. Photocopie de la reconnaissance de dette.

Désistement de plainte

à Monsieur le Procureur de la République

Monsieur *(prénom, nom, profession)*, demeurant à ..., déclare se désister purement et simplement de la plainte par lui formée entre les mains du procureur de la République de ... contre le sieur *(prénom, nom)*.

Et demande que sa plainte soit considérée comme nulle et de nul effet, qu'il n'y soit donné aucune suite.

(signature)

Le dépôt d'une plainte auprès du procureur de la République peut concerner d'autres délits que le vol : menaces par lettres, refus d'un journal de publier une réponse à un article qui met quelqu'un en cause, diffamation, faillite frauduleuse (si un créancier s'aperçoit qu'un commerçant déclaré en faillite a soustrait des biens de son entreprise), vol commis par un employé, coups et blessures, escroquerie, crime, abus de confiance, etc.

La plainte, s'il s'agit d'un délit simple (vol de voiture par exemple), peut être déposée auprès du commissariat de police ou auprès de la gendarmerie, qui transmettront au procureur.

Pour un chèque sans provision

à Maître X, huissier

Maître,

Ayant reçu de Monsieur *(prénom, nom, profession, adresse)* un chèque de ... F en paiement de ..., et m'ayant vu retourner ce chèque par la banque pour défaut de provision, je vous demande de bien vouloir poursuivre ce débiteur, en faisant saisir chez lui, au besoin, l'équivalent du montant à payer.

Au cas où vous constateriez que mon débiteur est absolument insolvable, je vous demande de ne pas engager de poursuites qui ne pourraient qu'être coûteuses pour moi.

Veuillez agréer, Maître, l'expression de mes sentiments distingués.

Dans le cas de chèque sans provision, on peut aussi charger le tribunal d'instance du domicile de l'auteur du chèque de faire injonction à payer ; ou déposer une plainte et se constituer partie civile en demandant des dommages et intérêts auprès du procureur de la République. (La simple menace de cette plainte suffit souvent à produire son effet.)

Opposition à un jugement

Si l'on ne passe pas par un avocat, on peut écrire au procureur de la République par lettre recommandée (pour marquer que l'on est dans les délais d'opposition ou d'appel).

Monsieur le Procueur de la République,

Ayant reçu le ... notification du jugement prononcé contre moi le ... et qui me condamne par défaut à une peine de ..., j'ai l'honneur de vous informer que je forme opposition à cette décision et demande à être de nouveau convoqué afin de pouvoir présenter ma défense. Lors du premier jugement, un déplacement important m'avait empêché de comparaître et je pensais que mon bon droit serait aisément reconnu.

Veuillez agréer, Monsieur le Procureur de la République, l'expression de mes sentiments respectueux.

Pour demander une pièce à un tribunal
au greffier du tribunal (pour un tribunal important : au greffier en chef).

Monsieur,

Je désirerais une copie du jugement rendu le ... dans l'affaire qui m'opposa au sieur (prénom, nom, adresse).

Je vous serais obligé de m'indiquer le montant des frais d'établissement et d'envoi que je vous ferai tenir dès réception.

Veuillez agréer, Monsieur, mes remerciements et mes salutations distinguées.

Pour s'y retrouver dans les tribunaux français, consulter le tableau 5. de la page 411.

Rappel à un avocat

Cher Maître,

Après notre entrevue du ... au cours de laquelle je vous ai remis les pièces concernant l'affaire qui m'oppose à Monsieur ..., je vous avais signalé qu'il y avait pour moi urgence à aboutir au règlement du litige. J'ai dû m'absenter trois semaines et comme je n'ai pas de nouvelles, je m'inquiète un peu car le temps peut jouer en faveur de mon adversaire. Vos démarches ont-elles chance d'aboutir bientôt ?

Vous pourriez me téléphoner chez Monsieur ... (16.18.45.60.08), un voisin très complaisant qui m'appellerait aussitôt.

Je m'en remets à vous et vous prie d'accepter, cher Maître, l'expression de mes sentiments distingués.

Demande de délai pour régler un avocat

Cher Maître,

Votre note d'honoraires m'est bien parvenue, et je vous remercie des efforts que vous avez déployés dans la récente affaire que j'avais remise entre vos mains. Cependant, vous savez ma situation et je vous prie de m'accorder un délai de deux mois pour vous régler la somme demandée, assez élevée pour moi. Je vous en ferai parvenir la moitié fin juin et le reste fin juillet.

Comptant sur votre compréhension, je vous renouvelle mes remerciements et vous prie d'agréer, cher Maître, l'expression de mes sentiments distingués.

Absence devant un tribunal

à Monsieur le Président du tribunal de ...

Monsieur le Président,

Ayant reçu une citation à comparaître le ... devant le juge pour témoigner dans l'affaire qui oppose Monsieur ... à Monsieur ..., j'ai le regret de vous informer qu'il ne me sera pas possible de me rendre à cette convocation car je suis alité avec la grippe.

D'ailleurs mon témoignage serait de peu d'intérêt et ne ferait que répéter ce qui est dans le procès-verbal dressé par ... (autorité) lors de la comparution du ...

Je vous demande de bien vouloir excuser mon absence et vous prie d'agréer, Monsieur le Président, l'expression de mes sentiments respectueux.

P.J. Certificat médical

Pour signaler que des enfants sont à protéger

à Monsieur le Juge pour enfants de ...

Monsieur le Juge,

Je pense qu'il est de mon devoir de vous signaler que les quatre enfants de la famille Berraud sont en danger.

Madame Berraud, qui demeure impasse des Plâtriers à ..., a été abandonnée par un mari ivrogne et vit dans un pauvre logis malsain, sans grandes ressources. De plus, elle boit plus qu'il ne faut et, dans certaines crises, brutalise ses enfants. L'aîné, qui fréquente l'école, s'en est ouvert à ses camarades.

Mes voisins se déclarent prêts à témoigner dans ce sens, car une telle situation fait peine à voir pour les petits.

Je vous demande donc de faire procéder à une enquête.

Veuillez agréer, Monsieur le Juge, l'assurance de mes respectueux sentiments.

UN HUISSIER

- peut constater que votre voisin occasionne une gêne pour votre famille (bruit intempestif ; travaux entrepris illégalement et qui vous cause un préjudice ; etc.) ;
- peut dresser un inventaire en cas de désaccord lors d'un divorce ou d'un héritage ;
- peut établir un état des lieux lorsque propriétaire et locataire ne s'entendent pas ;
- peut constater par écrit ou photographie tout ce qui lui est demandé par son client ;
- doit porter sur tout acte l'identité de celui qui a eu recours à lui pour dresser cet acte ; sinon cet acte est nul ;
- doit mentionner sur son constat la date et les heures du début et de la fin des opérations ;
- ne peut pas pénétrer au domicile de quelqu'un entre 21 h et 6 h du matin.

A un débiteur retardataire

Monsieur,

Je me permets de vous rappeler que la facture de ... francs que je vous ai adressée il y a deux mois n'est pas encore réglée. Je pense qu'il ne s'agit que d'un oubli. Comme j'ai moi-même des échéances à honorer, je vous serais reconnaissant de vous acquitter de ce dû sans tarder.

Dans l'espoir d'une réponse, je vous adresse, Monsieur, mes salutations distinguées.

Au débiteur qui n'a pas répondu à un rappel
(lettre recommandée avec accusé de réception)

Monsieur,

Par lettre du ..., je vous rappelais que vous restiez me devoir la somme de ... F. Devant votre silence, je me vois contraint de vous écrire une dernière fois sous pli recommandé avec accusé de réception. Si dans une semaine, je n'ai toujours rien, je chargerai un huissier de poursuivre le recouvrement de cette créance.

Espérant que nous n'en serons pas réduit à cette procédure, je vous prie d'agréer, Monsieur, mes salutations.

Au juge des tutelles

à Monsieur le Président du tribunal d'instance à ..., juge des tutelles

Objet :
Tutelle Larveux

Monsieur le Juge,

Je suis tuteur des biens de ma nièce Jocelyne Larveux, âgée de cinq ans, et ce depuis la mort accidentelle de ses parents. Cette enfant possède, entre autres, un bois de peupliers sis au lieudit « Paquis Jean-le-Vert ». Les arbres ont 25 ans et le moment est venu de les vendre, le cours de ce bois étant favorable. Je vous demande donc l'autorisation de négocier cette vente, au mieux des intérêts de ma pupille. Avec le fruit de la vente, je ferai replanter le terrain en même essence et placerai le solde au nom de l'enfant en Sicav, qui me semblent un placement raisonnable.

Je vous prie d'agréer, Monsieur le Juge, l'expression de mes sentiments très respectueux.

Appel d'un jugement

(lettre recommandée avec accusé de réception au greffier du tribunal qui a jugé le procès)

Monsieur le Greffier,

Je sousigné, Jean-Paul Derive, comptable, habitant ..., interjette appel du jugement rendu par le tribunal ... en date du ...

Le présent appel est dirigé contre Monsieur ... demeurant à ... Mon représentant devant la cour est Maître Charles Perron, demeurant ...

Je vous prie d'agréer, Monsieur le Greffier, l'expression de mes sentiments distingués.

Exécution d'un jugement

Monsieur,

Je me dois de vous rappeler l'arrêt du tribunal de ... qui, dans sa séance du ..., vous a condamné à me verser ... francs de dommages et intérêts pour bris de clôture (porte et grille défoncées par votre camion lors de l'accident du ...).

Ce jugement étant définitif, puisqu'il n'y a pas eu appel dans les délais requis, je vous invite à me faire tenir la somme due dans les huit jours. Passé ce délai, je me verrai obligé de vous faire signifier le jugement par huissier à vos frais.

Avec mes salutations.

28
Gêne.
Prêts d'argent

A *un ami*

Cher Roger,

J'ai beaucoup hésité, et puis je me dis que notre amitié excuse le geste. Je suis dans une situation un peu difficile et j'aurais besoin de ... F pour faire face à une échéance en fin de mois. Pourrais-tu me rendre le grand service de m'avancer cette somme que je pourrai te rendre dans le délai de deux mois ?

Naturellement, si cela te gêne, dis-le moi simplement et je le comprendrai.

Cordialement.

A *une amie*

Ma chère Cécile,

C'est vers toi que je viens me réfugier. Tu sais comme la vie m'est difficile depuis que je suis seule. La petite Ingrid sort de l'hôpital, heureusement rétablie, mais je dois faire face à une facture de ... F pour les soins reçus. Et c'est le mois du tiers provisionnel ! Bref, j'ai besoin de ... F. Cécile, si tu pouvais m'aider, je ne serais pas obligée de passer par la banque avec ses taux d'intérêts écrasants. J'attends mes primes de fin d'année et la pension dans trois semaines : je serais alors en mesure de te rembourser. Si tu ne pouvais pas, sois certaine que je ne t'en tiendrais pas rigueur. Que notre amitié demeure, c'est le principal.

Réponds-moi vite.

Je t'embrasse.

Demande d'argent à un parent

Cher oncle,

Je suis actuellement dans un grand embarras. Ayant à régler dans trois semaines une traite de ... F pour mon appartement, et gêné par des rentrées d'argent tardives, je me vois obligé de recourir à vous. Mes affaires marchent moins bien, à cause de la saison sans doute. Auriez-vous l'obligeance de m'avancer cette somme pour deux mois environ ? Je pourrai m'engager à vous rembourser pour le 10 juillet.

Ici, à part cette difficulté, tout va bien.

Espérant votre réponse, je vous prie, cher oncle, de croire à mes sentiments les meilleurs.

A une autre personne

Cher Monsieur,

M'appuyant sur votre obligeance à mon égard et n'oubliant pas que vous m'avez guidé dans mes débuts professionnels, je m'autorise aujourd'hui à avoir recours à vous parce que je me trouve dans une passe difficile.

Vous savez que la faillite Desroux m'a touché (j'avais des créances dans cette maison) et je dois de mon côté faire face à des engagements impérieux. De ce fait, il m'est nécessaire de trouver ... F avant le ...

Pourriez-vous me secourir dans cette situation ? Naturellement, je suis disposé à rémunérer par un intérêt la somme que vous m'avanceriez, à vous donner les garanties que vous souhaiteriez. Il va de soi que je ne saurais vous en vouloir si votre situation présente ne vous permettait pas ce prêt.

Je vous prie de croire, cher Monsieur, à mes meilleurs sentiments.

A une banque

Monsieur le Directeur,

Je dois actuellement faire face à une dépense indispensable (installation du chauffage central dans ma maison pour remplacer des poêles dont l'entretien est difficile et coûteux) et j'aurais besoin d'un prêt de ... francs pour honorer le devis d'un artisan plombier.

Je vous serais obligé de bien vouloir m'indiquer dans quelles conditions je pourrais obtenir un prêt de votre établissement.

Restant à votre disposition pour vous fournir renseignements ou garanties, je vous prie d'agréer, Monsieur le Directeur, l'assurance de mes sentiments distingués.

Réponse favorable

Mon cher Edmond,

Voici le chèque de ... francs. C'est avec plaisir que je vous rends ce service. Pour le remboursement avant la fin du mois prochain, cela me convient. D'ici là, je n'en aurai pas besoin. Cordialement.

Monsieur,

Il m'est agréable de vous soulager de votre souci. Je vous joins un chèque barré de la somme en question et vous demande pour la bonne forme de me signer le reçu ci-joint. Comme vous comptez me rembourser avant Pâques, il ne saurait être question d'intérêt.

En vous priant de présenter mes hommages à votre femme, je vous prie de croire à mes meilleurs sentiments.

Réponse imparfaite

Mon cher ami,

Vous devez attendre ma réponse, je l'envoie donc sans tarder. Je ne peux vous tirer de ce mauvais pas que partiellement : je peux vous avancer ... F. Vous viendrez les prendre à la maison un soir et nous verrons s'il n'y a pas d'autre façon de résoudre ce problème. Bien cordialement.

Réponse défavorable

Ma chère Sylvie,

J'aurais aimé pouvoir t'aider, mais mes ressources disponibles viennent de fondre en achetant ma petite voiture. Ne m'en veux pas, je t'en prie. Si tu peux attendre deux mois, je t'aiderai. Vois-tu, tu es tombée dans un moment où je ne peux te rendre ce service et c'est bien dommage pour nous deux. Cordialement et bien à toi.

Monsieur,

Je suis désolé, mais je me trouve actuellement dans l'incapacité de vous rendre le service attendu. Mes affaires, avec la vie actuelle, ne sont pas très brillantes : j'ai dû faire face à de lourdes échéances et je sens que ce n'est pas fini.

J'aurais été heureux de vous tirer de ce mauvais pas. Ne pouvez-vous obtenir des délais ?

Avec mes sentiments les meilleurs.

Délai demandé à un ami

Mon cher François,

Je t'écris aujourd'hui avec gêne et demande ton indulgence. Il ne me sera pas possible de régler ce que tu m'as prêté avant le 15 août prochain, alors que je pensais bien pouvoir le faire avant juillet. Je comptais moi-même sur des rentrées en juin, mais il m'est impossible de les obtenir. C'est le 10 août que je touche ma part dans l'héritage que tu sais, le notaire vient de me le confirmer.

Ne doute pas de ma promesse et accorde-moi encore ta confiance.

Accepte mes remerciements anticipés et crois à mes meilleurs sentiments.

Demande de délai

Cher Monsieur,

Vous serait-il possible de m'accorder quinze jours de délai supplémentaire pour m'acquitter de ma dette envers vous ? Croyez bien que je ne vous oublie pas, mais un contretemps fait que je disposerai des 2 000 francs promis non à la date du 3 avril prochain, mais seulement deux semaines plus tard.

Avec toutes mes excuses, je vous prie d'agréer, cher Monsieur, l'expression de mes sentiments reconnaissants.

On trouvera des précisions sur les prêts à la page 229.

Réponse négative à un ami

Mon cher Bernard,

Je comprends fort bien tes tracas actuels, mais cependant il faut que tu saches que tu n'en as pas l'exclusivité : je dois faire face dans quinze jours à une traite assez lourde et je te demande de bien vouloir me rendre au moins les trois quarts du prêt. Sans cela, je serai obligé de recourir à une banque et tu sais comment ils savent calculer les intérêts !

Excuse-moi d'avoir l'air impitoyable, mais je m'y vois forcé.

Bien à toi.

Réponse négative à un inconnu

Monsieur,

J'ai bien étudié votre lettre du ... et aurais aimé vous accorder ce délai pour la somme qui nous occupe. Mais l'époque est dure pour les affaires et, ayant moi-même des obligations financières à respecter, je me vois dans l'obligation de vous renouveler ma demande en y apportant un adoucissement : que votre dette soit acquittée en deux fois, la moitié dans huit jours et le reste dans un mois. C'est là le maximum de ce que je puis faire.

Veuillez agréer, Monsieur, l'assurance de mes sentiments distingués.

Demande de report de traite

Monsieur,

Surpris par un accident survenu à ma femme, actuellement en clinique, et qui m'a occasionné une dépense imprévue, je ne pourrai pas honorer la traite que je vous ai signée pour le 15 octobre prochain. Auriez-vous l'obligeance de m'accorder un délai d'un mois et de ne pas me faire présenter cette traite avant le 15 novembre, date à laquelle je serai en mesure de l'acquitter ?

Croyez bien que seule cette circonstance imprévue m'oblige à une telle démarche qui ne m'est pas habituelle et me gêne beaucoup.

Comptant sur votre faveur, je vous prie d'accepter, Monsieur, l'expression de mes meilleurs sentiments.

Réponse

Ma chère Christine,

Je comprends tes difficultés actuelles et c'est bien volontiers que je t'accorde un répit supplémentaire de deux mois pour le règlement du prêt. Mes charges personnelles ne sont pas très lourdes actuellement et je ne pense pas avoir besoin de la somme avant juin.

Souhaitant que cesse bientôt tes soucis, je t'embrasse.

Remerciements pour un prêt d'argent

Mon cher Georges,

Ma femme et moi sommes sincèrement touchés de ton geste et ta générosité nous libère d'un réel souci. Je compte te rembourser ces 3 000 francs pour le 10 juillet prochain, car à ce moment ma situation va s'améliorer.

En attendant, merci encore.

Avec toutes mes amitiés.

Cher Monsieur,

J'ai bien reçu votre chèque qui va me sortir de ce mauvais pas. Je ne sais comment vous en remercier. J'étais dans une situation critique et vous me sauvez.

Croyez à ma gratitude. Il est des gestes qu'on n'oublie pas.

Veuillez agréer, cher Monsieur, l'expression de mes sentiments reconnaissants.

Remerciements pour service rendu

Cher Monsieur,

Après votre intervention, j'ai obtenu ... et je vous en suis très reconnaissant. Grâce à vous, j'ai trouvé beaucoup de compréhension auprès de M. ... et mon affaire a abouti de façon heureuse.

C'est avec beaucoup de gratitude que je me rappellerai votre intervention.

Veuillez agréer, cher Monsieur, l'expression de mes sentiments dévoués.

Demande de règlement d'une dette

Monsieur,

Je me permets de vous rappeler le prêt de ... F que je vous ai consenti le ... et qui devait m'être remboursé le ...

Cette date est maintenant dépassée et je m'étonne de votre silence. Pensant qu'il ne s'agit que d'un oubli, je vous prie de ne plus tarder à tenir cet engagement.

Avec mes remerciements, acceptez, Monsieur, mes salutations distinguées.

Rappel plus ferme

Monsieur,

Depuis notre correspondance de mai dernier, je n'ai plus eu signe de vous. Faut-il vous rappeler que je vous ai prêté ... F à ce moment, heureux de vous faire plaisir, et que nous étions convenus que vous me rembourseriez pour le 1er août ? Rien n'est venu à cette date, d'où ma peine et ma surprise. Un règlement même partiel m'obligerait beaucoup : j'ai moi-même des obligations que je tiens à respecter.

Votre désinvolture doit-elle m'être une leçon pour l'avenir ?

Bien à vous.

Mise en demeure

Monsieur,

Je vous rappelle une nouvelle fois que vous me devez la somme de ... F, solde du prêt de ... F que je vous ai accordé le ... et sur lequel vous ne m'avez remboursé que ... F.

Comme vous n'avez pas répondu à ma lettre précédente, après la présente que j'envoie recommandée avec accusé de réception, je me verrai dans l'obligation, passé le délai d'une semaine, de charger un huissier de faire le recouvrement de cette créance, ce qui ne manquerait pas de vous occasionner des frais supplémentaires.

En l'attente de votre réponse, je vous prie d'agréer, Monsieur, mes salutations.

Demande de secours

Cette sorte de demande peut s'adresser au maire, au sous-préfet,
à une association.

Monsieur le Maire,

C'est une femme dans le besoin qui s'adresse à vous. Veuve depuis trois mois, mon mari étant décédé dans un accident de la route, je me trouve avec deux enfants et ne touchant qu'une petite pension (... F par mois). Mes efforts pour trouver du travail étant vains, je me vois à la veille de l'hiver sans ressources suffisantes pour assurer l'habillement et le chauffage de mes enfants (10 et 7 ans). Auriez-vous la bonté de m'accorder un secours pour y subvenir, ou plutôt de m'accorder un travail dans un service municipal ?

Madame l'assistante sociale peut venir à mon domicile, l'après-midi de préférence.

Avec ma reconnaissance, je vous prie d'agréer, Monsieur le Maire, l'expression de mes sentiments respectueux.

Monsieur le Maire,

Veuve depuis six mois et mise brusquement en chômage, je suis très gênée pour élever mes quatre enfants âgés de 3 ans, 5 ans, 7 ans et 8 ans.

Je désirerais pouvoir envoyer les deux plus âgés en colonie de vacances l'été prochain afin qu'ils profitent un peu des plaisirs de leur âge en oubliant la situation qui leur est faite. Le loyer et les charges locatives rendent ma vie difficile, d'autant plus que je dois payer cette année les impôts sur les revenus de mon mari décédé.

C'est pourquoi je sollicite respectueusement de votre bienveillance un secours pour me tirer de ces difficultés.

Avec l'assurance de ma vive gratitude, je vous prie d'agréer, Monsieur le Maire, l'expression de mes sentiments respectueux.

Demande de service

Cher Monsieur,

Je vous demande d'abord d'excuser la liberté que je prends aujourd'hui : je viens vous demander un service.

Étant à la recherche d'un appartement dans le quartier de ..., j'ai su par une relation de bureau que bientôt il y aurait un appartement de quatre pièces libre dans l'immeuble du 45, boulevard de Condé, dont Madame Courneuve est propriétaire. Comme je sais que vous êtes en relations familiales et amicales avec elle, vous serait-il possible de me recommander pour prendre la suite de cette location ?

Tranquillisez-la en lui décrivant ma vie calme ; je n'ai pas de bêtes et vais laisser mon petit logement actuel en bon état et très propre.

Je place beaucoup d'espoir en vous et vous prie de croire, cher Monsieur, à mes meilleurs sentiments.

Demande d'exonération de la taxe de télévision

Mme Simone Poncelet
41, rue La Fontaine
38500 Voiron

à Monsieur le Directeur
du Centre de redevance de ...

Réf. : E 830 378 05

Monsieur le Directeur,

Vivant seule depuis le décès de mon mari survenu en février dernier, je sollicite de votre bienveillance d'être exonérée du paiement de la redevance sur les postes de télévision.

Mes ressources consistent en une pension de ... F par mois et d'une allocation du Fonds national de solidarité de ... F par mois.

S'il y a un formulaire à remplir ou des certificats à vous fournir, je vous demande de me le faire connaître.

Veuillez agréer, Monsieur le Directeur, l'expression de mes sentiments distingués.

Le centre de redevance pour la télévision dont vous dépendez est indiqué dans le tableau de la page 403.

Reconnaissance de dette

Je soussigné *(prénom, nom, profession, adresse)*, reconnais devoir à Monsieur *(prénom, nom, adresse)* la somme de 3 000 F (trois mille francs) pour prêt qu'il m'a consenti ce jour.

Je m'engage à lui rembourser ladite somme à la date du ..., sans intérêt *(ou : avec intérêt au taux de ... %, payable en même temps que le principal)*.

Fait à ..., le ...

(signature)

> Les personnes âgées qui n'ont que de faibles ressources peuvent demander l'allocation supplémentaire du Fonds national de solidarité : mairie et caisse de Sécurité sociale délivrent un imprimé à cet effet.

Si le billet n'est pas entièrement de la main du signataire, la mention suivante, écrite de sa main, doit précéder la signature :
« *Bon pour la somme de trois mille francs.* »

Autre reconnaissance de dette

Nous soussignés, M. *(prénom, nom, profession)* et Mme *(prénom, nom, née ..., profession)*, son épouse, demeurant ensemble *(adresse)*, reconnaissons devoir à M. *(prénom, nom)* demeurant à *(adresse)*, la somme de 8 000 F (huit mille francs) pour prêt qu'il nous a consenti ce jour.

Nous nous engageons solidairement à lui rembourser ladite somme en quatre termes égaux, payables les 10 mai, 10 juillet, 10 septembre, 10 novembre 1985, chaque versement étant de deux mille francs, augmentés des intérêts au taux de ... %.

Fait à ..., le ...

Bon pour la somme de
huit mille francs.

(signature de M.)

Bon pour la somme de
huit mille francs.

(signature de Mme)

> *Cautionnement* et *gage* (ou *nantissement*) constituent des contrats de sûreté pour le créancier. Il existe un autre moyen pour le débiteur d'offrir une garantie solide, c'est la constitution d'*hypothèque*. Cette dernière fait obligatoirement l'objet d'un acte notarié.

Cautionnement

Je soussigné *(prénom, nom, adresse)* déclare me porter caution de M. *(prénom, nom, adresse de l'emprunteur)* envers M. *(prénom, nom, adresse du prêteur)* en ce qui concerne *(exposer l'affaire ou l'opération cautionnée)* et ce pour et à concurrence de 10 000 F (dix mille francs).

Fait à ..., le ...

*(signature de la personne
qui donne sa caution, première nommée)*

Nantissement (*ou* contrat de gage)

M. *(prénom, nom, adresse)* remet et donne en gage à M. *(prénom, nom, adresse)* qui accepte, *(désignation très précise de l'objet : bijou, marchandise, etc.)*, en garantie du paiement de la somme de ... francs dont il lui est redevable pour *(motif de la dette)*.

M. *(créancier gagiste)* sera tenu de restituer ledit gage à M. ... dès qu'il aura touché la somme ci-dessus mentionnée, principal et intérêts au taux de ... %.

A défaut de paiement, au plus tard le ... et 15 jours après une simple sommation de payer demeurée sans résultat, il aura le droit de faire vendre ledit gage en justice et de se faire payer par privilège, de préférence à tous autres, sur le prix qui en sera retiré.

A cet effet, M. *(propriétaire de l'objet donné en gage)* accepte par les présentes que le prix de ladite vente soit remis entre les mains de M. *(créancier gagiste)*, hors sa présence et sans qu'il soit besoin de l'y appeler, par l'officier ministériel qui y aura procédé, auquel il déclare donner ici toutes autorisations et décharges nécessaires.

Fait en ... exemplaires, à ... le ...

Lu et approuvé

(signature du propriétaire du gage)

Lu et approuvé

(signature du créancier gagiste)

Certaines conditions peuvent être mentionnées sur une reconnaissance de dette, telles que :

— L'emprunteur aura la possibilité de se libérer par anticipation ou par fraction d'au moins ... francs.

— Le prêt devra en tout cas être remboursé dans un délai de ... ans à compter de la date de ce billet.

Quittances

Je soussigné *(prénom, nom, adresse)*, reconnais avoir reçu de M. *(prénom, nom, adresse)* la somme de 3 000 F (trois mille francs) en remboursement *(ou : en remboursement partiel)* du prêt que je lui ai consenti le ...

A ..., le ...

(signature)

Sur la dernière quittance, il faut porter la mention finale :
« *Pour solde de tout compte à ce jour* ».

Je soussigné *(prénom, nom, adresse)* reconnais avoir reçu ce jour de M. *(prénom, nom, adresse)* la somme de 3 072 F (trois mille soixante-douze francs) en remboursement du prêt de 3 000 F (trois mille francs) consenti par moi le ..., augmenté de 72 F (soixante-douze francs) d'intérêts dus à ce jour. Pour solde de tout compte.
A ..., le ...

(signature)

29
Divorce

Lettre de rupture

Mon cher Patrice,

Depuis plusieurs mois, nous vivons côte à côte en étrangers, n'échangeant que des paroles vides. L'atmosphère me devient lourde, irrespirable, et je crois qu'il en est de même pour toi. C'est surtout à cause de Christine que je prends la décision de cette lettre. Malgré ses 8 ans, elle sent tout cela très bien ; ne vois-tu pas que ses yeux nous le disent ? Il faut envisager notre séparation.

J'ai l'intention de m'en remettre à un avocat pour régler les questions qui vont se présenter dans la situation de chacun et de notre fille, pour les questions financières inévitables. Je souhaite surtout que Christine souffre le moins possible. Elle n'aura jamais de moi une parole qui puisse te desservir. Puis-je t'en demander autant ? Car elle ne doit pas être séparée complètement de l'un de nous.

J'attends ta réponse.

Laure

Lettre aux parents

Chère Maman, cher Papa,

Vous l'aviez deviné. Georges et moi nous allons nous séparer. La tension qui régnait entre nous ne pouvait plus durer. Malgré mon découragement, je suis décidée à aboutir. Ce sera le divorce. J'ai bien réfléchi. Ah ! si nous n'avions pas d'enfants, ce serait simple. Mais d'autre part, je ne peux plus les voir souffrir de notre mésentente.

Je me sens seule face à cette situation, en désarroi quelquefois. Mes chers parents, au moins je sais que près de vous je trouverai un refuge. Je vous expliquerai tout cela en détail à ma prochaine visite.

Je vous embrasse de tout cœur.

Agnès

Réponse

Ma chère Agnès,

C'est toujours avec peine que l'on voit son enfant malheureuse. Tu vas vivre une période difficile, mais nous te comprenons. Ta lettre ne nous surprend pas et nous nous étions rendu compte du désaccord qui naissait entre Georges et toi. Cependant, n'est-il pas encore possible de corriger cela ? Réfléchis bien, demande à ton mari de faire un effort réel et sois prête à quelques concessions si cela peut éviter la cruauté d'un divorce : c'est aux enfants que nous pensons.

Si, de sang-froid, tu penses qu'il n'y a plus de possibilité d'entente, alors et aussi pour les enfants, il vaut mieux trancher. Nous te faisons confiance et, quoi que tu décides, sois sûre que tu peux compter sur nous pour t'aider de quelque façon que ce soit.

Nous t'embrassons de tout notre cœur.

Depuis le 1ᵉʳ janvier 1976, le divorce peut être demandé par consentement mutuel, pour rupture de vie commune (séparation de fait sur six années), pour faute grave.

Une séparation de corps (et de biens) résulte d'une procédure analogue à celle du divorce. Elle peut se transformer en divorce au bout de trois ans.

À une amie pour annoncer un divorce

Chère Colette,

Je sors d'une secousse qui me laisse délabrée : Daniel et moi avons décidé de divorcer. La mésentente, le désaccord allaient grandissant entre nous deux. Nous nous séparons définitivement. Nos avocats vont régler tout ; il n'y a plus que des formalités entre nous.

Colette, vois-tu, je suis à la fois libérée et angoissée. La vie à deux m'a laissé un goût d'amertume et j'ai peur de vivre seule. Il faudrait que je sois forte, je le sens bien. Ta présence me donnerait du courage, viens me voir.

Je t'embrasse.   Luce

Réponse

Chère Luce,

J'arrive. Ta lettre, après un long silence, m'a cependant soulagée. Je vous ai vu réduire à rien l'entente du début, j'ai souffert de te savoir en lutte, dans cette atmosphère insupportable de soupçons, de silences lourds et, je suis sincère, tu as bien fait ; il fallait sortir de cette situation.

Je sais que tu n'as rien à te reprocher, n'aie donc rien à regretter. La solitude, je la connais, on l'organise, elle peut rétablir le calme dont tu as besoin. Je serai samedi matin chez toi, nous causerons de tout cela. Je suis libre jusqu'au dimanche soir. Il te reste beaucoup d'amis, ne l'oublie pas.

Je t'embrasse.   Colette

Plainte pour abandon de famille

au procureur de la République

Monsieur le Procureur,

Actuellement dans une situation fort difficile, je me vois obligée de porter plainte contre mon mari *(prénom, nom)*. Il m'a abandonnée avec trois enfants (Léonard 5 ans, Cyrille 3 ans et Laure 1 an et demi) depuis le mois de janvier dernier, c'est-à-dire depuis sept mois. Comme il m'a laissée sans argent, j'ai bien du mal pour élever les enfants, d'autant plus que je viens de perdre mon emploi à cause de licenciements techniques dans l'entreprise où je travaillais.

J'ai appris que mon mari vivait à Limoges avec une autre femme. Je ne sais à quelle adresse lui écrire.

Je m'en remets à vous afin que des recherches soient faites pour le retrouver et qu'il ne se dérobe plus à ses obligations familiales.

Veuillez agréer, Monsieur le Procureur, l'expression de mes sentiments respectueux.

Plainte officielle pour abandon de foyer

Monsieur le Procureur,

Je vous adresse une plainte contre mon épouse *(prénom, nom, profession)* pour abandon de foyer.

Actuellement ma femme vit séparée de moi, en concubinage avec des hommes de rencontre au 47, rue du Marché, à ..., sans s'occuper de sa famille.

Nous nous sommes mariés le ... à la mairie de ...

C'est pourquoi je demande qu'elle soit déférée devant le tribunal pour y répondre de ce délit.

Veuillez agréer, Monsieur le Procureur, l'expression de mes sentiments respectueux.

Plainte pour non-représentation d'enfant

Monsieur le Procureur,

Je vous adresse une plainte contre mon mari *(prénom, nom, profession)* pour non-représentation d'enfant.

Après les vacances de ..., mon mari, qui vit séparé de moi et qui avait nos deux enfants Georges et Jeannette avec lui ne les a pas ramenés auprès de moi à la date prévue et est resté sourd à mes deux lettres recommandées dont je vous joins la photocopie des récépissés.

Mon mari habite habituellement à *(adresse)*. Nous sommes mariés depuis le ...

Veuillez agréer, Monsieur le Procureur, l'expression de mes sentiments respectueux.

Remerciements à un avocat

Cher Maître,

Après toutes ces démarches, ces explications et ce procès que je redoutais malgré mon bon droit, je viens vous assurer de ma reconnaissance pour les efforts que vous avez faits et le résultat de votre magnifique plaidoirie. Je vous remercie et vous félicite pour le talent déployé en cette occasion, pour votre compréhension à mon égard. Après cet arrêt du tribunal, je suis enfin libéré de mes soucis.

Je vous prie de bien vouloir m'indiquer vos honoraires pour le travail accompli.

Veuillez croire, chez Maître, à ma gratitude et à la sincérité de mes meilleurs sentiments.

À un mari qui ne verse pas la pension alimentaire

Daniel,

Je suis au regret de te réclamer le dernier mois de pension que tu devais me verser le 10 août. Nous voilà à la fin du mois et je n'ai rien reçu. Tu connais exactement mes propres ressources : elles ne sont pas suffisantes pour faire vivre nos enfants.

Je pense que tu feras le nécessaire sans tarder et ne m'obligeras pas à remettre entre les mains du procureur une plainte pour abandon de famille.

D'autre part, je te demande de faire un effort pour Daniel et Brigitte qui grandissent : des vêtements leur sont nécessaires pour la rentrée. Ne serait-il pas possible, sans en référer au tribunal, que tu augmentes un peu cette pension qui n'a pas changé depuis un an ?

J'attends ta réponse, dans les jours qui viennent. Les enfants se portent bien. Ne les oublie pas.

Claire

Non-paiment de pension alimentaire

Si un parent ne paie pas depuis plus de deux mois la pension alimentaire fixée par jugement au bénéfice d'un ex-époux, d'un ascendant, etc., le bénéficiaire de la pension peut, par l'intermédiaire d'un huissier, s'adresser à l'employeur du redevable ou à sa banque, ou à son locataire, enfin à tous ceux qui lui doivent de l'argent.

M. *(nom et adresse)* — à Monsieur...
huissier de justice à ...

Monsieur,

Je suis divorcé de Madame *(prénom, nom, profession, adresse)* qui doit me verser ... F par mois au titre de pension alimentaire pour nos enfants dont j'ai la charge. Son dernier versement a été fait le ... et concerne le mois de ... ; il y a donc ... mois de retard, ce qui fait un arriéré de ... francs.

Je vous prie d'obtenir par les moyens à votre disposition le recouvrement de mon dû. L'employeur de mon ex-femme est *(raison sociale, adresse)*. Sa banque est *(raison sociale, adresse)*. Elle possède une voiture immatriculée ...

Ci-joint la photocopie du jugement fixant la pension alimentaire.

Veuillez agréer, Monsieur, l'expression de mes sentiments distingués.

Les frais occasionnés par cette procédure sont à la charge du redevable de la pension ou, s'il est introuvable ou insolvable, à la charge du Trésor public.

En cas d'échec par la voie d'huissier, il reste le recours à la justice.

Mme *(nom, adresse)*   à Monsieur le Procureur
de la République à ...

Monsieur le Procureur,

J'ai l'honneur de vous exposer que Monsieur *(prénom, nom, profession, adresse)*, qui a pour employeur *(raison sociale, adresse)*, ne m'a pas versé depuis le ... la pension alimentaire qu'il me doit en vertu du jugement dont vous trouverez la copie ci-jointe.

Cette pension s'élève à ... francs par mois et il m'est déjà dû un arriéré de ... francs.

Je vous prie de bien vouloir m'admettre à la procédure de recouvrement par le Trésor public.

Veuillez agréer, Monsieur le Procureur, l'expression de ma considération distinguée.

(signature)

P.J. : - *copie du jugement fixant la pension alimentaire ;*
- *lettre de l'huissier établissant que le recouvrement n'a pu être obtenu jusqu'ici.*

30
Maladie

Pour annoncer une maladie

Mon cher Henri,

Il ne nous sera pas possible de nous rendre à la soirée de jeudi, comme c'était prévu. Ma femme est actuellement souffrante de la grippe. Le médecin sort d'ici et lui a demandé de garder la chambre toute la semaine. Comme elle a une fièvre assez forte, je ne veux pas la quitter en ce moment. Je te prie de nous excuser auprès des autres invités.

Amicalement.   Vincent

A des amis qui ont un malade

Chers amis,

Nous avons été peinés d'apprendre la maladie dont Henri est frappé. Espérons que sa solide constitution lui fera surmonter cette épreuve.

Pouvons-nous vous être utiles durant cette immobilisation ? Dites-le-nous sans réserve : Nicole et sa voiture peuvent peut-être vous aider, pour des courses ou des démarches à faire.

Nous irons vous voir samedi, espérant un mieux après cette alerte.

Nos meilleures pensées.

Annonce de convalescence

Chère Sophie,

Maurice est sorti de l'hôpital ce matin, avec un beau plâtre de marche qu'il doit conserver quatre semaines. Il bougonne un peu, mais nous estimons quand même qu'il ne s'en est pas trop mal tiré. Après une telle chute, nous étions dans une grande inquiétude.

Il parle déjà d'envoyer promener les béquilles et d'aller au bureau, mais j'y veille. Le médecin a recommandé une période de repos et de la rééducation. Maurice se déclare prêt à supporter tout, mais rapidement. Cela prouve au moins que le moral est bon.

Après cette chaude alerte, le reste des choses va bien.

Maurice et moi t'envoyons toutes nos amitiés.

A une malade

Ma chère Laurence,

J'apprends que tu es retenue au lit par la maladie, alors que rien ne le laissait supposer. J'espère que cela sera de courte durée, car je te sais solide.

Puis-je te voir ? De quoi as-tu besoin ? Surtout, il faut avoir recours à moi si quelque chose peut t'être utile (démarches, courses). Que ton mari me fasse signe et j'accours.

Avec tous mes vœux de guérison, accepte, pour toi et pour Bruno, mes fidèles amitiés.

Irène

Accident
(par lettre recommandée)

à Monsieur le Chef du personnel
des Établissements Mounet,
Rueil-Malmaison

Monsieur,

Je vous informe que j'ai été victime ce matin, à 7 h 45, d'un accident en me rendant de mon domicile à mon travail.

Je circulais à vélomoteur comme chaque jour et, en passant dans la rue Ampère, devant le n° 5, j'ai dérapé sur une plaque de verglas. Dans ma chute, je me suis blessé au bras gauche (peut-être une fracture). Un habitant du quartier, M. Jean Saint-Denis, m'a ramené chez moi dans sa voiture.

Je vous serais reconnaissant de prévenir aujourd'hui ma caisse de Sécurité sociale (mon numéro est 1.12.17.61.202.007).

J'attends le médecin et vous tiendrez au courant de l'évolution de cette blessure.

Veuillez agréer, Monsieur, l'expression de mes sentiments respectueux.

Au patron

Monsieur le Directeur,

Comme ma femme vous l'a dit par téléphone ce matin, je suis retenu chez moi par une crise de paludisme, accompagnée d'une forte fièvre. Le médecin, que je viens de voir, m'ordonne un repos de quelques jours, comme vous le dit son certificat ci-joint. Dès que je le pourrai, je reviendrai à mon travail.

Je tiens à vous signaler que l'on peut trouver sur mon bureau les dossiers des affaires en cours. Il reste à signer deux lettres pour le cas Derky et à les expédier (elles sont dans la chemise jaune du premier tiroir). Mademoiselle Odette est d'ailleurs au courant de tout. Au besoin, on peut me téléphoner ou m'envoyer le coursier.

Avec mes regrets, veuillez agréer, Monsieur le Directeur, l'expression de mes sentiments dévoués.

Du patron à l'employé

Mon cher Renoux,

Votre lettre prouve votre conscience professionnelle et je vous en remercie. Nous espérons tous que cette maladie sera courte. J'ai donné de vos nouvelles à ceux qui vous entourent dans le travail et me suis aperçu que votre absence les touchait. Je ne pense pas que les affaires en cours en pâtisse trop : Odette et Mme Pinot sont assez au courant et ont trouvé tout en ordre sur votre bureau.

Reposez-vous, laissez-vous soigner et revenez-nous avec une nouvelle vigueur.

Bien à vous.

Demande de certificat

Docteur,

Je vous serais reconnaissant de bien vouloir m'établir un certificat de ... attestant que ... Cette pièce m'est demandée par la Sécurité sociale à la suite des soins que vous m'avez prodigués.

Veuillez agréer, Docteur, mes remerciements et mes salutations distinguées.

P.J. enveloppe timbrée à mon adresse.

> Un docteur en médecine est appelé « docteur » quand on s'adresse à lui, mais « médecin » quand on parle de lui :
> — Bonjour, docteur. J'ai vu deux médecins déjà.

Au médecin

Docteur,

N'ayant pu vous joindre au téléphone, je sollicite de votre part une visite à ma mère qui est malade depuis quelque temps. Vous serait-il possible de passer un soir de cette semaine après 17 heures ? Je suis auprès d'elle chaque soir et pourrais vous accueillir.

Ma mère est âgée de soixante-quatorze ans et ne se plaint guère car ce n'est pas sa manière. Mais je crains qu'elle ne veuille pas alarmer ses enfants et garde pour elle ses soucis. Elle a le teint terne, un peu grisâtre. Vous pourrez l'interroger librement, hors de ma présence, elle a toute confiance en vous.

En vous remerciant par avance, je vous prie d'accepter, Docteur, l'expression de mes sentiments distingués.

Demande d'honoraires

Docteur,

Je vous prie de bien vouloir m'adresser votre note d'honoraires concernant les soins que vous avez prodigués à ma femme et dont je vous remercie cordialement.

Croyez, Docteur, à mes meilleurs sentiments.

Remerciements à un médecin

Docteur,

Il y a un mois que j'ai eu le bonheur d'être opérée par vous à la clinique... Je tiens à vous assurer de ma reconnaissance pour les soins que vous m'avez accordés. Je suis complètement rétablie, mes troubles ont disparu et ma digestion se fait normalement. Cette absence de souffrance qui paraît toute naturelle ne me fait pas oublier la période qui précéda l'opération et pendant laquelle mon moral n'était pas brillant. Votre intervention, votre sollicitude, m'ont rendu le sourire et le goût de vivre.

Mon mari se joint à moi pour vous remercier.

Avec mes meilleurs sentiments.

Pour demander des nouvelles d'un malade

Cher oncle,

Nous sommes un peu inquiets de n'avoir pas de nouvelles de tante Simone dont nous avons appris l'hospitalisation par Nicole. Pourrais-tu nous dire quel est son état, si on espère une amélioration et aussi si nous pouvons aller la voir.

Peut-être as-tu besoin de quelque chose ; n'hésite pas à nous le dire. Dès maintenant, dis à notre tante que nous pensons à elle et qu'elle a nos meilleurs vœux de guérison.

Bons baisers à vous deux.

Réponse

Mes chers neveux,

Je ne voulais tout d'abord pas vous alarmer, pensant que votre tante se remettrait bien vite de ses malaises, mais le médecin s'est résolu à l'envoyer à l'hôpital pour une période d'observation et d'examens. On parle d'une opération : je crois qu'il s'agirait de la pose d'un stimulateur cardiaque.

Elle ne souffre pas et est calme. On peut aller la voir chaque jour de 15 à 18 h. Je crois que votre visite lui ferait plaisir. Votre lettre m'a fait du bien, car je me sens bien seul en ce moment. Matériellement je n'ai besoin de rien et me débrouille assez bien. Mon souci, vous le comprenez, n'est pas là.

Croyez à toute mon affection.

Aggravation de la maladie

Ma chère Denise,

Depuis quelques jours, je suis dans l'inquiétude. Mon cher Robert va plus mal. Nous ne le quittons plus. Le docteur Dumont, qui s'est fait assister d'un spécialiste, sort d'ici ; il ne nous laisse guère d'espoir. Je suis pleine de chagrin, j'en perds la tête. Robert aimerait te voir, avec ton mari. Viens donc dès que tu le peux. J'écris aussi aux enfants.

En attendant le réconfort de votre présence, je vous embrasse.

Demande d'admission dans une maison de retraite

(Se renseigner auprès du service social de la mairie pour les adresses des maisons de retraite.)

à Monsieur le Directeur de la maison
de retraite « Résidence du Bois » à ...

Monsieur le Directeur,

Je suis âgée de 74 ans et veuve depuis 5 ans. Je ne veux plus vivre seule dans ma maison et désirerais être admise dans votre établissement.

Je vous serais reconnaissante de bien vouloir m'indiquer vos conditions d'admission et les services offerts à vos pensionnaires. Je dispose d'une pension mensuelle de ... F. Ma santé est bonne, mais j'éprouve quelque difficulté à me déplacer sans canne.

Dans l'espoir de votre réponse, je vous prie d'accepter, Monsieur le Directeur, l'assurance de mes sentiments distingués.

31
Décès

La déclaration de décès est obligatoire dans les vingt-quatre heures.
La mairie délivre des copies de l'acte de décès.

Télégrammes pour annoncer un décès

Père décédé hier soir. Lettre suit. Baisers. Raoul.

Antoine victime accident. État très grave. Vous attendons. Germain Latour.

Tante vous attend. État aggravé. Sans espoir. Pierre.

Madeleine décédée sans douleur. Obsèques mardi. Victor Harmel.

Jeanne morte subitement. Prévenir Robert. Obsèques vendredi quatorze heures. Jacques Rémeau.

Lettre annonçant un décès

Cher Monsieur,

J'ai la douleur de vous annoncer le décès de Victor, mon mari. Malgré les efforts du médecin, il s'est éteint hier soir, sans connaissance et sans souffrir. Mes enfants sont auprès de moi.

Victor ne vous oubliait pas et je sais l'amitié qui vous liait. Ses obsèques auront lieu jeudi à 11 heures dans notre église de village. Votre présence me serait un réconfort ce jour-là. Je suis accablée, ne m'en veuillez pas si aujourd'hui ma lettre est si courte.

Acceptez, cher Monsieur, l'expression de mes sentiments affligés.

À un fils

Monsieur,

J'ai une bien triste nouvelle à vous annoncer. Votre père, que je soignais depuis l'année dernière, est décédé cette nuit d'une nouvelle crise cardiaque. Le médecin l'a assisté, sans pouvoir tenter d'intervention importante, à cause de l'âge de votre père. Il allait atteindre 92 ans et, malgré sa constitution assez robuste, il savait son cœur bien faible sous une humeur égale. Il fut très courageux, ne voulait pas qu'on vous alarmât trop tôt. Hier soir, ce fut plus grave : j'ai appelé le médecin qui a essayé une dernière intervention par piqûres, mais en vain.

Le coup qui vous frappe, je le ressens cruellement aussi, votre père était si bon pour tous ceux qui l'approchaient.

Acceptez, Monsieur, mes salutations attristées.

À une amie

Ma chère Caroline,

Je suis anéantie. Sylvain a été tué dans un accident, mon cher Sylvain.

Il allait, sur sa moto, voir le maçon qui doit faire un petit mur devant la maison que nous venons d'acheter. C'est la gendarmerie qui m'a annoncé l'accident. Un camion qui n'a pas respecté le signal « stop » est la cause de tout. Les gendarmes m'ont dit qu'il ne devait pas avoir souffert. Il a été relevé par eux et amené ici.

Je ne comprends pas, je n'y crois pas.

Caroline, les parents de Sylvain vont arriver, les miens aussi. C'est terrible. Et je sens que ton amitié est là. C'est pourquoi je t'écris.

Pense à moi. Cécile

Pour annoncer la mort d'un nouveau-né

Chère Maman, cher Papa,

Yvette n'aura pas cet enfant qu'elle a tant désiré : le bébé est mort en naissant.

Elle est entrée à la clinique hier après-midi. L'accouchement s'est bien passé, mais l'enfant – c'était une petite fille – ne pouvait vivre, nous a dit le médecin, à cause d'une malformation cardiaque à laquelle nulle intervention ne pouvait remédier.

Nous en sommes bouleversés : une telle déception après tant d'espoirs ! Yvette est courageuse, vous le savez, mais j'imagine sa peine quand elle est seule, dans son lit, à la clinique. Physiquement, elle se remet bien et a hâte de rentrer à la maison, loin des mamans, loin des bébés qu'on entend dans les chambres. J'aurais tant voulu vous annoncer que nous étions trois, mais le destin n'a pas voulu.

Je n'ai que notre peine à vous faire partager. Je vous embrasse.

Télégrammes de condoléances

Sommes avec vous de tout cœur. Amitiés sincères. Paul.

Vous offrons notre sympathie avec nos condoléances. Meilleures pensées. André. Lucienne.

Retenu par mission importante ne pourrai être près de vous mardi. Vous adresse sincères condoléances et expression de mon amitié. Rodolphe.

Partageons votre chagrin. Condoléances émues. Monique.

Sommes près de vous et partageons votre peine. Nous vous embrassons. Serge et Luce.

Le personnel du service des ventes de la Société Habert prie Monsieur Robert Habert de bien vouloir accepter ses respectueuses condoléances.

Mentions sur cartes de visite

Jean Romand
prie Madame Lesourd d'accepter
ses hommages et ses bien sincères condoléances.

M. et Mme Yves Dornier
prient Madame Lesourd de bien vouloir agréer
leur sympathie attristée à l'occasion du deuil cruel qui la frappe.

Respectueux souvenir et condoléances émues

Sentiments de douloureuse sympathie
et respectueuses condoléances.

Par billet

Cher Monsieur,

Atteint par la douloureuse nouvelle, je vous prie d'accepter mes sentiments de sympathie attristée dans la cruelle épreuve qui vous est imposée.

Je vous présente mes vives condoléances.

Cher ami,

Dans le grand malheur qui vous frappe, je place ma tristesse auprès de la vôtre. L'âme de votre compagne restera, bien vivante dans notre souvenir.

Sincères condoléances.

Lettre de condoléances à un ami

Mon cher René,

La terrible nouvelle vient de m'arriver. Comment te dire la peine qui nous étreint, nous aussi. Martine ne serait plus là ! Pourquoi elle et pourquoi si tôt ? Je voudrais pouvoir te consoler de cette détresse. Elle était si affectueuse, si souriante quand nous étions ensemble. Ma femme est bouleversée par cette nouvelle.

Mon cher René, use de nous si tu en as besoin. Nous serons près de toi mardi dans la matinée.

Profondément touchés, nous t'assurons, cher René, de toute notre compassion et de notre solide amitié.

À une amie

Ma chère Sylvie,

Dès que j'ai su la nouvelle, j'ai partagé ta peine. Cette disparition est injuste. Jacques était si vivant, si cordial, si souriant quand il nous accueillait. Mon mari éprouve la même détresse et me parle de lui sans cesse.

Nous t'assurons de notre même sympathie, de notre amitié. Dès que nous le pourrons, nous irons te voir.

Le cœur lourd, nous t'embrassons.

À un ami

Mon cher Cyrille,

Je regrette que cette mission à l'étranger m'ait éloigné de toi en ces tristes circonstances. J'aurais voulu te dire la profonde affliction qui m'étreint au souvenir de Suzanne. Permets-moi de t'exprimer ici mes sentiments de sympathie attristée en pensant à celle dont les profondes qualités, la bonté nous a si souvent charmés. Je ne puis croire que je ne la reverrai plus.

Bien sincèrement à toi.

À un patron

Monsieur le Directeur,

Au nom des camarades du service et au mien, qu'il me soit permis de vous exprimer très respectueusement nos sincères condoléances pour le deuil qui vient de vous frapper. Nous savons quelle compagne vous perdez et combien elle nous montra de sollicitude à l'occasion. Sa disparition soudaine cause à tous un chagrin profond.

Mes collègues et moi vous prions de trouver ici, Monsieur le Directeur, l'expression sincère de nos sentiments peinés et respectueux.

Lettre à un employé

Mon cher Leblanc,

C'est avec une peine véritable que je vous écris. La disparition de Madame Leblanc est une bien cruelle épreuve. Vos collègues m'ont dit la solidité du lien qui vous unissait. J'avais apprécié la gentillesse de votre compagne lors de notre dernier arbre de Noël.

Soyez sûr de la sincérité des condoléances que je viens vous offrir. Je vous exprime toute ma sympathie.

Mon cher Leblanc, je vous serre les mains, bien tristement.

À des connaissances

Chers amis,

C'est par un coup de téléphone de Thérèse que nous avons appris le deuil qui vous atteint. Il nous touche également car nous connaissions la grande simplicité, les qualités de cœur de Madame

Gérault qui vous a quittés. Vous aviez pour vos enfants la meilleure des grand-mères. Quel vide aussi pour eux !

Acceptez nos sincères condoléances et que nous partagions votre peine.

Pour la perte d'un enfant

Chère Jeannine, cher Jean-Paul,

Nous sommes bouleversés par la mort de Denis. Comment cela est-il possible ? Chers amis, nous comprenons votre peine et voudrions la soulager. Pourquoi un garçon si prometteur, si sympathique, est-il enlevé à votre affection ? Alors que votre foyer représentait pour nous un modèle de bonheur, nous le voyons se couvrir du deuil ; deuil immérité et que nous ne comprenons pas. Il vous reste le refuge du regard du frère et de la sœur de Denis. Il vous reste aussi notre amitié.

Nous vous embrassons de toute notre affection.

Pour une mère décédée

Cher ami,

Mes pensées vous rejoignent en ces jours de deuil. Je sais quel déchirement est la perte d'une mère. Chacune est unique et sa disparition est une cruauté. C'est une période de la vie qui s'achève, un recours, un abri, une consolation qui s'en va.

Croyez à mes sentiments de profonde sympathie et à mes condoléances.

Remerciements après condoléances

Par cartes de visite

Madame Thuriet

vous remercie des sentiments que vous lui avez témoignés en ces jours de deuil.

Très touchée par la sympathie que vous avez manifestée
Madame Thuriet
vous exprime ses remerciements.

Jean Bucourt
et ses enfants

*vous remercient de la part que vous avez prise
au deuil cruel qui les frappe.*

Nathalie Perrot

*dans le grand chagrin qui la frappe, vous remercie vivement
de vos pensées amicales.*

Madame Jean Pargny
Monsieur et Madame Albert Pargny
Mademoiselle Marie Pargny

*très sensibles aux marques de sympathie que vous leur avez témoignées,
vous en remercient bien sincèrement.*

Par insertion dans les journaux

Mme Jacqueline Gautier
M. Jean Gautier
M. et Mme Pierre Vallin
et leurs enfants

dans l'impossibilité de répondre personnellement aux marques de sympathie et d'amitié qui leur ont été témoignées lors du décès de

M. Rodolphe Gautier

prient toutes les personnes qui se sont associées à leur deuil de trouver ici l'expression de leur vive reconnaissance.

Mme Sabine Carillet
et ses enfants

remercient toutes les personnes qui se sont associées à leur peine lors du décès de

Lucien Carillet.

Par lettre

Chère Madame,

C'est avec émotion que j'ai reçu votre témoignage de sympathie à l'occasion du décès de Christine. Vos paroles, votre présence m'ont secouru dans ces heures pénibles. Merci.

Adrien

Chers amis,

Vous aviez été nos compagnons dans les jours heureux. Vous ne m'avez pas oubliée dans les jours cruels. Les enfants et moi sommes sensibles au réconfort de votre sympathie attristée. Une amitié comme la vôtre aide à supporter sa douleur.

Croyez à toute ma sympathie. Virginie

À des personnes âgées

Chers cousins,

Vous avez pris la peine de faire ce long déplacement pour être près de nous en ce jour de deuil. Je vous en remercie bien sincèrement, en espérant que cela ne vous a pas trop fatigués. Votre présence nous a fait du bien ; nous n'avons pas eu le temps de vous le dire assez, mais sachez que nous y avons été très sensibles.

Ma mère vous souhaite une bonne santé et me charge de vous dire sa reconnaissance.

Acceptez nos meilleures pensées. Catherine

À une personne qui n'a pu assister aux obsèques

Cher ami,

Toute la famille a été touchée par votre lettre reçue à l'occasion de la peine qui nous touche.

Nous savions l'amitié qui vous liait à Roger. Souhaitons que la maladie qui vous immobilise actuellement cesse bientôt et que vous puissiez reprendre vos occupations.

Roger est décédé dans la nuit du 7 au 8 octobre, touché par une nouvelle syncope. Il n'a pas dû souffrir. Pour moi, le choc a été rude et j'étais désorientée. Mais tant d'amitiés se sont manifestées. Je vois par des lettres comme la vôtre que Roger n'est pas oublié.

Je vous remercie et vous demande de croire à mon amitié.

Chantal

Lettre d'invitation aux obsèques

A envoyer avant. Dans la lettre d'invitation, on ne mentionne de décorations que pour le défunt. Seule la parenté des personnes qui annoncent le décès est à mentionner. Après avoir cité l'époux

345

(ou l'épouse), les enfants, les parents, les grands-parents,
les frères et sœurs, on peut ajouter : « Et toute la famille ».

Vous êtes prié d'assister aux services, convoi et
inhumation de

Monsieur Paul Henri Masson
Directeur d'école honoraire
Officier de l'Instruction publique

décédé le 16 mars, muni des sacrements de l'Église, en son domicile,
rue La Pérouse, 54, dans sa 67e année,
qui auront lieu le mardi 19, à onze heures, en l'église Saint-Remi, sa
paroisse.

De profundis.

On se réunira au domicile mortuaire.

De la part de
Madame Paul Masson, son épouse ;
du Docteur Daniel Masson et de Madame,
Monsieur et Madame Jacques Oudard, ses enfants ;
Mademoiselle Anne Masson,
Monsieur Bernard Oudard, ses petits-enfants ;
Mademoiselle Florence Loret, sa belle-sœur.

L'inhumation sera faite au cimetière du Nord.

Faire-part de décès

La lettre de faire-part peut s'envoyer après le décès. Les titres
des membres de la famille peuvent y être cités. On s'arrête en général
aux cousins germains.

Monsieur et Madame Étienne Durville,
Le Docteur Jean Durville, chef de clinique, et Madame
Jean Durville,
Monsieur Claude Vigneau, chevalier de la Légion d'hon-
neur,
Mademoiselle Suzanne Vigneau, directrice d'école,
Monsieur Yves Durville,
Monsieur et Madame Laurent Durville,
Madame Pauline Lecomte,
Les familles Vernier et Colin

ont la douleur de vous faire part de la perte douloureuse qu'ils viennent d'éprouver en la personne de

Madame Louis Durville
née Henriette Vigneau

leur mère, belle-mère, tante, grand-tante, cousine,
décédée le 13 octobre 1984 à Rennes, à l'âge de 78 ans.

Priez pour elle.

9, rue du Rocher, Paris 5ᵉ.

Pour les catholiques, on termine par « *Priez pour lui* ». Pour les protestants, on termine par un verset de la Bible. On répondra par écrit à une lettre de faire-part.

Faire-part pour la presse

Mme Véronique Biaudet,
M. et Mme Paul Biaudet,
Le docteur et Mme Robert Marchand,
Le lieutenant-colonel Alain Biaudet et Mme, née Claire Sermaize,
Alice, Chantal et Bertrand Biaudet
ont la douleur de vous faire part du décès de

M. Gaston Biaudet

leur époux, père et grand-père,
survenu le 13 avril 1986, dans sa quatre-vingt-douzième année.

La cérémonie religieuse aura lieu le lundi 16 avril à 14 h 30 en l'église de Saudoy (Marne).

Priez pour lui.

44, rue de Romilly, 51280 Saudoy.

Les mentions suivantes peuvent être utilisées :
Cet avis tient lieu de faire-part.
Ni fleurs ni couronnes.
On se réunira au cimetière.
Les obsèques auront lieu dans l'intimité.
Décédé accidentellement.
Sépulture dans le caveau familial de Chanteloup.
L'inhumation a eu lieu le 16 avril au cimetière de Linthes.

Pour les croyants :
Muni des sacrements de l'Église.
Rappelé à Dieu.
Endormi dans la paix du Seigneur.
De profundis !

ou un verset biblique (pour les protestants) :
Que ma joie demeure.
J'attends le Seigneur.
L'Éternel est ma force.

Autres faire-part pour la presse

M. Georges Morel
M. et Mme Pierre Lécuyer
font part du décès de
    Mme Georges Morel
    née Denise Béraud
survenu à Paris le 24 mars 1985
dans sa 81ᵉ année.
Les obsèques ont eu lieu dans l'intimité.
18, rue des Sarteries, 75014 Paris.

Le personnel de la
    Société Veuillot
a le regret de vous faire part du décès de
    M. Henri Veuillot
son président-directeur général
survenu le 3 septembre 1985 à son domicile.
Les obsèques auront lieu le 5 septembre
à 15 heures au cimetière de Louvres.
Réunion 17, rue de Breuil, 95200 Louvres.

Demande de permis de transfert d'un corps
(au maire de la commune où est enterré le défunt)

Monsieur le Maire,

Mon père, Adolphe Leroux, décédé le 2 novembre 1979, est inhumé depuis le 5 novembre 1979 au cimetière de Courbais (Haute-Loire). Toute ma famille étant fixée à La Pacaudière (Loire) où nous avons un caveau familial, je vous demande de bien vouloir autoriser l'exhumation et le transfert du corps de mon père de Courbais à La Pacaudière.

Je sollicite de Monsieur le Maire de La Pacaudière l'autorisation d'inhumer.

Veuillez agréer, Monsieur le Maire, l'expression de mes sentiments respectueux.

Pour le transfert d'un pays étranger vers la France, s'adresser au représentant consulaire français de ce pays.

Pour le transfert de la France vers un pays étranger, s'adresser au préfet du département.

Demande d'autorisation de crémation

Monsieur le Maire,

Mon mari, Robert Lebrun, décédé le 30 mai, avait manifesté le désir d'être incinéré après sa mort, comme le montre l'attestation dont je vous joins une photocopie. Le médecin ne voit pas d'objection à cette opération (certificat ci-joint).

Je vous demande donc l'autorisation de faire procéder à cette crémation qui aurait lieu au crématorium de la ville, en présence de parents proches.

Je désire que l'urne contenant les restes du défunt me soit remise à l'issue de la crémation.

Veuillez agréer, Monsieur le Maire, l'expression de mes sentiments distingués.

A l'assurance
(lettre recommandée)

Nom, adresse
Police n° ...

Monsieur,

Mon père, Louis Lacoste, 47, rue de Paris, à Bordeaux, qui était assuré par vos soins, est décédé le 24 août 1984.

Héritier de ses biens, je vous informe que je ne désire pas continuer les contrats d'assurance qui étaient les siens, ayant mon propre assureur auquel je veux rester fidèle. Je vous demande donc la résiliation des contrats souscrits par mon père et vous prie de m'en donner acte.

Veuillez agréer, Monsieur, l'expression de mes meilleurs sentiments.

Éventuellement, le deuxième paragraphe peut être remplacé par celui-ci :

« Héritier de ses biens, je vous informe que je prends la succession de mon père pour les assurances souscrites auprès de votre société. Je vous demande donc un avenant pour le transfert de ces contrats à mon nom à dater de ce jour. »

Demande de pension de reversion
(à adresser aux Caisses qui versaient une pension au défunt : Sécurité sociale, Mutualité sociale agricole, Caisse de retraite des cadres, etc.)

Monsieur le Directeur,

Je vous informe que mon mari, Louis Bornier, est décédé le 14 mai 1983. Il était titulaire du titre de pension n° ... de votre Caisse.

Je vous demande de bien vouloir m'adresser les imprimés à remplir pour pouvoir bénéficier d'une pension de reversion au titre de veuve. Ci-joint un extrait de l'acte de décès délivré par la mairie.

Veuillez agréer, Monsieur le Directeur, l'expression de mes sentiments distingués.

Une telle demande peut être faite même après divorce : on mentionnera alors la période durant laquelle il y eut mariage.

Anniversaire de décès annoncé dans la presse

Pour le premier anniversaire du décès de
Lucien Réville
un service religieux sera célébré le mardi 21 février à 12 heures en l'église N.-D. de Vergy (Saône-et-Loire).

Pour l'anniversaire de la mort de
Madame Xavier Monchard
née Hélène Mercet
une pensée est demandée à tous ceux qui l'ont connue et aimée.

32
Testament.
Héritage

Maître,

Nous désirerions, ma femme et moi, signer une donation au dernier vivant. Vous serait-il possible de nous recevoir (si possible un après-midi) afin que soient arrêtées les dispositions de ce contrat. Veuillez également nous dire quelles sont les pièces que nous devons vous présenter ce jour-là.

Je vous prie d'agréer, Maître, l'expression de nos sentiments distingués.

Il est nécessaire de passer par un notaire pour régulariser une « donation entre vifs » ou une donation entre époux au dernier vivant.

On a affaire au notaire pour :
- acheter ou vendre une terre, un immeuble ;
- rédiger un contrat de mariage ;
- constituer une société ;
- partager des biens ;
- régler une succession ;
- administrer les biens d'un mineur.

Cher Maître,

M'étant résolu ces jours-ci à préparer ma succession, je me suis aperçu que la rédaction du testament, qui doit tenir compte des intérêts de plusieurs personnes, n'était pas chose si simple. Je serais heureux d'avoir votre avis pour l'établissement de ce document.

Vous serait-il possible de me fixer un rendez-vous en votre étude ? Je suis libre tous les jours à partir de 10 h du matin, sauf le mercredi.

Dans l'attente de votre réponse, je vous prie de croire, cher Maître, à l'assurance de mes sentiments distingués.

Au décès d'une personne mariée sans contrat (régime de la communauté), le survivant possède la moitié des biens communs et ses biens propres. Le reste (deuxième moitié des biens communs et bien propres du défunt) constitue la succession à partager entre les héritiers et les légataires, sous réserve du droit d'usufruit[1] du conjoint survivant. Le droit d'usufruit est sur le quart de la succession quand il y a des enfants ; sur la moitié de la succession quand il n'y a que frères et sœurs.

Quand il a des enfants, le testateur ne peut pas disposer de tous ses biens. Il lui faut tenir compte des droits des héritiers (la réserve) et il ne peut disposer que du reste (la quotité disponible).

Si l'on a un enfant, la quotité disponible est la moitié des biens du testateur ;

S'il y a deux enfants, elle est du tiers des biens ;

S'il y a trois enfants ou plus, elle est du quart des biens.

Il résulte donc que le conjoint survivant est défavorisé par la loi. Cette situation peut être modifiée par un des testaments suivants.

---

1. L'usufruit est le droit d'utiliser une chose, d'en profiter, sans en être propriétaire. Celui qui la possède, sans pouvoir en jouir, en est le nu-propriétaire.

Testament en faveur du dernier vivant
(dans le cas d'absence d'héritiers réservataires, descendants ou ascendants)

Je soussigné, Aurélien Roux, demeurant 4 bis, rue de la Gare à Pontoise (Val-d'Oise), lègue à mon épouse dans le cas où elle me survivrait, la totalité des biens composant ma succession.

Ceci est mon testament.

Fait, écrit, daté et signé entièrement de ma main, en toute lucidité d'esprit.

A Pontoise, le quatre décembre mil neuf cent quatre-vingt-cinq.

(signature)

Ceci est mon testament.

Je soussigné, André Bertrand, lègue à mon épouse, née Marchand, pour le cas où elle me survivrait, la totalité de la quotité disponible de ma succession.

Je demande à mes enfants, Annie et Francis, ou aux autres héritiers, le cas échéant, de retarder le partage de ma succession jusqu'au lendemain du décès de leur mère afin qu'elle puisse en jouir en usufruit le reste de sa vie.

Écrit en entier, daté et signé de ma main, en toute lucidité, à Cherny, le six décembre mil neuf cent quatre-vingt-dix.

(signature)

Le **testament olographe**, le plus simple, est un acte rédigé à la main, en entier, daté et signé par le testateur.

Il est permis de le faire sur papier libre. Il a un désagrément : il peut être égaré ou détruit après la mort du testateur.

Modèles de testaments olographes

Ceci est mon testament.

Je soussigné, Ernest Marc Durand, demeurant 27, rue Louvois à Chevresnes (Lot-et-Garonne), déclare instituer pour mon légataire universel Monsieur René Journet, demeurant à la ferme des Ullis, commune de Rebécourt (Moselle).

Je révoque tous autres testaments et dispositions que j'ai pu faire antérieurement.

Écrit en entier, daté et signé de ma main, en toute lucidité, à Chevresnes, le quatre septembre mil neuf cent quatre-vingt-quatre.

(signature)

Ceci est mon testament.

Je soussignée, Isabelle Lestard, demeurant 11, avenue des Chênes à Montélimar (Drôme), donne et lègue par les présentes :

1. à mademoiselle Julie Crespin, 8, impasse des Mauves à Agen, l'appartement que je possède à Toulouse, rue des Rentiers n° 27 ;

2. à monsieur Frédéric Roubet, demeurant à Grignan toute ma bibliothèque (meubles et livres) sans exception, et les deux tableaux de mon salon, signés Boudin et Vortz ;

3. le reste de ma fortune, tant meubles qu'immeubles, à mes héritiers naturels.

Je désire que tous les frais et droits des legs numéros 1 et 2 indiqués ci-dessus soient supportés par ma succession, de manière que mademoiselle Crespin et monsieur Roubet perçoivent leurs legs francs et quittes de toute charge.

Je révoque le testament daté du 12 janvier 1983 que j'ai rédigé antérieurement, et le déclare nul.

Fait et écrit entièrement de ma main, sans contrainte et en toute lucidité, à Montélimar, le dix mai mil neuf cent quatre-vingt-quatre.

(signature)

Pour assurer la validité d'un testament olographe, on peut le déposer chez le notaire et en conserver trace chez soi. On peut aussi remettre un double au bénéficiaire ou à l'exécuteur testamentaire.

Pour instituer un exécuteur testamentaire

Je soussigné, René Marcel Dupange, habitant 24, rue des Noyers à Arcey (Doubs), nomme Madame Léone Herbin, habitant 38, rue des Noyers à Arcey pour mon exécuteur testamentaire, et à son défaut Monsieur Robert Gerbaud, habitant la commune de Chalèze (Doubs), avec faculté de se faire remplacer par une personne de leur choix.

Je confère à mon exécuteur testamentaire tous pouvoirs pour opérer la saisine de mes biens meubles pendant l'année qui suivra mon décès, pour recouvrer mes créances, acquitter mes dettes, gérer mes biens jusqu'à liquidation définitive de ma succession.

En compensation, je donne à mon exécuteur testamentaire une somme de dix mille francs, déchargée de tout droit de succession.

Écrit entièrement de ma main, à Arcey, le huit juin mil huit cent quatre-vingt-cinq.

(signature)

Le texte ci-dessus peut être ajouté au testament.

A un testament peut aussi être ajouté un codicille, pour modifier, révoquer, ajouter un legs.

Codicille

Je déclare ajouter au testament ci-dessus les dispositions suivantes : à ma nièce Valérie Libord, demeurant 14, impasse des Genêts, à Dax (Landes), je lègue ma collection de timbres actuellement déposée dans mon coffre à la banque « Crédit bordelais » de Dax.

Je déclare que le présent codicille ne révoque pas les autres dispositions de mon testament qui conserve son plein effet.

Écrit de ma main à Dax le sept juillet mil neuf cent quatre-vingt-huit.

(signature)

Outre le testament olographe, il existe deux autres sortes de testament :

a) le **testament authentique** qui est un acte établi par un notaire assisté de deux témoins. Ce testament évite les contestations, convient aux personnes qui ne peuvent pas écrire et évite au légataire les formalités d'envoi en possession par le tribunal de grande instance (nécessaire lors d'un testatment olographe).

b) le **testament mystique** qui est écrit par une autre personne que le testateur, signé par le testateur en présence de témoins, clos, scellé et remis au notaire en présence de témoins. Il n'était guère employé que par des illettrés et tombe en désuétude.

Révocation d'un testament

Je soussigné *(prénom, nom, domicile)*, déclare révoquer purement et simplement tous testaments faits par moi antérieurement à ce jour. Toutes les dispositions qui s'y trouvent contenues devront être tenues pour nulles et non avenues.

Écrit entièrement de ma main et en toute lucidité d'esprit, à ..., le *(date en lettres)*.

(signature)

Le légataire universel, seul, est responsable des dettes et charges pouvant résulter de la succession. La prudence lui conseille donc, s'il ignore le montant exact de l'actif et du passif de la succession, de ne l'accepter que *sous bénéfice d'inventaire*. Il peut aussi renoncer à l'héritage s'il se révèle trop coûteux.

Acceptation sous bénéfice d'inventaire
(à un notaire)

Maître,

Je vous remercie de la lettre par laquelle vous m'annoncez que je suis le légataire universel de Guy Antoine Lerner décédé le 11 juillet 1984 à Schiltigheim (Bas-Rhin). Ne connaissant pas la situation du défunt, j'ai l'intention de n'accepter cette succession que sous bénéfice d'inventaire.

Veuillez croire, Maître, à mes sentiments distingués.

Pour liquider une succession

Maître,

Je viens de perdre mon oncle, Jules Charles Caurier, demeurant à Sommecourt (Aisne), qui est décédé le 24 mai 1983. Il vivait seul et n'avait d'autre héritière que moi, à ma connaissance. Il n'a pas laissé de testament. Vous serait-il possible de vous charger de la liquidation de sa succession ? Je peux vous remettre toutes les pièces (titres de propriété, acte de décès, pièces bancaires, livret de Caisse d'épargne, etc.) quand vous le désirerez.

Je me tiens à votre disposition pour les formalités à remplir et aller au rendez-vous que vous me fixerez. Dois-je prévoir une provision à vous verser pour vos frais ?

Veuillez agréer, Maître, l'expression de ma parfaite considération.

Remerciements au notaire

Cher Maître,

Je vous apporte mes remerciements pour le soin que vous avez apporté à démêler la succession de ma tante et de l'heureuse issue des démarches entreprises par vous.

Sans votre connaisance des détours de la procédure, j'aurais été bien désarmé devant la situation qui s'offrait à moi et les récriminations des autres intéressés.

Croyez, cher Maître, à ma reconnaissance et à mes meilleurs sentiments.

À un notaire négligent

Cher Maître,

Héritier de ma tante, Madame Lucie Antol, qui habitait 23, rue des Prairies à Coutainville (Manche) et qui est décédée le 19 novembre 1983, j'avais reçu de vous l'assurance que tout serait liquidé dans le délai de six mois. Nous sommes actuellement à un an du décès et à mes coups de téléphone on me répond de votre étude que l'affaire est en cours.

Je vous demande donc à quelle date je peux entrer en possession de l'héritage en question.

Veuillez agréer, cher Maître, l'assurance de mes sentiments distingués.

À la Chambre des notaires du département

à Monsieur le Président de la Chambre
des notaires de Paris
12, avenue Victoria, Paris 1er

Monsieur le Président,

Agissant en qualité de légataire de M. Antoine Brébant, je me trouve dans une situation qui justifie que j'aie recours à vous.

M. Brébant est décédé le 12 janvier 1983 à son domicile, 24, rue Lavoisier à Auxerre (Yonne). Il a partagé, par testament, ses biens en parties légales entre M. Louis Colin demeurant 141, rue des Minimes à Paris, et moi-même. Monsieur Colin a confié ses intérêts à Maître Lernet, notaire à Paris, 2, boulevard Roubeau (14e). Le mien est Maître Robert-Jean, demeurant 8, avenue du Rhin à Mulhouse.

Pour réaliser cette succession, Me Robert-Jean a écrit à plusieurs reprises à Me Lernet, dont il n'a obtenu que des réponses dilatoires. Ces lenteurs me semblant suspectes, j'ai l'honneur de vous demander une enquête sur ce cas et une invitation à Me Lernet à nous donner satisfaction au plus tôt, d'autant plus que, gêné, j'aurais besoin de me faire envoyer en possession du legs qui date déjà de quatorze mois.

Veuillez croire, Monsieur le Président, à mes sentiments de parfaite considération.

Pour obtenir le paiement fractionné des frais de succession

à Monsieur l'Inspecteur de
l'Enregistrement de ...

Monsieur l'Inspecteur,

Je suis héritier de Jacques Ferdinand Lécuyer, qui habitait 2, place des Pyrénées à Pau, et qui est décédé le 23 mai 1984.

La déclaration de succession a été faite auprès de votre bureau le ... par Maître Tardieu, notaire à Pau. Les droits de mutation correspondant à ma part d'héritage s'élèvent à ... F.

Je me trouve actuellement dans l'impossibilité de m'acquitter immédiatement de la totalité de cette somme, étant au chômage depuis cinq mois. C'est pourquoi je sollicite de votre bienveillance l'autorisation de m'acquitter en versements égaux échelonnés sur une période de deux ans, en vous proposant des versements de ... francs chaque trimestre.

Pour sûreté du recouvrement des sommes dues, j'accepte une hypothèque sur la maison que j'habite et dont je suis propriétaire.

Dans l'espoir d'une réponse favorable, je vous prie d'agréer, Monsieur l'Inspecteur, l'assurance de ma considération distinguée.

33
Cartes postales. Billets

Choisissez des cartes originales. Pensez aux collectionneurs. Mais prenez garde aux cartes prétendument « humoristiques » qui ne sont bien souvent que vulgaires.

Si votre carte n'est pas expédiée sous enveloppe, rappelez-vous que vous n'avez droit pour la correspondance qu'à la moitié gauche du verso, l'autre moitié étant pour l'adresse et le timbre.

Ne les écrivez pas au dernier jour de votre voyage ; n'oubliez pas un mot gentil pour finir et signez lisiblement.

Reims, le 14-7-84

Passant par Reims, nous visitons caves et musée. Nous arriverons samedi vers 17 h.
Meilleures pensées.
Caroline   *Jean*

M. et Mme *Dubois*
44, *rue* Verte
94110   ARCUEIL

Les Pyrénées, pittoresques et attachantes, nous ont accueillis superbement. Vous y serez très bien et nous vous attendons pour le 18 : tout est prêt.

Amicalement   Isabelle

Voyage sans histoire. L'accueil de Sylviane est parfait. Sa maison claire, au milieu d'un grand jardin, nous ravit. Nous y serons bien. Tous vous embrassent.

Carole. Alexandre. Sabine

Loin du bureau, nous goûtons d'agréables vacances au bord de l'eau. La mer est bonne. Maxime glisse sur sa planche et je vais le rejoindre. Je vous envoie mon meilleur souvenir enveloppé de soleil.

Annette

Tout Rome nous enchante et nous en rapporterons beaucoup de photos. Que n'êtes-vous avec nous, sous ce ciel magnifique ! Je vous embrasse.

Nicolas

Mon cher Yann,

Te voilà grand avec tes huit ans !
Joyeux anniversaire avec tous les bons baisers de ta

Mamie

Billets courts

Ces billets, écrits rapidement, sont destinés à des communications sans apparat. Il se font sur un bristol du format de la carte postale ou sur une demi-feuille de papier (21 sur 14,5).

Ces billets ne peuvent s'adresser qu'à des familiers, des collègues de travail ou des parents proches. Cependant, ils ne permettent pas le style télégraphique.

Cher Jackie,

Nous passerons dimanche matin. Pourras-tu me prêter le passe-vues ? Nous ne pourrons pas rester plus d'un jour, hélas ! Avec toutes nos amitiés.

Fred

Monsieur,

En vue des vacances, pouvez-vous m'envoyer votre documentation sur les séjours en Égypte ?
Sincères remerciements.

Louis Vallier

Mes chers amis,

J'ai reçu le beaujolais nouveau et je voudrais étrenner un superbe tire-bouchon reçu en cadeau. Je vous invite donc dimanche à midi. Josyane promet de mijoter quelque chose. Amitiés.

Alex

Monsieur,

N'oubliez pas de m'envoyer votre facture pour les travaux de plomberie, car je vais la semaine prochaine m'absenter pour deux mois.

Bien vôtre.   Charles Derval

Chèque en réglement de votre facture 317 H du 8-5-84. Je suis très content de la nouvelle grille que vous avez installée.

Avec mes meilleurs sentiments.   Pierre Naclet

J'ai bien reçu le livre que vous avez eu la gentillesse de me retourner sans tarder. Je reste à votre disposition pour d'autres renseignements au besoin. Amicalement.

A. Perrier

Cher Monsieur,

En passant à Changy, voyez Monsieur Laurin, 14, rue du Lavoir. Il pourra, je crois, vous tirer d'embarras pour cette question de chauffage. Recommandez-vous de moi.

Cordialement.   Norbert Bénichou

Ma chère Christine,

Je dois aller voir mon père à la clinique mardi après-midi. Pourrais-tu aller prendre Vincent à l'école à 16 h 30, pour le garder jusqu'à mon retour ?

Amicalement.   Sabine

Madame,

N'oubliez pas que je compte sur ma robe de soirée pour le 24. C'est important pour moi. Gérard passera la prendre le matin du 24. Je vous verrai la semaine prochaine pour le règlement. Merci. Amicalement.

Nathalie

Monsieur,

Veuillez trouver ci-joint les deux pièces qui manquaient à ma demande de réduction (*réf.* 433 / MH).

Éliane Daurat   18-7-83

Madame,

Mon fils Adrien, étant souffrant ce matin après une nuit fiévreuse, ne peut se rendre à l'école. Le médecin va passer le voir. Je vous prie d'excuser son absence.
Salutation distinguées.   Mme Souchet

Si l'on doit recevoir une réponse rapide, on peut partager le billet en deux :

	Réponses
Cher Bertrand Sais-tu les prénoms et la date de naissance de Balestrini de qui je prépare le dossier ? Cordialement. <div align="right">Luc</div>	

34
Lettres d'enfants

Vœux de nouvel an

Chère marraine,

Je te souhaite une année heureuse et une bonne santé parce que tu es très gentille et que je veux te garder longtemps.

Je t'envoie cent gros baisers.

Sébastien

A la grand-mère malade

Chère Mamie,

Maman me dit que tu es malade en ce moment. J'espère que tu guériras bien vite et que tu viendras encore me raconter de belles histoires. Fais bien ce que dit le médecin.

J'ai eu des bonnes notes à l'école et mes parents sont contents de mon travail. Quand je serai plus grand, j'irai t'aider pour que tu ne sois plus malade.

Je t'embrasse très fort de tout mon cœur.

Sylvain

De la colonie de vacances

Chère maman, cher papa,

Je passe de bonnes vacances à la colonie. Nous allons à la plage tous les jours. Je sais bien nager maintenant, même sur le dos.

Il a plu un jour et nous sommes restés dans les salles où il y a beaucoup de jeux.

Je pense quand même à vous, surtout le soir en me couchant. La nourriture est très bonne et j'ai des camarades très gentilles.

A bientôt. Soignez bien mon hamster. Je vous embrasse très fort.

Claire

Remerciements pour un cadeau

Chère Madame,

Je vous remercie beaucoup pour la belle calculatrice que vous m'avez envoyée. Cela me rendra service tous les jours pour mes travaux de mathématiques, surtout à la maison.

J'en prends bien soin en pensant à vous.

Je vous embrasse   Éliane

Pour s'excuser

Madame,

Je viens vous demander pardon pour avoir fait tomber François en jouant. Je viens d'apprendre qu'il avait mal au genou et j'en suis ennuyé.

J'ai été trop brutal, je m'en aperçois et vous prie de m'excuser. Je ferai attention à l'avenir.

Que François ne m'en veuille pas trop.

Frédéric

Réponse à une annonce

Monsieur,

J'ai lu votre annonce dans le journal au sujet des petits chiens que vous offrez.

J'ai 14 ans et mes parents sont d'accord pour que j'élève un chien, car nous avons un grand jardin où il sera bien. Je m'en occuperai et il sera heureux, je vous le promets.

Mon père m'accompagnera samedi après-midi quand j'irai le chercher.

Dès maintenant, je vous remercie de ce don et vous envoie mes meilleures salutations.

Alexandre Bordier

Invitation

Chère Brigitte

Comme je te l'avais dit en juin, j'ai demandé à mes grands-parents s'ils acceptaient que tu viennes passer huit jours chez eux pendant que j'y serai. Ils acceptent !

Tu sais, nous aurons bien des choses à voir. J'y suis déjà depuis 10 jours et j'ai découvert des curiosités. Nous ferons des promenades. Et pour les jours de pluie, le grenier de grand-père est magnifique : on pourra se déguiser avec des vieilles robes et des rideaux ! Ma grand-mère cuisine très bien et on a préparé la chambre pour toi. J'espère que ta maman va accepter.

Dis-moi le jour de ton arrivée. Nous serons à la gare, grand-père et moi.

A bientôt. Bons baisers.   Chantal

35
Lettres à des inconnus

À une station de radio

Monsieur,

J'ai suivi avec intérêt la causerie de Monsieur Julien Mérignac (France-culture, le 18 novembre vers 14 h) sur les voyages de La Pérouse au XVIIIe siècle. Comme je suis actuellement à la recherche de documents sur ce périple, je vous serais reconnaissant de bien vouloir me dire si vous pouvez me faire parvenir le texte de cette causerie, en m'indiquant ce que je vous dois pour cela. Ci-joint une enveloppe timbrée à mon adresse.

Sincèrement vôtre.

Pour trouver un établissement spécialisé

à Monsieur le Président de
l'Union nationale des associations
de parents d'enfants inadaptés,
28, place St-Georges   75009 Paris

Monsieur le Président,

Père d'un garçon de 9 ans qui est infirme (paralysie du bassin), je viens vous demander s'il existe une possibilité pour lui de faire des études comme les autres enfants. Il sait lire et écrire grâce à l'amabilité d'une institutrice qui vient de nous quitter. Il serait, selon elle, au niveau de la fin du C.E.2.

Nous serions prêts, ma femme et moi, à le placer dans un établissement, pas trop éloigné de notre domicile, dans lequel il profiterait d'un enseignement normal.

Il ne souffre d'aucun handicap mental ou intellectuel et souffrirait à la pensée qu'il reste à l'écart des jeunes de son âge.

Si vous pouviez nous tirer d'embarras, nous vous en serions très reconnaissants.

En vous priant d'accepter, Monsieur le Président, nos salutations les meilleures.

(Timbre pour la réponse)

Recherche de consultation spéciale

à l'Association française des centres
de consultations conjugales
19, rue Lacaze   75014 Paris

Monsieur,

Je suis marié depuis six ans à une femme qui me délaisse de plus en plus, malgré mes remontrances. À plusieurs reprises, elle s'est absentée du foyer pour revenir le lendemain sans me donner de raisons valables. Nous prenons nos repas dans une indifférence totale. Nos essais d'explication deviennent des disputes. Peut-être suis-je maladroit.

L'atmosphère me pèse et cependant je ne veux pas envisager la séparation. Pourriez-vous m'indiquer où je pourrais m'adresser pour tenter de rétablir la confiance, la bonne entente entre nous deux ? Y a-t-il un centre de consultations conjugales dans ma région ?

Je vous prie d'accepter, Monsieur, l'expression de mes sentiments distingués.

À un groupement de consommateurs

Monsieur,

Cliente du centre commercial « Les Vallées », j'ai constaté pour la seconde fois qu'au rayon crémerie du magasin « Flora », du lait sous cartonnage était présenté avec une date de vente périmée.

La première fois, j'en avais fait la remarque à un employé qui m'a dit qu'il allait en référer au gérant du magasin et que ce lait serait retiré, mais aujourd'hui, c'est-à-dire 15 jours après la constatation précédente, je trouve encore du lait dont la date est dépassée et aussi des petits pots de crème dans le même cas. Le gérant, que j'ai voulu voir, m'a dit que cela n'avait aucune importance parce que les dates étaient très largement calculées, argument que j'ai rejeté.

Il me semble qu'il s'agit là d'un dédain de la clientèle et qu'il serait utile que votre organisation se saisisse de l'affaire.

Veuillez agréer, Monsieur, l'expression de mes meilleurs sentiments.

Pour demander rectification à un journal

à Monsieur le Directeur de
« L'Écho du Valois »

Monsieur le Directeur,

Le numéro du 16 septembre de votre journal rend compte, en page 7, de la sortie organisée à Étretat pour les personnes âgées de notre région. Il y est mentionné, au début, que « Monsieur Thiénau a refusé son autocar à l'association » pour cette sortie.

Cette assertion est fausse. Propriétaire d'un car pour excursions et pressenti pour ce transport, j'ai répondu au secrétaire de l'association que mon véhicule était retenu depuis deux semaines par la mairie pour le transport de la fanfare à un concours qui avait lieu le même jour.

Je vous demande donc de faire paraître un rectificatif à ce sujet dans la même rubrique de votre journal ; car votre assertion, écrite sans vérification, risque de me faire tort auprès de mes concitoyens.

Je vous prie d'agréer, Monsieur le Directeur, mes salutations distinguées.

À un journaliste

Monsieur,

J'ai été fort intéressé par votre série d'articles sur la micro-informatique et vous félicite pour la clarté de vos exposés. Moi qui ne suis qu'un profane, je me sens « mordu » par cette étude nouvelle. Je suis à la recherche d'un club pour m'initier à cette activité qui offre tant de possibilités d'avenir.

Par vous, on a l'impression d'accéder à un monde nouveau et qui semblait secret, impénétrable jusque là. Si tous les scientifiques parlaient aussi bien de leur science, on leur saurait beaucoup de gré.

Je vous en remercie et vous adresse mes salutations les meilleures.

À un champion sportif

Mon cher Robert,

J'étais sur le parcours du « Circuit des As » dimanche dernier et je t'ai vu triompher des Belges. Tu as été formidable !

Si je me décide à t'écrire (après avoir bien hésité), c'est que je voudrais aussi faire une carrière de cycliste. Je n'ai été engagé que dans de petites courses, et les copains me disent que je suis doué, mais je n'ai que seize ans. Par quels moyens peut-on devenir professionnel ? Que faut-il faire dans les débuts ?

Si tu me répondais, j'en serais très fier.

Merci, mon cher Robert. Accepte mon admiration.

(enveloppe timbrée)

À un écrivain

Monsieur,

Je viens de lire « Les Opprimés » et, encore tout pénétré de votre texte, il me faut vous dire mon admiration. Comme vous avez compris la condition de ces peuples, leurs misères et leur dignité ! J'ai rarement ressenti une telle émotion à la lecture d'un ouvrage, où tant de sensibilité s'exprime, où l'on voudrait ajouter notre révolte aussi.

Laissez-moi vous dire que j'admire votre talent. Je ne suis peut-être qu'un lecteur anonyme, mais cependant tout près de vous.

Je vous prie de croire, Monsieur, à mon vif et sincère enthousiasme.

À une artiste de music-hall

Chère Sylvaine,

Je t'ai écoutée samedi soir sur la 2e chaîne. C'était merveilleux. J'aurais voulu que cela dure encore plus. Les numéros avec danseurs étaient splendides.

Nous parlons souvent de toi avec mes amies et tu es notre artiste préférée. Je possède quatre disques de toi et j'aimerais avoir dans ma chambre une photo signée de toi. Tu acceptes ?

Je t'embrasse.

Nadia

(enveloppe timbrée)

À un animateur de radio

Monsieur,

Dans votre émission « Harmonies » du 13 janvier, vous avez diffusé, vers 15 h 15, un enregistrement d'une sonate pour violoncelle et piano de Gabriel Fauré, qui fut un enchantement.

369

J'aimerais posséder un tel disque. Pourriez-vous m'en donner les références (maison d'édition, numéro, direction), afin que je puisse me le procurer ?

Je vous prie d'accepter mes remerciements et mes meilleures salutations.

(enveloppe timbrée)

Demande de leçons

Madame,

Je m'adresse à vous pour des leçons d'allemand. Si je m'y suis décidée, c'est que vous m'avez été recommandée par Madame Legrand qui a la bonté de s'intéresser à mes enfants.

J'ai une fille de quatorze ans, actuellement en classe de 4ᵉ et qui éprouve des difficultés à suivre l'enseignement de l'allemand dans son établissement scolaire. Accepteriez-vous de la guider en lui donnant une leçon ou deux par semaine dans cette matière ?

Ma fille est pleine de bonne volonté, et prête à travailler. Votre acceptation nous serait d'un grand secours.

Veuillez accepter, Madame, l'assurance de mes sentiments respectueux.

Lettre à un chroniqueur

Monsieur,

Lecteur de la revue « Mercure », j'ai eu le plaisir d'y lire la série de vos articles concernant le Sud marocain. C'est une région qui m'intéresse car je dois y faire de la prospection pour ma société.

Vous mentionnez, dans le troisième article, qu'il existe un ouvrage très documenté sur les minéraux de l'Atlas paru l'an dernier. Je serais heureux de me procurer ce livre. Vous serait-il possible de m'en indiquer le titre, l'auteur, l'éditeur ?

Je vous demande d'excuser la liberté que j'ai prise de vous déranger et qui m'est une occasion de vous dire que vos études sont toujours bien documentées et appréciées.

Veuillez agréer, Monsieur, l'expression de mes sentiments distingués et mes remerciements.

(enveloppe timbrée)

36
Divers

Offre de rencontre sportive

La Raquette sézannaise   le ...
8, rue Bouvier-Sassot
51120 Sézanne
à Monsieur le Président du Ping-Pong-Club
de Fère-Champenoise

    Monsieur le Président,

    Les membres de la section « tennis de table » de notre association seraient heureux de rencontrer une sélection de vos joueurs en une rencontre amicale. Nous pouvons vous proposer une équipe de 6 joueurs pour des matches en simple et en double ; cette équipe serait disponible un samedi ou un dimanche du mois de mai prochain, dans la salle qui vous conviendra. Cela fournirait un stimulant à nos joueurs avant qu'ils affrontent le championnat pour lequel nous sommes inscrits.

    Recevez, Monsieur le Président, mes cordiales salutations.

    Le Président de la Raquette sézannaise,

Compte rendu sportif pour un journal

    Dimanche 3 mars, la seconde équipe de « L'Étoile sportive » de Sermaize rencontrait en match amical l'équipe amateur de Revigny dont c'était la troisième sortie depuis sa formation.

    Ces jeunes joueurs nous montrèrent qu'ils ne manquaient pas de courage. Le jeu fut serré, sur un terrain rendu glissant par une pluie nocturne. Bien arbitré par M. Rousseau, le match vit la victoire de l'Étoile sportive avec deux buts marqués en première partie, cependant que Revigny réussissait à sauver l'honneur à dix minutes de la fin, s'étant ressaisi après un début décevant pour ces jeunes sportifs qui comprennent qu'ils ont encore beaucoup à apprendre, mais qui sont bien décidés à faire parler d'eux. Signalons parmi eux le jeu prometteur du jeune Philippe Delorme et ses belles percées dans le réseau adverse.

Pour un objet oublié dans le train

à Monsieur le Chef de gare
de Bordeaux

      Monsieur le Chef de gare,

J'ai fait, dans le train Toulouse-Bordeaux, le trajet d'Agen (11 h 04) à Langon (12 h 45) aujourd'hui 14 novembre.

Je me suis aperçu que j'avais oublié, dans le compartiment de 2ᵉ classe où j'étais, une mallette plate contenant deux livres, un paquet de biscuits, des mouchoirs et, dans une petite boîte, une médaille représentant saint Martin.

Tout confus de cet oubli, je vous serais reconnaissant, si cette mallette vous a été remise, de me la renvoyer, en port dû, à l'adresse suivante :

      André Decourt
      chez M. Proteau
      14, rue des Bosquets
      33210 Langon

En vous remerciant par avance, je vous prie de croire, Monsieur le Chef de gare, à mes sentiments distingués.

Abonnement à un journal

Nom   le ...
Adresse

      à « La Dépêche du Nord »
      (service des abonnements)
      14, rue d'Abbeville
      80000 Amiens

      Monsieur,

Je souscris un abonnement d'un an à votre journal, à compter du 1ᵉʳ octobre 1984.

Je désirerais recevoir l'édition concernant la région de Villers-Bretonneux. Cet abonnement est à servir à l'adresse ci-dessus. Ci-joint un chèque de ... F.

      Sincèrement vôtre.

À l'enfant prodigue

Chère Francine,

Il serait bon, je crois, que nos relations reprennent un tour naturel. Ce qui nous a opposé s'est maintenant estompé. D'ailleurs il serait bien inutile de parler de la période que tu sais, les mots n'y changeraient rien.

Nous estimons que nos torts furent partagés et qu'il faut oublier l'outrance regrettable des discussions passées. Nous sommes prêts à t'accueillir, le cœur tranquille, apaisé. Ton absence nous est une tristesse. Ne nous laisse pas vieillir seuls. Et nous aimerions tant gâter la petite Anne.

Nous t'embrassons.

Réconciliation après une dispute

Mon cher Henri,

Le temps passe et plus il passe, plus je regrette cette brouille qui nous a séparés. Maintenant, je m'aperçois que le sujet en était sans importance et que les paroles que j'ai dites étaient outrées. Nous avons sans doute des caractères un peu susceptibles, mais je pense que notre vieille amitié doit être la plus forte.

Henri, oublions les mots vifs et viens manger à la maison samedi soir avec ta femme, si tu es libre. Ton retour me fera du bien.

Cordialement.

Jacques

Procuration

Certaines procurations doivent être signées devant un officier de police et légalisées. Se renseigner auprès du service concerné par la procuration.

Je soussigné (*prénom, nom, adresse*), déclare donner procuration à M ... (*prénom, nom, adresse*) pour retirer à la poste ou auprès de messageries (S.N.C.F., Sernam, etc.) les lettres, télégrammes, paquets, colis et tous envois faits à mon nom ; ce jusqu'à la date du ... inclus.

Fait à ..., le ...

Bon pour pouvoir

(*signature*)

Demande de permis de détention d'arme
à la Préfecture du département

Monsieur le Préfet,

Ma maison a été cambriolée il y a une semaine, alors que je m'étais rendu chez mes enfants pour quelques jours et j'ai déposé une plainte à la gendarmerie. Je suis âgé et ma maison est un peu isolée. Souvent, aux alentours, je remarque des allées et venues suspectes vers le soir.

J'ai l'honneur de solliciter un permis de détention d'arme à mon domicile, envisageant d'acheter un pistolet 6,35. Je m'engage à respecter la loi pour l'usage éventuel de cette arme.

Je vous adresse ma requête par la mairie afin que Monsieur le Maire y indique son avis.

Veuillez agréer, Monsieur le Préfet, l'expression de mes sentiments respectueux.

Pour le permis de chasser

à la Préfecture de ...

Monsieur le Préfet,

J'ai l'honneur de vous demander le formulaire de demande d'inscription à l'examen pour le permis de chasser.

Veuillez agréer, Monsieur le Préfet, l'expression de mes sentiments très distingués.

Convocation à une assemblée
(pour un club sportif, une copropriété, une amicale, un conseil, etc.)

M ...

est invité à se rendre à l'assemblée générale de ...

qui se tiendra le ...   à ... heures
dans la salle de ...

Ordre du jour

1° . . . .
2° . . . .
3° . . . .

Le président,

Compte rendu de réunion du bureau d'une association

Le 3 juin 1983, le bureau élu de « L'Amicale du Perthois » s'est réuni dans la salle des fêtes de Longpont pour sa séance ordinaire trimestrielle, sous la présidence de Roger Berraud, à 20 heures.

Tous les membres du bureau étaient présents, sauf Marcel Lescure qui s'était fait excuser pour des raisons familiales.

Jacques Cazenave fut nommé secrétaire.

1. Sur proposition du président, il est décidé à l'unanimité que le bal du 10 octobre aurait lieu comme chaque année, Jean Prémont étant chargé de son organisation (orchestre à retenir, salle à décorer, bar à prévoir, etc.)

2. Jean-Jacques Bertoud propose un concours de dessin auprès des écoliers de Longpont sur le thème « Les attraits de notre village ». Le bureau s'associe à ce vœu. Un crédit de ... francs sera affecté aux récompenses pour les lauréats de ce concours.

3. Le voyage et le banquet des anciens de la commune seront organisés lors de la séance de septembre, Pierre Bourdes étant dès maintenant chargé de la prospection auprès des transporteurs et restaurateurs.

4. Le trésorier annonce qu'il a reçu un don de ... francs provenant d'une collecte au mariage Duval-Bérin, et qu'il a envoyé une lettre de remerciements et de vœux aux jeunes époux au nom de notre association.

L'ordre du jour étant épuisé, la séance est levée.

Longpont, le 3 juin 1983.

Le secrétaire,

(signature)

Un loyer, le taux d'un prêt, une rente viagère, une pension alimentaire, un fermage, etc. peuvent être indexés. L'indice choisi pour l'indexation doit être en relation directe avec l'objet du contrat (par exemple, prix du blé pour un fermage, prix du kilo de lièvre pour une location de chasse, SMIC pour une pension alimentaire, etc.).

Exemple d'indexation d'un contrat

Le prix du loyer ci-dessus fixé est valable pour un an, du 1er février 1981 au 31 janvier 1982.

Il sera réévalué chaque année à la date du 1er février en fonction des variations de l'indice national du coût de la construction publié par l'I.N.S.E.E.

La réévaluation aura lieu automatiquement sans notification préalable du bailleur.

Pour l'application de cette clause, les parties conviennent que l'indice de base est celui du 1er février 1981 et l'indice d'échéance celui du 1er février de chaque année.

En cas de remplacement de cet indice, le nouvel indice sera substitué automatiquement à l'ancien dans les conditions et selon le coefficient de raccordement indiqués par l'I.N.S.E.E.

Les parties déclarent expressément qu'elles ont traité en considération de la clause d'indexation indiquée ci-dessus qui a été déterminante du contrat, de sorte que son inexécution, totale ou partielle, pour quelque cause que ce soit, entraînerait automatiquement la résiliation de celui-ci.

Note de frais
(à fournir à un comptable)

Maxime Desnoyers

(Service des ventes)

Déplacement de Lyon à Épinal le 7-5-84
   (aller et retour par le train 2e cl.)...................... ... F
1 nuit d'hôtel + petit déjeuner
   (note jointe).. ... F
2 repas (notes jointes)................................ ... F
taxi à Épinal... ... F
communications téléphoniques à Lyon (2).............. ... F

Total   ... F

Lyon, le 9 mai 1984

(signature)

Pour demander le concours d'un artiste

Monsieur,

Je vous écris au nom de l'Association des colonies de vacances d'Aurillac (Cantal) dont je suis le secrétaire. Nous organisons une soirée récréative le samedi 10 avril prochain pour alimenter la caisse de l'association. Vous serait-il possible de nous prêter le concours de votre talent pour rehausser cette fête ?

C'est parce que j'ai pu apprécier votre art de prestidigitateur et de magicien à Thiers il y a huit jours que je me permets de vous solliciter.

Si vous acceptez, nous aimerions connaître le programme de votre contribution, sa durée et le cachet que nous devons vous remettre ce jour-là.

Il y aura des morceaux de musique, du chant, de la danse acrobatique et le tout sera suivi d'une petite sauterie.

Dans l'espoir d'une réponse affirmative, je vous prie d'accepter, Monsieur, l'expression de nos sentiments distingués.

Pétition

Nom
Adresse

à Monsieur le Maire de ...

Monsieur le Maire,

Au nom des habitants du quartier de la Ronette, je me permets de vous signaler que le trafic croissant des camions sur la rue Joffre qui commence à six heures du matin et va se prolongeant jusqu'à plus de dix heures du soir, perturbe gravement la tranquillité de ce quartier.

Il avait été promis, il y a quatre ans, lors des élections, qu'une déviation serait mise en place pour remédier aux bruits et pollutions qu'entraîne un tel trafic, comme cela a été fait dans d'autres localités traversées par la route nationale, mais sans effet.

Les vieillards et les malades supportent difficilement ce dérangement qui s'amplifie de jour en jour et les enfants qui doivent traverser la rue pour aller à l'école s'exposent à un réel danger.

Nous demandons donc que des mesures soient arrêtées par le conseil municipal afin que les poids lourds empruntent un autre parcours.

D'avance, je vous remercie pour ce que vous ferez en réponse à notre requête et je vous prie de croire, Monsieur le Maire, à mes sentiments respectueux.

(signature)

Autres signatures :
André Lombard :
Jeanne Martin :
Pierre Trémois :
François Petit :
Charles Leroux :
etc.

37
Petites annonces

Comme le télégramme, la petite annonce ne s'embarrasse pas de « littérature ». L'énoncé doit être réduit à l'essentiel, au squelette pourrait-on dire, car chaque ligne coûte cher. On abrégera même certains mots pour gagner un peu de place. La règle qui s'impose est : être bref, mais clair.

Chaque journal possède ses rubriques de petites annonces (offres d'emploi, demandes d'emploi, achats immobiliers, ventes immobilières, locations, autos, occasions, etc.). En envoyant le texte de sa petite annonce, ne pas oublier d'indiquer dans quelle rubrique on désire la voir insérée.

Rédiger d'abord son annonce au brouillon en comptant le nombre de signes de l'annonce (un signe est, en imprimerie, une lettre, une virgule, une apostrophe, un point, un blanc entre deux mots). Compter le nombre de signes que le journal emploie pour une ligne (une trentaine environ) et diviser pour obtenir le nombre de lignes à payer.

Par exemple, le texte suivant :

Vends break Ford 1980 bon état 53 000 km, Jean Evrard Tél. 435.43.47.

comporte 67 signes. Si le journal qui reçoit cette annonce insère des petites annonces à 29 signes par ligne, on devra payer pour :

67 : 29 = 2,3 lignes, soit 3 lignes.

On pourra alors rectifier l'annonce :

a) soit en simplifiant (*b.* au lieu de *bon*, *J.* au lieu de *Jean*, *T.* au lieu de *Tél.*) pour ne payer que 2 lignes ;

b) soit en la complétant pour profiter de 3 lignes pleines (en ajoutant, par exemple : *de 1re main, pneus neufs*).

Comme une certaine anarchie règne dans les textes d'annonces, certains journaux recommandent l'emploi des abréviations suivantes auxquelles on fera bien de se soumettre. On sera ainsi mieux compris, ne risquant pas d'avoir des mots mal traduits.

378

A

ach.	achète
adr.	adresser
anc.	ancien, ne
appoint.	appointements
appt	appartement
ardt	arrondissement
asc.	ascenseur

B

balc.	balcon
banl.	banlieue
bât.	bâtiment
bout.	boutique
burx	bureaux

C

cab.toil.	cabinet de toilette
candid.	candidature
ces. bail	cession de bail
chbre	chambre
chbre de bne	chambre de bonne
chbre de serv.	chambre de service
ch. comp.	charges comprises
ch. cent.	chauffage central
cial	commercial
constr.	construction
cpt	comptant
créd.	crédit
cuis.	cuisine

D

dche	douche
dépend.	dépendances

E

écr.	écrire
emplact	emplacement
env.	envoyer
ét.	étage
ét.nf	état neuf
expér.	expérience

F

fme	femme

G

gar.	garage
gd	grand
gde	grande

H

hme	homme

I

imm.	immeuble
indép.	indépendant

J

jard.	jardin
J.F.	jeune fille
J.H.	jeune homme
jrs	jours

K

kitch.	kitchenette, cuisinette

L

liv.dble	living double
locx	locaux
logt	logement

M

max.	maximum
mens.	mensuel, elle
min.	minimum
M°	métro

N

nf	neuf

P

park.	parking
part.	particulier
pav.	pavillon
p.	pièce
pierre de t.	pierre de taille
pl.	place
possib.	possibilité
pptaire	propriétaire
ppté	propriété
(se)prés.	(se)présenter
prét.	prétentions
princip.	principal
prof.lib.	profession libérale
prox.	proximité
pt	petit
pte	porte
px	prix

R			stand.	standing, niveau
r.d.c.	rez-de-chaussée		sté	société
récept.	réception		surf.	surface
rech.	recherche		T	
réf.	référence		tél.	téléphone
rte	route		t.o.	toit ouvrant
R.V.	rendez-vous		travx	travaux
S			tt cft	tout confort
s.de b.	salle de bains		V	
s.à m.	salle à manger		vd	vend
s.d'eau	salle d'eau		vds	vends
séj.	séjour		vte	vente

Naturellement, peuvent s'y ajouter les sigles usuels (km, ha, av., bd, r., V.R.P...).

L'emploi de ces abréviations est destiné à faciliter la lecture rapide du message sans qu'il devienne un rébus.

Exemples de petites annonces

Cause départ vends appt 2 p. cuis. W-C gar. centre Troyes 220 000 F Tél. 23.48.20.63 soir.

J.H. 18 ans cherche apprentissage cuisinier. Écrire journal n° 438.

Sète beau terrain plat, arbres, 700 m², vue mer 24 000 F. Renaud 18, r. Barthou, Montpellier.

Cherche ménage pour gardiennage propriété, jardinage, femme cuisinière. Dr Castang à Morlaas 64.

Vds 1 landau bon état ; livres reliés (histoire) ; 15 vieilles assiettes faïence. Jeoffroy, 12, r. Amion, Le Neubourg.

Vve 42 ans, b. situation, rencontr. vue mariage H. sérieux, non fumeur, cultivé. Écr. journal 1178.

Réponse à une petite annonce

Monsieur,

Intéressé par votre annonce du « Petit Courrier de la Brie », je vous serais reconnaissant de bien vouloir me préciser les points suivants :

Année de sortie de cette Citroën PS ; kilométrage ; état des pneus ; couleur.

À quel moment est-elle visible et où ? Je suis libre chaque soir à partir de 18 h, le samedi et le dimanche.

Avec mes sentiments distingués.

38

Postes. Télégrammes

Le sigle P.T.T. (Poste, télégraphe, téléphone) recouvre de nos jours tous les services publics de transmission de messages par poste et télécommunications.

Les envois par les P.T.T. doivent se soumettre à certaines contraintes :

Libellé des adresses. Voir page 12.

Affranchissement. Les timbres se collent en haut et à droite. Il faut affranchir selon le poids de l'envoi. C'est une impolitesse coûteuse de ne pas affranchir suffisamment. Les timbres non postaux se placent au verso de l'enveloppe.

Dimensions des envois.

a) *Lettres de moins de 20 g :*
   Dimensions minimales : 14 cm × 9 cm
   Dimensions maximales : 23,5 cm × 12 cm
   La longueur doit être au moins égale à la largeur multipliée par 1,4
   Épaisseur maximale : 5 mm

b) *Lettres de plus de 20 g :*
   Ces envois doivent porter une étiquette « Lettre » ou « Urgent ».
   La plus grande dimension ne peut dépasser 60 cm.
   Le total des trois dimensions (longueur + largeur + épaisseur) ne doit pas dépasser 100 cm (en régime international : 90 cm).
   Dimensions minimales : 14 cm × 9 cm.
   Poids maximal : 5 kg (en régime international : 2 kg).
   Au-delà du poids de 5 kg, il faut expédier par chemin de fer.

c) *Cartes de visite :*
   Dimensions minimales : 14 cm × 9 cm

d) *Cartes postales :*
   Dimensions maximales : 14,8 cm × 10,5 cm.
   Dimensions minimales : 14 cm × 9 cm.
   La longueur doit être au moins égale à la largeur multipliée par 1,4.

e) *Plis non urgents (imprimés ou non)* :
Mêmes dimensions que les lettres.
Les imprimés à découvert ne peuvent dépasser 15 cm × 10,7 cm.
Poids maximal : 5 kg.

f) *Paquets-poste* :
Dimensions maximales : comme pour les lettres de plus de 20 g.
Dimensions minimales : 10 cm × 7 cm.
Les envois ayant des dimensions inférieures ne sont admis que s'ils sont pourvus d'une étiquette volante du format minimal de 10 cm × 7 cm, portant adresse et affranchissement.
Poids maximal : 5 kg (régime international : 3 kg).

g) *Rouleaux* :
Longueur : de 10 cm à 90 cm.
Total de la longueur + 2 diamètres = de 17 cm à 104 cm.
Poids maximal : 3 kg.

Une lettre ne doit pas gêner l'oblitération mécanique ou présenter un danger. Il ne faut donc pas d'adresse peu lisible, d'épingles, d'agrafes métalliques, d'objet en relief (pièces, par exemple), de cartes givrées. Une lettre ne doit contenir ni matières inflammables ou explosives, ni drogues, ni billets de banque.

Outre le service du courrier ordinaire, les postes nous offrent :
- les envois recommandés ;
- les accusés de réception ;
- les envois contre remboursement ;
- les envois exprès ;
- la poste restante ;
- la garde du courrier ;
- la réexpédition du courrier ;
- les coupons-réponse ;
- la poste aérienne ;
- le télégramme simple ;
- le télégramme avec réponse payée ;
- le télégramme avec accusé de réception ;
- la boîte postale ;
- le téléphone ;
- les messages téléphonés ;
- le service des abonnés absents ;
- l'avis d'appel (demandant à une personne de se rendre à un bureau de poste pour y recevoir une communication) ;
- la télécarte pour les publiphones ;
- les envois d'argent par mandats ;
- la procuration postale (établie à l'avance au bureau de poste par les deux personnes intéressées).

> Pour certains envois, vous pouvez bénéficier de la franchise postale : consulter le tableau 4. de la page 409.

Télégrammes

Comme il est porteur aussi bien de bonnes que de mauvaises nouvelles et risque d'affecter certaines personnes, on se gardera d'abuser du télégramme.

Le style télégraphique ignore les mots inutiles. Il doit être clair et concis. Il est prudent de ne remettre au bureau de poste qu'un télégramme rédigé en lettres capitales ou en caractères d'imprimerie.

On trouvera dans ce volume des exemples de télégrammes pour certaines circonstances : naissance (pp. 71, 72), mariage (p. 160), décès (pp. 338, 340). En voici d'autres :

Pour annoncer sa visite

Arriverai mardi 30 par train 17 h pour trois jours. Baisers. Nicole.

Serai aéroport Roissy 7 avril vol 321 pour 10 heures. Prière venir me chercher. Amitiés. Paul

Pour décommander un rendez-vous

Impossible venir samedi. Père malade. Lettre suit. Toutes mes excuses. Meilleures pensées. Thomas et Arlette.

Pour réparer une erreur

Commande vélo 412 B, remplacer couleur blanche par couleur bleue. Lefèvre. Niort

> Si vous écrivez à l'étranger, vous pouvez employer l'expression « care of » (aux bons soins de), sous la forme suivante :
> **Mrs. Chevalier**
> **c/o Mr. Jackson**

Pour appeler quelqu'un

Revenir immédiatement, mère souffrante. Serge.

Pour une commande

Me préparer coupons tissu. Prendrai livraison mercredi 16 heures. Jérôme Lantier.

Pour annoncer une nouvelle

Examen terminé. Ai bon espoir. Arriverai mardi soir. Baisers. Guy.

Pour demander un objet

Ai oublié clé jaune tiroir gauche bureau. Me l'envoyer. Urgent. Merci. Marcel.

Prière envoyer urgence joint culasse R 20. Garage Leblanc. Mirande. Gers.

Pour décommander

Attendre nouvel avis pour envoi semence. Legroux. Gaye. Marne.

> Il est possible, si l'on a mentionné ses nom et adresse sur l'envoi, de récupérer une lettre, un colis confiés à la poste et que l'on regrette d'avoir envoyé. Il faut remplir un formulaire à la poste et, si l'on a attendu plus de deux heures, payer le télégramme à envoyer au bureau de distribution.

Si cela est nécessaire, il faut inclure nom et adresse de l'expéditeur dans le texte du télégramme.

Il ne faut pas hésiter à utiliser le terme « stop » (point) si l'on craint d'être mal compris, comme dans le télégramme suivant où il est indispensable :

Impossible venir tous les deux stop mille regrets.

Les télégrammes peuvent être rédigés en français, en langues régionales, en langues étrangères, ou en langages faits de groupes de lettres sans accent ou de chiffres n'excédant pas cinq éléments.

Les **messages téléphonés** sont des messages analogues aux télégrammes mais transmis par téléphone, de l'expéditeur au bureau de poste (en appelant le 14). Ils doivent être rédigés en français et clairement énoncés. Ils ne sont pas acceptés pour les trop longues distances.

Les **radiotélégrammes** sont des messages envoyés par radio vers les pays lointains, les bateaux en mer, les avions.

39
Téléphone

Il faut toujours avoir un bloc et de quoi écrire près du téléphone.

1. Vous appelez :

a) *Un ami, un parent*

Ne pas téléphoner à une heure incongrue (pas trop tôt, pas pendant le spectacle télé). D'abord, s'assurer de l'identité du correspondant appelé :

    – Allô, c'est toi, Colette ?

et, après confirmation :

    – Ici, Julie. Bonjour.

    ou bien :

    – Allô, c'est bien M. Darnet ?

et après confirmation :

    – Ici Raoul Gretz. Bonjour Monsieur.

b) *Une administration, une entreprise*

Préparer les papiers et références qui peuvent être utiles dans la conversation. Téléphoner après 9 h 30 aux heures de bureau. Si le correspondant ne s'annonce pas :

    – Allô ! La Société Lefort ? (La Préfecture ?...)

• S'il y a une standardiste :

    – Ici, Jean Bernin. Je voudrais parler à Madame Michaud. Merci.

    ou bien :

    – Veuillez me passer le poste 48. Merci.

• L'interlocuteur obtenu, on s'annonce :

    – Ici, Jean Bernin. Bonjour.

• Il est bon de demander quelquefois si l'appel ne dérange pas. Ensuite, exposer sa demande le plus brièvement possible.

- La communication se termine par une salutation simple du genre :
  Au revoir.
  À bientôt.
  Au plaisir.
  Merci.

- Si la personne appelée est occupée, demander à quel moment on peut rappeler, à moins qu'elle ne propose de le faire.

Quand ils téléphonent,

les Français disent : *Allô !*	les Espagnols disent : *Oiga !*
les Anglais disent : *Hello !*	(s'ils appellent),
les Allemands, les Danois,	*Digame !* (s'ils répondent),
les Néerlandais,	les Portugais disent : *Está là !*
les Norvégiens disent : *Hallo !*	les Suédois disent : *Hallá !*
les Grecs disent : *Ebros !*	les Serbo-Croates disent : *Alo !*
les Italiens disent : *Pronto !*	les Arabes disent : *Na'am !*

2. On vous appelle

- Au téléphone, soyons souriants : cela s'entend.

- Si vous travaillez dans une entreprise, un organisme important, annoncez son nom ainsi :
  – Chantiers Dubos. Bonjour.
  ce qui évite les longs préliminaires d'identification.

- Si vous êtes chez vous, vous lancez le mot de contact :
  – Allô !
  et attendez les paroles de votre correspondant.

- Si le correspondant demande :
  – Monsieur Landry ?
  vous répondez :
  – Oui. C'est lui-même.

- Si c'est une autre personne que vous qui est demandée :
  – Un instant, je vous le passe.
  ou, prudemment :
  – Je vais voir s'il est là.

- On ajoutera, si le correspondant ne s'est pas annoncé :
  – De la part de qui ?

- Si votre interlocuteur a fait une erreur en vous appelant, il suffit de lui dire :
  – Il y a erreur. Vous êtes ici au 43.32.67.05.

Bien tenir à jour le carnet où sont inscrits les numéros de téléphone qui changent quelquefois (et changeront encore à cause de l'augmentation de la densité téléphonique).

Une affaire réglée par téléphone, si elle est importante, doit être confirmée sans retard par une lettre.

Si l'on a besoin d'épeler un nom propre, il faut utiliser l'alphabet de convention des téléphonistes des P.T.T. sur le territoire français :

A	Anatole	I	Irma	R	Raoul
B	Berthe	J	Joseph	S	Suzanne
C	Célestin	K	Kléber	T	Thérèse
D	Désiré	L	Louis	U	Ursule
E	Eugène	M	Marcel	V	Victor
É	Émile	N	Nicolas	W	William
F	François	O	Oscar	X	Xavier
G	Gaston	P	Pierre	Y	Yvonne
H	Henri	Q	Quintal	Z	Zoé

L'alphabet international d'épellation (avec la prononciation anglaise) est :

A	Alpha	I	India	R	Romeo
B	Bravo	J	Juliet	S	Sierra
C	Charlie	K	Kilo	T	Tango
D	Delta	L	Lima	U	Uniform
E	Écho	M	Mike	V	Victor
F	Fox-trot	N	November	W	Whisky
G	Golf	O	Oscar	X	X-ray
H	Hôtel	P	Papa	Y	Yankee
		Q	Québec	Z	Zulu

Afin d'éviter des erreurs, on peut, en téléphonant, préciser les chiffres et les nombres de la manière suivante :

1	... un tout seul	9	... cinq et quatre
2	... un et un	10	... deux fois cinq
6	... deux fois trois	13	... six et sept
7	... quatre et trois	16	... deux fois huit
8	... deux fois quatre	20	... deux fois dix

Appels téléphoniques en France

	à la région parisienne	à la province
de la région parisienne	8 chiffres	composer le 16 puis 8 chiffres
de la province	composer le 16, le 1 puis 8 chiffres	8 chiffres

Quelques conseils

Pour s'annoncer :
- Ici Pierre Hardy (dira un homme).
- Ici Madame Leroy (dira une femme).
- Ici Caroline Thibaud (dira une jeune fille).

Quand une communication téléphonique est accidentellement coupée :
- le demandé raccroche immédiatement et attend ;
- le demandeur rappelle son correspondant.

S'il y a erreur de correspondant, ne pas oublier de dire : « Je vous prie de m'excuser. »

Si, appelé au téléphone, vous décrochez et entendez une tonalité « bip-bip » rapide, ne raccrochez pas : votre correspondant appelle d'un poste public. Laissez-lui le temps d'effectuer les manœuvres nécessaires.

Si un correspondant annonce des numéros de téléphone groupés, n'appelez que le premier numéro ; les lignes suivantes seront automatiquement explorées.

On évitera de se servir du téléphone chez des amis ; si l'on y est obligé, on doit toujours offrir de régler la communication.

Si l'on ne veut pas être dérangé par le téléphone, il ne faut pas retirer le combiné de son support (ce qui risque de couper votre ligne), mais débrancher la prise téléphonique de son conjoncteur fixé au mur.

Feuilletez le début de l'annuaire du téléphone : vous y trouverez des renseignements très utiles, spécialement sur les tarifs téléphoniques (les heures les plus coûteuses étant les heures de bureau).

Il est très pratique d'avoir sur soi une Télécarte. Cette carte à mémoire, vendue dans les bureaux de tabac, les bureaux de poste et partout où est l'affichette « Télécarte en vente ici », permet de téléphoner dans les cabines Publiphone sans pièces de monnaie.

Le Minitel

Votre Minitel est placé près du téléphone. S'en servir est très simple :
1. Ouvrir le Minitel par la touche du sommet au milieu.

2. Allumer l'écran en enfonçant la touche en bas à droite sous l'écran (au-dessus du 3) : un voyant rouge marque que l'appareil est en circuit. Sur l'écran apparaît la lettre F.
3. Décrochez le combiné téléphonique.

a) Consultation de l'annuaire

Si vous désirez consulter l'annuaire (de toute la France), faites le 11 au combiné téléphonique et attendez.

Quand la tonalité fournit un son aigu, appuyez sur la touche du Minitel marquée « CONNEXION-FIN » : sur l'écran, la lettre C apparaît à la place de F.

Raccrochez le combiné téléphonique.

Suivez les instructions fournies par l'écran.

Vous inscrivez vos données par le clavier (analogue à celui d'une machine à écrire).

La touche « SUITE » vous fait passer à la ligne suivante.

La touche « RETOUR » vous ramène à la ligne précédente.

Vous pouvez effacer une erreur en vous servant de la touche « CORRECTION ».

Quand vos renseignements sont inscrits, appuyez sur ENVOI et vous obtenez la réponse. Sinon, suivez les instructions données en bas de l'écran.

b) Autres services du Minitel

Après mise en circuit, faites, au combiné téléphonique : 36.13 ou 36.14 ou 36.15.

Attendez la tonalité aiguë.

Appuyez à ce moment sur la touche « CONNEXION-FIN ».

Raccrochez le combiné qui ne sert plus.

Tapez au Minitel le code d'accès du service désiré. Suivez les indications.

Fin de service

Appuyez sur la touche « CONNEXION-FIN » et sur le poussoir au-dessus du 3. Fermez le Minitel.

Tarifs du Minitel

Les 3 premières minutes de consultation de l'annuaire électronique sont gratuites. Au-delà, il en coûte une unité de base toutes les 2 minutes.

Au service 36.13, le temps alloué pour une taxe de base est de 6, 9 ou 18 minutes selon le moment de la journée.

Au service 36.14, ce temps est de 2 minutes.

Au service 36.15, il n'est que de 45 secondes.

40
Communiquer

A moins d'être un anachorète, on éprouve le besoin impérieux de transmettre des messages. Cette communication, dont les agents vont du tam-tam au satellite spatial, devient nécessité dans le monde moderne.

On a observé qu'elle pouvait se faire par gestes, par sifflements, par cris, par la parole, par l'écrit, celle-ci étant la meilleure par sa précision et sa pérennité. C'est pourquoi nous avons besoin d'écrire des lettres et des rapports, de dessiner des projets et des plans.

Tous ces messages et ces écrits sont véhiculés par transmission directe ou par les moyens modernes mis à notre disposition. À côté de la poste, qui exerce en France une sorte de monopole dans les communications, se manifestent des poussées marginales (radios privées, émetteurs-récepteurs de voiture) qui attestent de ce besoin irrésistible de s'expliquer, de transmettre, de s'épancher.

La poste est bien connue, qui achemine lettres, cartes, mandats, télégrammes, etc., qui organise le téléphone grâce auquel nous conversons et réglons rapidement petits problèmes ou grandes affaires. Mais d'autres possibilités postales nous sont offertes :

Téléphone électronique à clavier. Autorise une plus grande rapidité de numérotation que le cadran classique. De plus, le clavier permet le réveil automatique, le détail de facturation, la numérotation abrégée (on remplace par 2 chiffres un numéro de 8 chiffres fréquemment appelé) ; l'appel à un correspondant occupé peut être enregistré et différé cependant que l'appelé reçoit l'indication d'un appel en instance. Cet appareil peut aussi renvoyer temporairement à un autre poste, identifier les appels malveillants et permettre la conférence additive à plusieurs interlocuteurs.

Amplificateur de réception téléphonique. Assure une meilleure audition du téléphone.

Détourneur. Envoie les appels téléphoniques sur un autre abonné à l'insu du demandeur.

Téléalarme. Appel de secours pour les personnes âgées ou invalides, disponible dans certaines localités (se renseigner en mairie).

Téléphone « mains libres ». Permet d'écouter et de parler à distance (par micro et haut-parleur) et de faire participer plusieurs personnes présentes à la conversation.

Répondeur téléphonique. Appareil qui remplace l'abonné au téléphone durant son absence. Le répondeur simple diffuse aux correspondants le message que l'on a enregistré. Le répondeur enregistreur donne en plus aux correspondants la possibilité de laisser un message. Il existe aussi un répondeur enregistreur à interrogation. Les répondeurs peuvent être loués ou achetés.

Radiotéléphone. Permet de communiquer de la voiture dans laquelle il est installé avec n'importe quel abonné au téléphone dans le monde entier, et même avec un autre véhicule équipé d'un radiotéléphone.

Eurosignal. Service public d'appel européen de personnes en déplacement. Quel que soit l'endroit où vous vous trouvez, il est possible de vous joindre par Eurosignal. Muni d'un léger récepteur sans fil, dans la poche, vous recevez un appel sonore et lumineux déclenché à partir d'un poste téléphonique quelconque. Ce signal doit avoir une signification convenue à l'avance (appel à un téléphone ; annulation de rendez-vous ; demande d'assistance ; etc.).

Télex. Ce service permet la liaison directe de deux abonnés pour l'échange de communication écrites télédactylographiées, 24 heures sur 24, chaque abonné disposant d'un appareil téléimprimeur (ou téléscripteur). Les entreprises importantes disposent d'une installation télex, mais il existe dans les grandes villes des postes publics télex à la disposition des usagers non abonnés à ce service. Un poste télex comporte un clavier du type AZERTY (machine à écrire). Il est très facile de devenir télexiste si l'on sait dactylographier. Le message est reçu imprimé, même en l'absence du destinataire. L'expéditeur dispose lui-même sa mise en page. Un télex peut être mis en communication avec un ordinateur qui devient alors l'interlocuteur direct. Un message télex portant la date, l'heure d'envoi et l'indicatif de l'expéditeur est un document de travail apprécié. L'émission peut être répétée à plusieurs destinataires, autant de fois qu'il est nécessaire.

Téléfax. Service qui permet, grâce à une simple ligne téléphonique, d'envoyer et de recevoir tout document en télécopie du format maximal de 21 × 29,7 cm. Téléfax, c'est le téléphone de l'écrit. Le télécopieur reproduit aussi bien les dessins, les textes que les photographies en demi-teinte. La transmission demande trois minutes (le système Transfax permet cette transmission en 40 secondes). Elle garantit contre les erreurs d'une description verbale, d'une copie manuelle fautive. La réception peut être manuelle (avec présence du correspondant appelé par téléphone) ou automatique (le correspondant étant absent). Le grand public peut utiliser Téléfax par les postes publics des grandes villes.

Les appareils décrits ci-dessus sont disponibles en location ou en vente. Il existe, comme pour le téléphone, un annuaire du télex, un annuaire Téléfax, etc.

Pour tous renseignements sur les commodités du téléphone (transfert d'appel avec renvoi temporaire à un autre poste, indication d'appel en instance, mémorisation du numéros, etc.), voir le début de l'annuaire ou appeler l'agence commerciale de votre circonscription (le 14 : appel gratuit).

Le système des télécommunications va se diversifiant et se perfectionnant avec l'association du téléphone et de la vidéo, avec la fibre optique, bien supérieure au fil métallique, qui transporte l'image et le son.

Ainsi, le vidéotexte est le passage sur un écran de télévision d'un texte imprimé acheminé par les réseaux téléphoniques, par les faisceaux hertziens ou les satellites géostationnaires. Chaque utilisateur dispose d'un terminal à clavier alphanumérique (avec lettres et chiffres) et a ainsi la télématique à domicile.

Le système baptisé Télétel en France, Prestel en Angleterre, associe au téléphone un poste de télévision couleur. Il permet d'interroger d'autres abonnés, des prestataires de services, des banques de données, d'obtenir des conseils, des précisions, des informations, les statistiques, la législation, la Bourse, la banque, les assurances, les bureaux de tourisme, les loisirs, l'édition, les transports, les petites annonces, la politique, le bricolage, les jeux. Le tout forme un tissu de relations et d'échanges par le dialogue : réservation de places pour un spectacle, commande chez un fournisseur, consultation de catalogue, de programme, vente par démarchage téléphonique, etc.

Ce qu'on appelle la bureautique (travail de bureau adapté à l'électronique) peut déborder dans le cadre des relations privées de correspondance : envoi de messages sur écran du domicile au bureau ; audioconférence (dialogue entre équipes éloignées) qui fait place à la visioconférence (ou téléconférence) où plusieurs participants éloignés débattent ensemble d'un sujet, leur image apparaissant sur l'écran quand ils parlent et la caméra cadrant automatiquement celui qui parle ; télétravail à domicile pour les secrétaires reliées par vidéo au bureau du patron ; machine à écrire corrigeant les fautes sans refaire toute une lettre, gardant un texte en mémoire ; courrier électronique, lecteurs optiques, imprimantes à laser ; introduction de l'informatique dans la maison par l'école ; machines à écrire à laquelle on dicte le courrier et qui traduit la parole humaine en texte imprimé ; etc.

Mais on aura toujours besoin, isolé de toute cette quincaille (le hardware des informaticiens), de prendre une feuille de papier pour faire parvenir un message à quelqu'un, d'écrire une lettre en somme.

41
Quelques lettres historiques

Comment Mme de Sévigné annonçait un mariage à son cousin

à M. de Coulanges, Lyon

À Paris, ce lundi 13 décembre 1670

Je m'en vais vous mander la chose la plus étonnante, la plus surprenante, la plus merveilleuse, la plus miraculeuse, la plus triomphante, la plus étourdissante, la plus inouïe, la plus singulière, la plus extraordinaire, la plus incroyable, la plus imprévue, la plus grande, la plus petite, la plus rare, la plus commune, la plus éclatante, la plus secrète jusqu'aujourd'hui, la plus brillante, la plus digne d'envie : enfin une chose dont on ne trouve qu'un exemple dans les siècles passés, encore cet exemple n'est-il pas juste ; une chose que l'on ne peut pas croire à Paris (comment la pourrait-on croire à Lyon ?) ; une chose qui fait crier miséricorde à tout le monde ; une chose qui comble de joie Mme de Rohan et Mme d'Hauterive ; une chose enfin qui se fera dimanche, et qui ne sera peut-être pas faite lundi. Je ne puis me résoudre à la dire ; devinez-la : je vous le donne en trois. Jetez-vous votre langue aux chiens ? Eh bien ! il faut donc vous la dire : M. de Lauzun épouse dimanche au Louvre, devinez qui ? Je vous le donne en quatre, je vous le donne en dix, je vous le donne en cent. Mme de Coulanges dit : Voilà qui est bien difficile à deviner ; c'est Mme de la Vallière. – Point du tout, Madame. – C'est donc Mlle de Retz ? – Point du tout, vous êtes bien provinciale. – Vraiment nous sommes bien bêtes, dites-vous, c'est Mlle Colbert. – Encore moins. – C'est assurément Mlle de Créquy. – Vous n'y êtes pas. Il faut donc à la fin vous le dire : il épouse dimanche, au Louvres, avec la permission du roi, Mademoiselle, Mademoiselle de... Mademoiselle... devinez le nom : il épouse Mademoiselle, ma foi ! par ma foi ! ma foi jurée ! Mademoiselle, la grande Mademoiselle ; Mademoiselle, fille de feu Monsieur ; Mademoiselle, petite-fille de Henri IV ; Mademoiselle d'Eu, Mademoiselle de Dombes, Mademoiselle de Montpensier, Mademoiselle d'Orléans ; Mademoiselle, cousine germaine du roi ; Mademoiselle, destinée au trône ; Mademoiselle, le seul parti de France qui fût digne de Monsieur. Voilà un beau sujet de discourir. Si vous criez, si vous êtes hors de vous-même, si vous dites que nous avons menti, que cela est faux, qu'on se moque de vous, que voilà une belle raillerie, que cela est bien fade à imaginer ; si enfin vous nous dites des injures : nous trouverons que vous avez raison ; nous en avons fait autant que vous. Adieu ; les lettres qui seront portées par cet ordinaire vous feront voir si nous disons vrai ou non.

Marie De Sévigné

Partant pour la campagne d'Italie, le général Bonaparte écrit à Joséphine qu'il a épousée trois semaines plus tôt

---

Nice, 10 germinal an IV
(31 mars 1796)

Je n'ai pas passé un jour sans t'aimer. Je n'ai pas passé un jour sans te serrer dans mes bras ; je n'ai pas pris une tasse de thé sans maudire la gloire et l'ambition qui me tiennent éloigné de l'âme de ma vie. Au milieu des affaires, à la tête des troupes, en parcourant les camps, mon adorable Joséphine est seule dans mon cœur, occupe mon esprit, absorbe ma pensée. Si je m'éloigne de toi avec la vitesse du torrent du Rhône, c'est pour te revoir plus vite. Si, au milieu de la nuit, je me lève pour travailler, c'est que cela peut avancer de quelques jours l'arrivée de ma douce amie, et cependant, dans ta lettre du 23, du 26 ventôse, tu me traites de vous. Vous toi-même ! Oh ! mauvaise, comment as-tu pu écrire cette lettre ? Qu'elle est froide ! Et puis, du 23 au 26, restent quatre jours ; qu'as-tu fait, puisque tu n'as pas écrit à ton mari ?... Oh ! mon amie, le vous et ces quatre jours me font regretter mon antique indifférence. Malheur à qui en serait la cause ! Puisse-t-il, pour peine et pour supplice, éprouver ce que la conviction et l'évidence (qui servit ton amie) me feraient éprouver. L'enfer n'a pas de supplice ! Ni les Furies de serpents ! Vous ! Vous ! ah ! que sera-ce dans quinze jours ? Mon âme est triste ; mon cœur est esclave, et mon imagination m'effraie... Tu m'aimes moins, tu seras consolée ; un jour, tu ne m'aimerais plus ; dis-le-moi, je saurai au moins mériter le malheur !...

Adieu, femme, tourment, bonheur, espérance et âme de ma vie, que j'aime, que je crains, qui m'inspire des sentiments tendres qui m'appellent à la nature et des mouvements impétueux aussi volcaniques que le tonnerre ! Je ne te demande ni amour éternel, ni fidélité, mais seulement une vérité, une franchise sans bornes. Le jour où tu dirais : je t'aime moins, sera le dernier de mon amour ou le dernier de ma vie. Si mon cœur était assez vil pour aimer sans retour, je le hacherais avec mes dents. Joséphine, Joséphine ! Souviens-toi de ce que je t'ai dit quelquefois : la nature m'a fait l'âme forte et décidée.

Elle t'a bâtie de dentelle et de gaze. As-tu cessé de m'aimer ? Pardon, âme de ma vie, mon âme est tendue sur de vastes combinaisons qui me rendent malheureux. Je suis ennuyé de ne pas t'appeler par ton nom. J'attends que tu me l'écrives. Adieu ! ah ! si tu m'aimes moins, tu ne m'auras jamais aimé. Je serais alors bien à plaindre.

Bonaparte

Comment Napoléon Ier annonçait la naissance de son fils à l'empereur d'Autriche, grand-père de l'enfant

Monsieur mon Frère et Beau-Père,

C'est avec une extrême sensibilité que je m'empresse d'informer Votre Majesté que l'Impératrice, ma très chère épouse, vient d'accoucher heureusement d'un Prince qui, par sa naissance, a reçu le titre de Roi de Rome.

Les liens qui m'unissent à Votre Majesté et l'intérêt qu'elle prend à ma satisfaction et à celle de ma bien aimée compagne me donnent l'intime confiance qu'elle partagera la joie que nous fait éprouver un événement aussi intéressant pour notre bonheur commun et pour celui de mes peuples.

Elle doit être persuadée que mes vœux préviennent tout ce qui pourra lui arriver d'heureux et que mon plus grand désir est de pouvoir la convaincre des sentiments de la sincère estime et de la tendre amitié que je lui ai voués.

Monsieur mon Frère et Beau-Père, de Votre Majesté le bon Frère et Gendre

Napoléon

20 mars 1811

Comment l'impératrice Marie-Louise annonça la mort de son fils à Letizia Bonaparte, grand-mère du défunt, Napoléon Ier étant mort

à Madame Mère à Rome,

Dans l'espoir d'adoucir l'amertume de la douloureuse nouvelle que je suis malheureusement dans le cas de vous annoncer, je n'ai voulu céder à personne le soin pénible de vous en faire part.

Dimanche 22 à 5 heures du matin, mon fils chéri, le duc de Reichstadt, a succombé à des longues et cruelles souffrances : j'ai eu la consolation d'être auprès de lui dans les derniers moments, et celle de pouvoir me convaincre que rien n'a été négligé pour le conserver en vie. Mais les secours de l'art ont été impuissants contre une maladie de poitrine que les médecins dès le principe ont unanimement jugée d'une nature si dangereuse qu'elle devait infailliblement conduire au tombeau mon malheureux fils, à l'âge où il donnait les plus belles espérances. Dieu en a disposé ! Il ne nous reste qu'à nous soumettre à sa volonté suprême, et à confondre nos regrets et nos larmes.

Agréez, Madame, dans cette douloureuse circonstance, l'expression des sentiments d'attachement et de considération que vous a voués votre affectionnée

Marie-Louise

Schönbrunn, le 23 juillet 1832

Comment madame Récamier répondait à une demande de renseignements[1]

Ce 17 mai

Je regrette, Monsieur, de n'être point en état de vous fournir pour l'intéressant ouvrage dont vous vous occupez, aucun des renseignements que vous me faites l'honneur de me demander.

Je n'ai jamais reçu madame Tallien chez moi ; je n'ai jamais été reçue chez elle. Entrée après elle dans le monde et quand déjà sa beauté lui avait donné une grande célébrité, nous n'avons eu ni la même société ni les mêmes amis, et ce n'est que dans des fêtes ou des lieux publics que nous nous sommes trouvées réunies.

Vous ne serez donc point étonné que je n'ai jamais possédé son portrait.

Veuillez agréer, Monsieur, les assurances de ma haute considération.

J. Récamier

1. Lettre inédite, propriété de l'auteur.

Lettre d'amour de Juliette Drouet à Victor Hugo

Mon bien aimé Victor, je suis encore toute émue de notre soirée d'hier… Hier, 3 juillet 1834, à dix heures et demie du soir, dans l'auberge de l'Ecu-de-France, moi, Juliette, j'ai été la plus heureuse et la plus fière des femmes de ce monde ; je déclare encore que, jusque-là, je n'avais pas senti dans toute sa plénitude le bonheur de t'aimer et d'être aimée de toi. Cette lettre, qui a toute la forme d'un procès-verbal, est en effet un acte qui constate l'état de mon cœur. Cet acte, fait aujourd'hui, doit servir pour tout le reste de ma vie dans le monde ; le jour, l'heure et la minute où il me sera représenté, je m'engage à remettre ledit cœur dans le même état où il est aujourd'hui, c'est-à-dire rempli d'un seul amour qui est le tien et d'une seule pensée qui est la tienne.

Fait à Paris, le 4 juillet 1834, à trois heures de l'après-midi.

Juliette

Ont signé pour témoins les mille baisers dont j'ai couvert cette lettre.

Vingt-deux ans après, alors que leur amour datait de trente et un ans, et Victor Hugo en exil ayant cinquante-quatre ans, il écrivait à Juliette

17 février 1856

Quand j'écris à cette date, je laisse aller ma pensée devant moi ; je laisse faire ma plume ; je sais bien qu'elle ne peut rien tirer de mon souvenir qui ne soit toi, et de mon espérance qui ne soit toi. Toute mon âme se fond en amour. Que je regarde en avant ou en arrière, je te vois, étoile ! Tu brilles sur ma jeunesse qui est passée ; tu rayonnes sur ma tombe qui est ouverte.

Tous les soirs, Dieu le sait, je le prie en pensant à toi ; je lui demande qu'il efface mes fautes, nos fautes ; je lui demande qu'il nous fasse mourir ensemble ou si près l'un de l'autre que ce soit comme ensemble ; je lui demande qu'immédiatement après cette douce mort, nous nous retrouvions, nous aimant, et à jamais réunis, avec ceux qui nous aiment, dans son éternité bien heureuse. Quelle que soit l'infirmité humaine, je me tourne vers Dieu avec une confiance profonde, car il y a un pont entre lui et moi, la foi ; et c'est sans réserve que je me fie à lui, car je sens en lui l'infini et je sens en moi l'amour.

Ma bien aimée, tu apparais à ma pensée sous la double forme de mon bonheur pour ce monde et de ma prière pour l'autre. Je t'aime.

Victor

Simple billet à Juliette

1er janvier 1857

Cette lettre n'est pas une lettre ; ce n'est qu'un mot ; mais ce mot, tout court qu'il est, mon doux ange, renferme un baiser long comme la vie et un amour long comme l'éternité.

Victor

Quand Lamartine, ruiné, sollicitait ses amis pour obtenir une souscription à ses œuvres[1]

Paris, le 20 juin 1862

Monsieur,

J'ai tenté un emprunt littéraire ; il n'a pas été rempli. Je reviens avec confiance à mon travail qui ne m'a jamais trompé. Vous en trouverez ci-joint les conditions modifiées de manière à ce que le prix en soit insensible.

Je n'ignore pas ce qu'il y a d'inusité et d'étrange dans le mode que j'emploie auprès de vous ; il peut paraître à la fois ou trop présomptueux ou trop humble à un écrivain d'engager lui-même à l'acquisition de ses œuvres. Je le fais cependant parce que cette inconvenance apparente et très pénible est pour moi un devoir absolu imposé par des causes qui n'ont rien que d'honorable et qui se justifieront d'elles-mêmes. Je n'ai pas d'autre moyen digne de vous et de moi de payer ma dette à ceux qui souffrent de mon insolvabilité présente. Je dois les satisfaire avant de mourir avec le prix de toutes les lignes que j'ai écrites dans ma laborieuse vie.

Puisse ce motif vous encourager à me seconder dans mon travail en y souscrivant, ne pensez pas à moi, pensez à l'objet de mes efforts ; que mes œuvres soient appelées à occuper dans votre bibliothèque une place à part, indépendante de leur mérite, la place qui vous retrace à vous-même le souvenir d'un bienveillant concours et d'un généreux désintéressement.

Al. de Lamartine

1. Lettre inédite, propriété de l'auteur.

Sous l'Occupation, au moment d'être fusillé, un résistant écrit la dernière lettre

Lyon, le 21 décembre 1943

Ma Chère Femme,

Je t'écris ces derniers mots avant de mourir, car dans un instant, je serai mis à mort. Sois forte ma chérie et pense que je meurs pour la France.

Il est dur de mourir sans vous embrasser toutes les trois, mais jusqu'au dernier moment vos chers visages seront devant moi et cela me rendra plus fort encore.

Je te demande pardon de tout le mal que j'ai pu te faire, ainsi qu'à tout le monde.

Tu préviendras Maman, ainsi que les amis.

Sois forte ma chère petite et relève bien haut la tête en pensant à moi.

Adieu... chère petite femme aimée, et crois-moi, car on ne ment pas devant la mort, vous étiez tout pour moi. Embrasse bien Jeanne et ma petite Raymonde.

Reçois de celui qui meurt en pensant à vous tous, ses plus tendres baisers.

Adieu... pour toujours.

Vive la France.   Riquet

(Un heure après, Henri Courageot était fusillé.)

42
Annexes

1. Adresses d'organismes officiels

Présidence de la République
Palais de l'Élysée   75800 PARIS

Premier Ministre
Hôtel Matignon, 57, rue de Varenne   75700 PARIS

Ministère de l'Intérieur
Place Beauvau   75800 PARIS

Ministère de la Justice
13, place Vendôme   75042 PARIS Cedex 01

Ministère des Affaires étrangères
37, quai d'Orsay   75700 PARIS

Ministère de la Défense
14, rue Saint-Dominique   75700 PARIS

Ministère de l'Éducation nationale
110, rue de Grenelle   75700 PARIS Cedex 07

Ministère de l'Agriculture
78, rue de Varenne   75700 PARIS

Ministère du Commerce extérieur
41, quai Branly   75700 PARIS

Ministère de l'Économie et des Finances
93, rue de Rivoli   75056 PARIS R.P.

Ministère des Départements et Territoires d'outre-mer
27, rue Oudinot   75007 PARIS

Ministère de l'Industrie
101, rue de Grenelle   75700 PARIS

Ministère du Commerce et de l'Artisanat
80, rue de Lille   75007 PARIS

Ministère de la Culture
3, rue de Valois   75042 PARIS Cedex 01

Ministère de la Solidarité et de la Santé
100, avenue Raymond-Poincaré   75016 PARIS

Ministère des Postes et Télécommunications
20, avenue de Ségur   75700 PARIS

Ministère des Transports
55, avenue Kléber   75016 PARIS

Ministère du Travail et de l'Emploi
1, place Fontenoy   75007 PARIS

Secrétariat d'État à la Mer
3, place Fontenoy   75700 PARIS

Secrétariat d'État aux Anciens Combattants
36, rue de Bellechasse   75700 PARIS

Assemblée nationale
126, rue de l'Université   75356 PARIS Cedex 07

Sénat
15, rue de Vaugirard   75291 PARIS Cedex 06

Conseil économique et social
1, avenue d'Iéna   75775 PARIS Cedex 16

Journal officiel
(On peut s'y procurer un numéro du Journal officiel ou seulement un texte de loi, soit directement, soit par correspondance.)
26, rue Desaix   75015 PARIS
Il est d'autres ministères dont les dénominations et adresses, fluctuantes, peuvent être demandées au Minitel.

Adresse des centres régionaux de redevance de la télévision
LILLE : Centre de redevance :
   B.P. 625   59024   Lille Cedex
LYON : Centre de redevance
   12, rue des Cuirassiers   69439 Lyon Cedex 03
RENNES : Centre de redevance :
   2021 X   35046 Rennes Cedex
STRASBOURG : Centre de redevance :
   B.P. 427   67094 Strasbourg Cedex
TOULOUSE : Centre de redevance :
   19, place des Carmes   31092 Toulouse Cedex
ST-DENIS : Centre de redevance :
   13, rue Félix-Guyon   97489 St-Denis Cedex (Réunion)
FORT-DE-FRANCE : Centre de redevance :
   2, bd Allègre B.P. 504   97205 Fort-de-France Cedex (Martinique)

2. Départements français

– Les départements sont classés dans un ordre alphabétique rigoureux.
– Pour avoir l'adresse des organismes cités, consulter l'annuaire téléphonique à la ville en question.
 (Les adresses des centres de redevance de la télévision sont indiquées à la page qui précède.)

| Selon votre département | | | Voici votre | | | | |
Nom	N°	Chef-lieu (préfecture et hôtel du département)	Académie Rectorat	Bureau de recrutement	Caisse régionale de Sécurité sociale	Centre de redevance télévision	Région économique
Ain	01	Bourg en Bresse	Lyon	Lyon	Lyon	Lyon	Rhônes-Alpes
Aisne	02	Laon	Amiens	Valenciennes	Lille	Lille	Picardie
Allier	03	Moulins	Clermont-Ferrand	Lyon	Clermont-Ferrand	Lyon	Auvergne
Alpes-de-Haute-Provence	04	Digne	Aix en Provence et Nice	Marseille	Marseille	Toulouse	Provence-Côte d'Azur
Alpes-Maritimes	06	Nice	Nice	Marseille	Marseille	Toulouse	Provence-Côte d'Azur
Ardèche	07	Privas	Grenoble	Lyon	Lyon	Lyon	Rhône-Alpes
Ardennes	08	Charleville-Mézières	Reims	Nancy	Nancy	Strasbourg	Champagne-Ardennes
Ariège	09	Foix	Toulouse	Toulouse	Toulouse	Toulouse	Midi-Pyrénées
Aube	10	Troyes	Reims	Nancy	Nancy	Strasbourg	Champagne-Ardennes
Aude	11	Carcassonne	Montpellier	Marseille	Montpellier	Toulouse	Languedoc-Roussillon
Aveyron	12	Rodez	Toulouse	Toulouse	Toulouse	Toulouse	Midi-Pyrénées

| Selon votre département | | Voici votre | | | | | |
Nom	N°	Chef-lieu (préfecture et hôtel du département)	Académie Rectorat	Bureau de recrutement	Caisse régionale de Sécurité sociale	Centre de redevance télévision	Région économique
Bas-Rhin	67	Strasbourg	Strasbourg	Strasbourg	Strasbourg	Strasbourg	Alsace
Belfort (voir « Territoire »)							
Bouches-du-Rhône	13	Marseille	Aix-en-Provence	Marseille	Marseille	Toulouse	Provence-Côte d'Azur
Calvados	14	Caen	Caen	Rennes	Rouen	Rennes	Basse-Normandie
Cantal	15	Aurillac	Clermont-Ferrand	Lyon	Clermont-Ferrand	Lyon	Auvergne
Charente	16	Angoulême	Poitiers	Poitiers	Limoges	Toulouse	Poitou-Charentes
Charente-Maritime	17	La Rochelle	Poitiers	Poitiers	Limoges	Toulouse	Poitou-Charentes
Cher	18	Bourges	Orléans	Orléans	Orléans	Lyon	Centre
Corrèze	19	Tulle	Limoges	Poitiers	Limoges	Toulouse	Limousin
Corse-du-Sud	20	Ajaccio	Ajaccio	Ajaccio	Marseille	Toulouse	Corse
Côte-d'Or	21	Dijon	Dijon	Dijon	Dijon	Lyon	Bourgogne
Côtes-du-Nord	22	Saint-Brieuc	Rennes	Rennes	Rennes	Rennes	Bretagne
Creuse	23	Guéret	Limoges	Poitiers	Limoges	Toulouse	Limousin
Deux-Sèvres	79	Niort	Limoges	Poitiers	Limoges	Toulouse	Poitou-Charentes
Dordogne	24	Périgueux	Bordeaux	Poitiers	Bordeaux	Toulouse	Aquitaine
Doubs	25	Besançon	Besançon	Dijon	Dijon	Lyon	Franche-Comté
Drôme	26	Valence	Grenoble	Lyon	Lyon	Lyon	Rhône-Alpes
Essonne	91	Évry	Versailles	Versailles	Paris	Rennes	Ile-de-France
Eure	27	Évreux	Rouen	Valenciennes	Rouen	Lille	Haute-Normandie

Département		Chef-lieu					Région
Eure-et-Loir	28	Chartres	Orléans	Orléans	Orléans	Rennes	Centre
Finistère	29	Quimper	Rennes	Rennes	Rennes	Rennes	Bretagne
Gard	30	Nîmes	Montpellier	Marseille	Montpellier	Toulouse	Languedoc-Roussillon
Gers	32	Auch	Toulouse	Toulouse	Toulouse	Toulouse	Midi-Pyrénées
Gironde	33	Bordeaux	Bordeaux	Poitiers	Bordeaux	Toulouse	Aquitaine
Haute-Corse	20	Bastia	Ajaccio	Ajaccio	Marseille	Toulouse	Corse
Haute-Garonne	31	Toulouse	Toulouse	Toulouse	Toulouse	Toulouse	Midi-Pyrénées
Haute-Loire	43	Le Puy	Clermont-Ferrand	Lyon	Clermont-Ferrand	Lyon	Auvergne
Haute-Marne	52	Chaumont	Reims	Nancy	Nancy	Strasbourg	Champagne-Ardennes
Hautes-Alpes	05	Gap	Aix-en-Provence	Marseille	Marseille	Toulouse	Provence-Côte d'Azur
Haute-Saône	70	Vesoul	Besançon	Dijon	Dijon	Lyon	Franche-Comté
Haute-Savoie	74	Annecy	Grenoble	Lyon	Lyon	Lyon	Rhônes-Alpes
Hautes-Pyrénées	65	Tarbes	Toulouse	Toulouse	Toulouse	Toulouse	Midi-Pyrénées
Haute-Vienne	87	Limoges	Limoges	Poitiers	Limoges	Toulouse	Limousin
Haut-Rhin	68	Colmar	Strasbourg	Strasbourg	Strasbourg	Strasbourg	Alsace
Hauts-de-Seine	92	Nanterre	Versailles	Versailles	Paris	Rennes	Ile-de-France
Hérault	34	Montpellier	Montpellier	Marseille	Montpellier	Toulouse	Languedoc-Roussillon
Ille-et-Vilaine	35	Rennes	Rennes	Rennes	Rennes	Rennes	Bretagne
Indre	36	Châteauroux	Orléans	Orléans	Orléans	Rennes	Centre
Indre-et-Loire	37	Tours	Orléans	Orléans	Orléans	Rennes	Centre
Isère	38	Grenoble	Grenoble	Lyon	Lyon	Lyon	Rhône-Alpes
Jura	39	Lons-le-Saunier	Besançon	Dijon	Dijon	Lyon	Franche-Comté
Landes	40	Mont-de-Marsan	Bordeaux	Poitiers	Bordeaux	Toulouse	Aquitaine
Loir-et-Cher	41	Blois	Orléans	Orléans	Orléans	Rennes	Centre

| Selon votre département | | Voici votre | | | | | |
Nom	N°	Chef-lieu (préfecture et hôtel du département)	Académie Rectorat	Bureau de recrutement	Caisse régionale de Sécurité sociale	Centre de redevance télévision	Région économique
Loire	42	Saint-Étienne	Lyon	Lyon	Lyon	Lyon	Rhône-Alpes
Loire-Atlantique	44	Nantes	Nantes	Rennes	Nantes	Rennes	Pays de la Loire
Loiret	45	Orléans	Orléans	Orléans	Orléans	Rennes	Centre
Lot	46	Cahors	Toulouse	Toulouse	Toulouse	Toulouse	Midi-Pyrénées
Lot-et-Garonne	47	Agen	Bordeaux	Poitiers	Bordeaux	Toulouse	Aquitaine
Lozère	48	Mende	Montpellier	Marseille	Montpellier	Toulouse	Languedoc-Roussillon
Maine-et-Loire	49	Angers	Nantes	Rennes	Nantes	Rennes	Pays de la Loire
Manche	50	Saint-Lô	Caen	Rennes	Rouen	Rennes	Basse-Normandie
Marne	51	Châlons-sur-Marne	Reims	Nancy	Nancy	Strasbourg	Champagne-Ardennes
Mayenne	53	Laval	Nantes	Rennes	Nantes	Rennes	Pays de la Loire
Meurthe-et-Moselle	54	Nancy	Nancy	Nancy	Nancy	Strasbourg	Lorraine
Meuse	55	Bar-le-Duc	Nancy	Nancy	Nancy	Strasbourg	Lorraine
Morbihan	56	Vannes	Rennes	Rennes	Rennes	Rennes	Bretagne
Moselle	57	Metz	Nancy	Strasbourg	Strasbourg	Strasbourg	Lorraine
Nièvre	58	Nevers	Dijon	Dijon	Dijon	Lyon	Bourgogne
Nord	59	Lille	Lille	Valenciennes	Lille	Lille	Nord
Oise	60	Beauvais	Amiens	Valenciennes	Lille	Lille	Picardie
Orne	61	Alençon	Caen	Rennes	Rouen	Rennes	Basse-Normandie
Paris	75	Paris	Paris	Paris	Paris	Rennes	Ile-de-France

Département							Région
Pas-de-Calais	62	Arras	Lille	Valenciennes	Lille	Lille	Nord
Puy-de-Dôme	63	Clermont-Ferrand	Clermont-Ferrand	Lyon	Clermont-Ferrand	Clermont-Ferrand	Auvergne
Pyrénées-Atlantiques	64	Pau	Bordeaux	Poitiers	Bordeaux	Toulouse	Aquitaine
Pyrénées-Orientales	66	Perpignan	Montpellier	Marseille	Montpellier	Toulouse	Languedoc-Roussillon
Rhône	69	Lyon	Lyon	Lyon	Lyon	Lyon	Rhône-Alpes
Saône-et-Loire	71	Mâcon	Dijon	Dijon	Dijon	Lyon	Bourgogne
Sarthe	72	Le Mans	Nantes	Rennes	Nantes	Rennes	Pays de la Loire
Savoie	73	Chambéry	Grenoble	Lyon	Lyon	Lyon	Rhône-Alpes
Seine-et-Marne	77	Melun	Créteil	Paris	Paris	Rennes	Ile-de-France
Seine-Maritime	76	Rouen	Rouen	Valenciennes	Rouen	Lille	Haute-Normandie
Seine-Saint-Denis	93	Bobigny	Créteil	Paris	Paris	Rennes	Ile-de-France
Somme	80	Amiens	Amiens	Valenciennes	Lille	Lille	Picardie
Tarn	81	Albi	Toulouse	Toulouse	Toulouse	Toulouse	Midi-Pyrénées
Tarn-et-Garonne	82	Montauban	Toulouse	Toulouse	Toulouse	Toulouse	Midi-Pyrénées
Territoire de Belfort	90	Belfort	Besançon	Dijon	Dijon	Lyon	Franche-Comté
Val-de-Marne	94	Créteil	Créteil	Paris	Paris	Rennes	Ile-de-France
Val-d'Oise	95	Cergy	Versailles	Versailles	Paris	Rennes	Ile-de-France
Var	83	Toulon	Nice	Marseille	Marseille	Toulouse	Provence-Côte d'Azur
Vaucluse	84	Avignon	Aix-en-Provence	Marseille	Marseille	Toulouse	Provence-Côte d'Azur
Vendée	85	La Roche-sur-Yon	Nantes	Rennes	Nantes	Rennes	Pays de la la Loire
Vienne	86	Poitiers	Poitiers	Poitiers	Limoges	Toulouse	Poitou-Charentes
Vosges	88	Épinal	Nancy	Nancy	Nancy	Strasbourg	Lorraine
Yonne	89	Auxerre	Dijon	Dijon	Dijon	Lyon	Bourgogne
Yvelines	78	Versailles	Versailles	Versailles	Paris	Rennes	Ile-de-France

Selon votre département

Voici votre

Nom	N°	Chef-lieu (préfecture et hôtel du département)	Académie Rectorat	Bureau de recrutement	Caisse régionale de Sécurité sociale	Centre de redevance télévision	Région économique
Départements d'outre-mer							
Guadeloupe	971	Basse-Terre	Fort-de-France	Pointe-à-Pitre	Fort-de-France	Fort-de-F.	
Guyane	973	Cayenne	Fort-de-France	Cayenne	Fort-de-France	Fort-de-F.	
Martinique	972	Fort-de-France	Fort-de-France	Fort-de-F.	Fort-de-France	Fort-de-F.	
Réunion	974	Saint-Denis-de-la-Réunion	Aix-en-Provence	Saint-Denis	Saint-Denis	Saint-Denis	

– Les territoires d'outre-mer ont leur académie et leur bureau de recrutement à Nouméa et Papeete.
– Les Français de l'étranger ont leur bureau de recrutement à Perpignan.

3. Grades militaires

	Terre-Air	Mer
	maréchal de France	
Officiers supérieurs	général d'armée général de corps d'armée général de division général de brigade colonel lieutenant-colonel	amiral amiral d'escadre vice-amiral contre-amiral capitaine de vaisseau capitaine de frégate
Officiers	commandant (chef de bataillon ou d'escadrons) capitaine lieutenant sous-lieutenant aspirant	capitaine de corvette lieutenant de vaisseau enseigne de 1re classe enseigne de 2e classe aspirant
Sous-officiers	adjudant-chef adjudant sergent-major (maréchal des logis-major) sergent-chef (maréchal des logis-chef) sergent de carrière (maréchal des logis de carrière) sergent (maréchal des logis)	maître principal premier maître maître second maître de 1re classe second maître de 2e classe
Hommes du rang Marins	caporal-chef (brigadier-chef) caporal (brigadier) soldat de 1re classe soldat	quartier-maître de 1re classe quartier-maître de 2e classe matelot breveté matelot

4. Franchise postale

Sont admises en franchise (sans timbre) les correspondances non recommandées dont les destinataires sont :
- le président de la République
- le président de l'Assemblée nationale
- le président du Sénat
- les ministres

- les secrétaires d'État
- le médiateur
- le prince de Monaco
- le ministre d'État de la principauté de Monaco
- le commandant de la place de Paris
- le commissaire du gouvernement près le Conseil des prises
- le directeur général des impôts
- le directeur général des douanes et droits indirects
- le directeur général des manufactures de l'État
- le directeur de l'Administration des monnaies et médailles
- le directeur général de l'Office national des forêts
- le directeur général de la Caisse des dépôts et consignations
- les directeurs des stations météorologiques agricoles
- les directeurs des stations d'avertissement agricoles
- le grand chancelier de la Légion d'honneur, chancelier de l'ordre du Mérite
- le grand chancelier de l'ordre de la Libération
- le gouverneur militaire de Paris
- le gouverneur militaire de Lyon
- les délégués à la liberté surveillée
- les juges aux affaires matrimoniales
- les juges de l'application des peines
- les juges des enfants
- les juges d'instruction
- les magistrats chargés de l'accueil
- le préfet de police de Paris
- le président de la commission chargée d'établir les listes des candidatures aux bureaux de tabac
- le président du Conseil des prises
- le président du Conseil constitutionnel
- le président de la Cour supérieure d'arbitrage
- le président de la section du contentieux du Conseil d'État
- le président de la Commission spéciale de cassation adjointe au Conseil d'État
- le premier président des Cours d'appel
- le premier président de la Cour des comptes
- le premier président de la Cour de cassation
- le premier président de la Haute Cour de justice
- les présidents des tribunaux de grande instance
- le procureur général de la Cour de cassation
- le procureur général de la Cour des comptes
- le procureur général de la Haute Cour de justice
- le secrétaire général du Conseil d'État
- le secrétaire général du Conseil constitutionnel
- le vice-président du Conseil d'État

et pour les correspondances déposées dans le ressort de leur autorité :

- le maire de Paris
- le préfet de la région

Sont également admis en franchise :
- les envois aux centres de chèques postaux
- les envois aux prisonniers de guerre et internés civils
- les envois de messages spéciaux en relief pour aveugles (cécogrammes).

Depuis le 1er avril 1986, les envois aux divers organismes de la Sécurité sociale ne bénéficient plus de la franchise postale.

5. Les tribunaux français

En justice civile (réglement des conflits)	En justice pénale (punition des fautes)	Siège
Tribunal d'instance	Tribunal de police (pour les contraventions)	Chef-lieu d'arrondissement ou de canton
Tribunal de grande instance	Tribunal correctionnel (pour les délits)	Chef-lieu de département ou d'arrondissement
Cour d'appel		Région (29 en France)
	Cour d'assises (pour les crimes)	Chef-lieu de département
Cour de cassation		Paris

En outre, il existe pour les particuliers :

- le juge des tutelles (auprès du tribunal d'instance) ;
- le juge des référés, le juge des loyers (auprès du tribunal de grande instance) ;
- les tribunaux de commerce ;
- les conseils de prudhommes ;
- les tribunaux d'enfants ;
- les commissions de la Sécurité sociale ;
- les tribunaux paritaires des baux ruraux ;
- les tribunaux administratifs ;
- les tribunaux militaires ;
- le Conseil d'État.

Compétence des tribunaux

Pour	Il faut s'adresser au
S'opposer à l'État au sujet : – d'un changement d'affectation ; – d'un licenciement ; – d'une pension ; – d'une imposition ; – d'un marché conclu avec l'État ; – d'un préjudice subi par la faute d'un fonctionnaire (accident sur la voie publique dû à un manque de signalisation, par exemple).	Tribunal administratif
S'opposer à l'État en appel d'une décision du tribunal administratif ; en annulation ou interprétation d'un décret, d'un arrêté ministériel, d'un acte administratif.	Conseil d'État
S'opposer à l'État parce qu'un service public n'a pas fonctionné confor- mément à sa mission et qu'il n'a pas pu régler le différend qui en a résulté.	Médiateur (par un parlementaire)
Opposition au conjoint dans la conduite du ménage ; Émancipation d'un enfant ; Désignation d'un tuteur ; Problèmes d'éducation.	Juge des tutelles
Expropriation	Juge de l'expropriation (tribunal de grande instance)
Différends au sujet de la Sécurité sociale (remboursements, pension, retraites).	Commission de première instance de la Sécurité sociale et de la Mutualité sociale agricole
Différends dans la vie professionnelle (litiges avec l'employeur, contrat de travail).	Conseil des prud'hommes
Affaires commerciales (traites, dépôts de bilans, liquidation de biens, litige avec des fournisseurs).	Tribunal de commerce

'Pour	Il faut s'adresser au
Bail de location (augmentation, refus de partir) ; Litige inférieur à 30 000 F (par exemple, prêt non rendu) ; Pension alimentaire ; revalorisation de rente viagère ; Problèmes de voisinage, de bornage ; diffamation, injures.	Tribunal d'instance
Baux ruraux	Tribunal paritaire des baux ruraux (tribunal d'instance)
Litige supérieur à 30 000 F ; État civil (filiation, divorce) ; Plainte pour une infraction.	Tribunal de grande instance
Dégradation à un immeuble	Juge des référés (tribunal de grande instance)
Révision du prix d'un bail commercial	Juge des baux commerciaux (tribunal de grande instance)

6. Abréviations

A.F.	Allocations familiales
A.F.P.A.	Association pour la formation professionnelle des adultes
A.G.I.R.C.	Association générale des institutions de retraite des cadres
A.I.	Altesse Impériale
A.N.P.E.	Agence nationale pour l'emploi
A.O.C.	Appellation d'origine contrôlée
A.P.L.	Aide personnalisée au logement
A.R.	Altesse Royale / Accusé de réception
A.R.R.C.O.	Association des régimes de retraite complémentaire
A.S.S.E.D.I.C.	Association pour l'emploi dans le commerce et l'industrie
av.	avenue
bd	boulevard
B.D.	Bande dessinée
B.E.P.	Brevet d'études professionnelles
B.O.	Bulletin officiel
B^{on}	Baron
B^{onne}	Baronne
B.P.F.	Bon pour francs
B.T.S.	Brevet de technicien supérieur
C.A.F.	Caisse d'allocations familiales / Coût-assurance-fret
C.A.P.	Certificat d'aptitude professionnelle
c/c	Compte courant
C.C.P.	Compte chèques postaux

413

C.E.A.	Confédération européenne de l'agriculture
C.E.E.	Communauté économique européenne
cf.	*confer* (voir à)
ch.	chemin
C.I.C.A.S.	Centre d'information et de coordination de l'action sociale
Cie	Compagnie
C.N.E.D.	Centre national d'enseignement à distance
c/o	*care of* (aux bons soins de)
Co	*Company* (compagnie)
C.O.S.	Coefficient d'occupation des sols
C.R.O.U.S.	Centre régional des œuvres universitaires et scolaires
Cte	Comte
Ctesse	Comtesse
C.V.	Cheval-vapeur fiscal
D.E.U.G.	Diplôme d'études universitaires générales
d°	*dito* (ce qui est déjà dit)
D.O.M.	Département d'outre-mer
D.P.L.G.	Diplômé par le gouvernement
D^r	Docteur
D^rs	Docteurs
E.D.F.	Électricité de France
Esq.	*Esquire* : titre anglais
etc.	*et caetera* (et la suite)
Ets	Établissements
E.V.	En ville
F.	Frère
F^co	Franco
fg	faubourg
F.M.	Fréquence modulée
F.N.S.	Fonds national de solidarité
F.P.A.	Formation professionnelle des adultes
G.D.F.	Gaz de France
G.I.C.	Grand invalide civil
G.I.G.	Grand invalide de guerre
H.F.	Haute fréquence / Haute fidélité
H.L.M.	Habitation à loyer modéré
H.S.	Hors service
H.T.	Hors taxes
ibid.	*ibidem* (au même endroit)
id.	*idem* (de même)
imp.	impasse
I.N.C.	Institut national de la consommation
infra	ci-dessous
I.N.S.E.E.	Institut national de la statistique et des études économiques
I.R.P.P.	Impôt sur le revenu des personnes physiques
I.U.T.	Institut universitaire de technologie
I.V.D.	Indemnité viagère de départ
J.O.	Journal officiel
LL.AA.	Leurs Altesses
LL.EEm.	Leurs Éminences
loc. cit.	*loco citato* (à l'endroit cité)

M.	Monsieur
M^e	Maître
M^{es}	Maîtres
Mgr	Monseigneur
Mis	Marquis
M^{ise}	Marquise
MM.	Messieurs
Mlle	Mademoiselle
Mlles	Mesdemoiselles
Mme	Madame
Mmes	Mesdames
Mr.	*Mister* (Monsieur)
Mrs.	*Mistress* (Madame)
N.B.	*Nota bene* (notez bien)
N.-D.	Notre-Dame
N/réf.	Notre référence
N.-S. J.-C.	Notre-Seigneur Jésus-Christ
N. S.-P.	Notre Saint-Père
O.N.I.S.E.P.	Office national d'information sur les enseignements et les professions
op.	*opus* (ouvrage)
op. cit.	*opere citato* (dans l'ouvrage cité)
Orsec	Organisation des secours
O.S.	Ouvrier spécialisé
P.	Père
pass.	passage
P.c.c.	Pour copie conforme
P.C.V.	A percevoir
P.-D.G.	Président-directeur général
pH	potentiel hydrogène (acidité)
P.J.	Pièces jointes / Police judiciaire
pl.	place
P.M.E.	Petites et moyennes entreprises
P.M.I.	Petites et moyennes industries
P.N.B.	Produit national brut
P.o.	Par ordre
P.O.S.	Plan d'occupation des sols
P.T.T.	Poste télégraphe téléphone
P.p.c.	Pour prendre congé
P^r	Professeur
P.R.	Poste restante
P.-S.	*Post-scriptum* (écrit après)
P.V.	Petite vitesse
P.-V.	Procès-verbal
Q.I.	Quotient intellectuel
R	Recommandé
R.A.T.P.	Régie autonome des transports parisiens
R.C.	Registre de commerce
rd-pt	rond-point
Réf.	Référence
R.G.	Renseignements généraux

R.N.	Route nationale
r°	recto
R.P.	Révérend père / Réponse payée
R.S.V.P.	Répondez s'il vous plaît
rte	route
S.A.	Société anonyme / Son Altesse
S.A.I.	Son Altesse Impériale
S.A.R.	Son Altesse Royale
S.A.S.	Son Altesse Sérénissime
S.A.M.U.	Service d'aide médicale d'urgence
S.A.R.L.	Société anonyme à responsabilité limitée
S.E.	Son Excellence : ambassadeur, ministre
S.Em.	Son Éminence : cardinal
Sernam	Service national des messageries
S.Exc.	Son Excellence : évêque, archevêque
S.G.D.G.	Sans garantie du gouvernement
SI	Système international de mesures
S.I.	Syndicat d'initiative
Sicav	Société d'investissement à capital variable
S.I.R.E.N.	Système d'identification au répertoire des entreprises nationales
S.I.R.E.T.	Système d'identification au répertoire des établissements
S.J.	Société de Jésus (jésuite)
S.M.	Sa Majesté
S.M.I.C.	Salaire minimum interprofessionnel de croissance
S.M.U.R.	Service mobile d'urgence et de réanimation
S.N.C.F.	Société nationale des chemins de fer français
S.P.	Secteur postal
sq.	square
S.R.	Service de renseignements
supra	ci-dessus
S.S.	Sécurité sociale / Sa Sainteté
s/s	*steam ship* (bateau à vapeur)
St	Saint
St.	*Street* (rue)
Ste	Sainte
Sté	Société
S.V.P.	S'il vous plaît
T.C.F.	Très cher frère
T.-C.F.	Touring-club de France
Tél.	Téléphone
T.O.M.	Territoire d'outre-mer
T.S.F.	Télégraphie sans fil
T.S.V.P.	Tournez s'il vous plaît
T.T.C.	Toutes taxes comprises
T.U.	Temps universel
T.U.P.	Titre universel de paiement
T.V.A.	Taxe à la valeur ajoutée
U.R.S.S.A.F.	Union de recouvrement pour la Sécurité sociale et les Allocations familiales
V.D.Q.S.	Vin délimité de qualité supérieure

416

V.I.P.	*Very important person* (personnage important)
v°	verso
V/réf.	Votre référence
V.R.P.	Voyageurs de commerce, représentants, placiers
V.S.O.P.	*Very superior old pale* (vieille eau-de-vie supérieure)
Vte	Vicomte
V^tesse	Vicomtesse
Vve	Veuve
Z.A.D.	Zone d'aménagement différé
Z.U.P.	Zone à urbaniser en priorité
§	paragraphe
&	et
%	pour cent

Index

Composition PFC/Dole
Dépôt légal : juillet 1993
N° d'édition : 22606

Lescaret Imprimeur - Paris